RECHERCHES SUR LE LANGAGE

DANS LA MÊME COLLECTION

BENTHAM (J.), *Introduction aux principes de morale et de législation*, traduction et notes du Centre Bentham, 2010, 320 pages.

GOODMAN (N.), *La structure de l'apparence*, traduction coordonnée par J.-B. RAUZY, 2004, 352 pages.

MCDOWELL (J.), *L'esprit et le monde*, traduction et notes de Ch. ALSALEH, 2007, 240 pages.

REID (T.), *Essais sur les pouvoirs actifs de l'homme*, traduction et notes de G. KERVOAS et É. LE JALLÉ, 2009, 400 pages.

RYLE (G.), *L'itinéraire de Platon*, suivi de *En manière d'autobiographie*, traduction et notes de J. FOLLON, préface de M. DIXSAUT, 2003, 256 pages.

WHITE (M.), *Une philosophie de la culture. Du point de vue pragmatiste*, traduction et notes de G. KERVOAS, 2006, 192 pages.

WHITEHEAD (A.N.), *Modes de pensée*, traduction et notes de H. VAILLANT, préface de G. DURAND, 2004, 208 pages.

BOURGEOIS-GIRONDE (S.), *La reconstruction analytique du cogito*, 2001, 304 pages.

CHAPUIS-SCHMITZ (D.), *Le sens à l'épreuve de l'expérience. Vérificationnisme et signification cognitive*, 2010, 272 pages.

CHAUVIER (S.), *Le sens du possible*, 2010, 272 pages.

CHAUVIER (S.), *Dire "Je" – Essai sur la subjectivité*, 2001, 256 pages.

De la perception à l'action. Contenus perceptifs et perception de l'action, édité par P. LIVET, 2000, 240 pages.

DEBAISE (D.), *Un empirisme spéculatif. Lecture de* Procès et réalité *de Whitehead*, 2006, 192 pages.

Herbert Feigl. De la physique au mental, édité par B. ANDRIEU, 2006, 224 pages.

GANDON (S.), *Logique et langage. Études sur le premier Wittgenstein*, 2002, 272 pages.

La philosophie en Pologne, 1918-1939, sous la direction de R. POUIVET et M. REBUSCHI, 2006, 256 pages.

La philosophie naturelle de Robert Boyle, édité par M. DENNEHY et Ch. RAMOND, 2009, 416 pages.

LE DU (M.), *La nature sociale de l'esprit. Wittgenstein, la psychologie et les sciences humaines*, 2004, 208 pages.

LEMAIRE (S.), *Les désirs et les raisons. De la délibération à l'action*, 2008, 256 pages.

PERRIN (D.), *Le flux et l'instant. Wittgenstein aux prises avec le mythe du présent*, 2007, 256 pages.

Philosophie française et philosophie écossaise, 1750-1850, édité par E. AROSIO et M. MALHERBE, 2007, 224 pages.

SAINT-SERNIN (B.), *Whitehead. Un univers en essai*, 2000, 208 pages.

SCHMITZ (F.), *Le Cercle de Vienne*, 2009, 432 pages.

SOUTIF (L.), *Wittgenstein et le problème de l'espace visuel*, 2011, 256 pages.

THOMAS-FOGIEL (I.), *Référence et autoréférence. Étude sur le thème de la mort de la philosophie dans la pensée contemporaine*, 2005, 336 pages.

VERNANT (D.), *Discours et vérité. Analyses pragmatique, dialogique et praxéologique de la véridicité*, 2009, 272 pages.

ANALYSE ET PHILOSOPHIE

Directeur : Michel MALHERBE

RECHERCHES SUR LE LANGAGE

par

Alain SÉGUY-DUCLOT

Ouvrage publié avec le concours du Centre national du livre

PARIS
LIBRAIRIE PHILOSOPHIQUE J. VRIN
6 place de la Sorbonne, V^e^

2011

Imprimé en France

ISSN 1624-2459
ISBN 978-2-7116-2348-8

www.vrin.fr

Solitary dialectic is still of the nature of dialogue.
Ch.S. Peirce, *Collected Papers*, 5.546

INTRODUCTION

LE LANGAGE HUMAIN COMME COMPLEXITÉ ÉMERGENTE

> [...] s'attaquer à de telles questions n'est pas une témérité, comme on le dit souvent : c'est une nécessité, c'est la première école où il faut passer ; car il s'agit ici non de spéculations d'un ordre transcendant, mais de la recherche des données élémentaires, sans lesquelles tout flotte, tout est arbitraire et incertitude.
>
> Ferdinand de Saussure, *Mémoire sur le système primitif des voyelles dans les langues indo-européennes*, Préface

À l'aune de la reprise, à la fin du XXe siècle, d'une compréhension évolutionniste du langage, articulée à la génétique des populations, à l'archéologie et à la paléontologie[1], il paraît difficile de continuer à interpréter la décision prise par Saussure[2] – mettre entre parenthèses l'histoire afin de reconstruire la linguistique sur l'étude combinatoire de ses unités premières, phonologiques et sémantiques – comme le moment fondateur d'une approche scientifique du langage.

Il n'est pas indifférent de noter ici que ce geste théorique de Saussure correspond au sens même de *la méthode* dans laquelle Descartes découvre l'unité profonde de la démarche scientifique. Dans la continuité de Saussure, Louis Hjelmslev propose ainsi en 1943 de faire table rase du passé avant d'ajouter :

1. Dans la continuité des travaux de Merritt Ruhlen, Luca Cavalli-Sforza, André Langaney ou encore Joseph Greenberg.

2. Dans son *Cours de linguistique générale*, développé entre 1906 et 1911.

> Il ne s'agit que de diviser les problèmes et de partir du simple pour arriver au complexe, comme l'exigent la deuxième et la troisième règle de Descartes [1].

Un tel geste peut surprendre. Pourquoi revenir à la méthode cartésienne, au début du XXe siècle? La raison s'en trouve dans le changement de modèle de scientificité opéré par Saussure.

La linguistique naissante au début du XIXe siècle prolonge le projet classique d'une *grammaire générale*[2] pour prendre la forme nouvelle d'une *grammaire historique et comparée*, consacrée à l'étude des relations de genèse entre les langues. Cette fondation de la grammaire comparée – dont l'intuition se trouve notamment dans la comparaison opérée en 1786 du grec, du sanscrit, du latin et du persan par William Jones, qui leur supposait une origine commune – intervient en 1816, dans le *Système de la conjugaison du Sanskrit* de Franz Bopp (1791-1867), dont l'œuvre maîtresse sera sa *Grammaire comparée des langues indo-européennes*, rédigée de 1833 à 1852.

La science qui sert alors de modèle à la linguistique est la biologie. La grammaire comparée doit ainsi beaucoup à l'anatomie comparée, laquelle vient de rencontrer en 1796 un succès majeur – décisif pour la théorie évolutionniste encore contestée, notamment par Cuvier[3] – avec la découverte par Geoffroy Saint-Hilaire d'une unité de tous les plans d'organisation des animaux. En un sens, la découverte, ou plutôt l'invention, de l'indo-européen dans les années 1820 jouera un rôle analogue pour la grammaire comparée, en imposant le modèle évolutionniste en linguistique.

Or, l'articulation nouvelle entre linguistique et biologie est renforcée par la compréhension romantique du langage comme organisme. Cette théorie de l'organisme s'est développée à la fin du XVIIIe siècle et au début du XIXe siècle dans un cadre vitaliste, hostile à l'approche mécaniste du vivant qui était dominante au XVIIe et dans la première moitié du XVIIIe siècle. Rappelons ici que c'est le vitalisme de Théophile de Bordeu (1722-1776), Paul Joseph Barthez (1734-1806) et surtout François Xavier Bichat (1771-1802), opposé à la compréhension néo-cartésienne du corps comme machine par La Mettrie, qui est à l'origine de l'invention du terme de *biologie* en 1802, conjointement par Lamarck en France et Gottfried Treviranus en Allemagne. Si le vivant n'est pas réductible au mécanisme

1. *Prolégomènes à une théorie du langage*, Paris, Minuit, 1971, p. 31.
2. Voir la *Grammaire générale et raisonnée* (1660) d'Arnauld et Lancelot.
3. Pourtant le grand théoricien de l'anatomie comparée.

physico-chimique, son étude doit en effet correspondre à une science distincte de toutes les autres, pour laquelle il faut dès lors trouver un nom. On estime qu'il doit en aller de même pour la théorie du langage.

Friedrich von Schlegel (1772-1829) introduit en 1808 ce terme d'*organisme* en philosophie du langage dans une perspective vitaliste. Il appelle ainsi la langue indienne et la langue grecque des « langues organiques, parce qu'elles renferment un principe vivant de développement et d'accroissement, et qu'elles ont seules, si je puis m'exprimer ainsi, une végétation abondante et féconde »[1]. On retrouve la même compréhension vivante de la langue sur le modèle de l'organisme chez Wilhelm von Humboldt (1767-1835) :

> La langue, pour bien s'approprier aux besoins de la pensée, doit, autant que possible, en reproduire l'organisme dans sa propre structure [...]. Sa structure grammaticale représente l'idée qu'elle se fait de l'organisme de la pensée[2].

Le génie du peuple qui anime la langue est compris par Humboldt sur le modèle de la force vitale, irréductible au physico-chimique, qui anime l'organisme dans le modèle vitaliste[3].

La scientificité de la linguistique est donc garantie au XIXe siècle par son lien à la biologie évolutionniste. D'où l'importance de la *morphologie*, néologisme du XIXe siècle qui vient de la biologie. Sur le modèle de l'évolutionnisme biologique qui s'est édifié à partir des succès de l'anatomie comparée, les linguistes s'efforcent de construire une théorie linguistique évolutionniste en procédant à une étude comparée systématique des langues. Un tel projet a donné à la théorie du langage une rigueur et une technicité inconnues aux siècles précédents.

On conçoit dans ces conditions qu'à partir de 1859, c'est-à-dire de la publication par Charles Darwin de *L'Origine des espèces*, la linguistique prenne progressivement pour modèle l'évolutionnisme darwinien, malgré

1. F. Schlegel, *Ueber die Sprache une Weisheit der Indier*, trad. fr. A. Mazure, *Essai sur la langue et la philosophie des Indiens*, Paris, Parent-Desbarres, 1837, p. 47.

2. *De l'origine des formes grammaticales* (1822), trad. fr. A. Tonnelé, Frank, 1859, p. 35-36.

3. Dans son rejet du mécanisme cartésien, le romantisme retrouve Aristote qui critique, notamment dans *Physique* I et II, le mécanisme atomiste lequel ne pense que des causes matérielles et efficientes, pour affirmer au contraire la prééminence des causes formelles et finales, en prenant précisément pour modèle le vivant. On trouve chez un auteur comme Félix Ravaisson (1813-1900) une telle articulation entre Aristote et l'idéalisme allemand (notamment Schelling), dans une perspective hostile au mécanisme cartésien et favorable au vitalisme. Avec Jules Lachelier (1832-1918) et Émile Boutroux (1845-1921), Ravaisson peut être considéré comme un précurseur de Bergson.

des réticences nombreuses, analogues à celles rencontrées par la théorie darwinienne en biologie. August Schleicher (1821-1868) s'inspire ainsi du modèle darwinien pour concevoir un arbre généalogique des langues à partir de l'hypothèse de leur origine commune. Les langues sont globalement identifiées à des espèces organiques. Darwin lui-même note, en 1871 dans *Les origines de l'homme*, que « L'apparition processive du langage est étrangement parallèle à la formation, également progressive, des diverses espèces ».

Or, ce primat du modèle darwinien se traduit par une mutation théorique. L'évolutionnisme darwinien, soumis à la sélection naturelle dont l'opérativité est aveugle et aléatoire, est mécanique et opposé à toute finalité théologique. La biologie est ainsi amenée au XIXe siècle à remettre en cause son origine vitaliste pour se reconstruire sur la base du mécanisme physico-chimique. Le concept spéculatif et anti-mécaniste d'organisme chez les romantiques cède ainsi progressivement la place à un concept mécaniste d'organisme.

La linguistique va suivre une mutation comparable avec l'abandon progressif de la conceptualité romantique et le développement, à la fin du XIXe siècle, d'une approche plus mécaniste, influencée également par le positivisme, notamment chez les néo-grammairiens, qui tentent de dégager des « lois phonétiques »[1] dont l'opérativité aveugle commande les transformations des langues. Ainsi, selon les néo-grammairiens, un son évolue toujours de la même façon dans un entourage phonétique donné, quel que soit le mot auquel il appartient.

Or, si Saussure s'est formé au sein de l'école néo-grammairienne, il finit par en rejeter radicalement la méthode. Les critiques qu'il lui adresse sont multiples, mais toutes découlent du rejet par Saussure du primat comparatiste et évolutionniste de la linguistique du XIXe siècle dans lequel les néo-grammairiens continuent de s'inscrire. Comment expliquer un tel rejet ?

Dans les années 1900-1910, pendant lesquelles Saussure écrit le *Cours de linguistique générale*, le crédit du darwinisme est au plus bas : le darwinisme social est de plus en plus critiqué et le continuisme de l'évolutionnisme darwinien semble incompatible avec le discontinuisme de la théorie génétique naissante[2]. La traversée du désert du darwinisme en biologie ne

1. Notamment la loi de Verner – du nom de son auteur : Karl Verner (1846-1896) – qui complète la loi de Grimm – du nom de son auteur, Jacob Grimm (1785-1863) – laquelle porte sur la mutation consonantique des trois occlusives sourdes indo-européennes *p*, *t* et *k*.

2. Sans compter l'hostilité proprement française, dans le cadre des années précédant 1914, contre une théorie jugée trop anglo-saxonne, donc trop proche de la pensée allemande,

prendra fin que dans les années 1930-1940, une fois que l'évolutionnisme darwinien aura été dégagé de l'ornière du darwinisme social, et que sa synthèse avec la théorie génétique aura été opérée dans le cadre de la théorie néo-darwinienne sur laquelle va s'unifier l'ensemble de la biologie contemporaine.

Le modèle de scientificité adopté par Saussure pour la linguistique n'est plus l'évolutionnisme darwinien. Ce n'est même plus la biologie. S'il fallait désigner une science qui joue pour la linguistique saussurienne le rôle qu'a pu jouer la biologie darwinienne pour la linguistique évolutionniste de la fin du XIXe siècle, le candidat le plus probant serait la chimie. Cette science connaît en effet un devenir structural à partir des années 1850, grâce à la distinction de deux unités de combinaison : les atomes et les molécules ; et son mécanisme triomphe en 1897 dans *La Synthèse chimique* de Marcelin Berthelot. Ce dernier montre ainsi que les prétendus composés *organiques*, dont la production relèverait de la seule activité métabolique des organismes, peuvent en fait être synthétisés en laboratoire. Ce qui anéantit les espoirs vitalistes – malgré les objections de Bergson dans *L'Évolution créatrice*[1] – et fait triompher le mécanisme physico-chimique.

Saussure a suivi une formation en chimie dans l'enseignement supérieur avant de se mettre à l'étude de la linguistique. L'influence du modèle chimique apparaît notamment lorsqu'il note que l'analogie établie entre le signifiant et le signifié, d'une part, entre le corps et l'âme, d'autre part, n'est pas satisfaisante. Il propose plutôt une analogie avec un composé chimique : le signe est composé d'un signifiant et d'un signifié comme la molécule d'eau est composée d'hydrogène et d'oxygène[2]. Ce qui l'inscrit dans un modèle strictement mécaniste et anhistorique. Aussi affirme-t-il :

> Dans la langue, tout revient à des différences, mais tout revient aussi à des groupements. Ce mécanisme, qui consiste dans un jeu de termes successifs, ressemble au fonctionnement d'une machine dont les pièces ont une action réciproque bien qu'elles soient disposées dans une seule dimension[3].

Ce retour, par le biais du modèle chimique, à une perspective combinatoire mécaniste explique vraisemblablement le geste cartésien de Saussure. On conçoit alors que la linguistique, en adoptant un tel modèle

à laquelle on oppose le modèle plus français du néo-lamarckisme. C'est dans le cadre d'un tel conflit que prend sens le projet de *L'Évolution créatrice* de Bergson, qui tente de construire une troisième voie théorique entre le néo-lamarckisme et le darwinisme.

1. Voir A. Séguy-Duclot, *Penser la vie*, Paris, Ellipses, 2004, p. 115.

2. *Cours de linguistique générale*, Paris, Payot, 1992, p. 145.

3. *Ibid.*, p. 177.

dans un siècle qui voit à nouveau triompher le mécanisme non seulement en biologie, mais en informatique ou en cybernétique, a pu espérer atteindre enfin le statut de science. Toutefois, la critique générale subie par le modèle saussurien depuis les années 1970, dans le cadre plus global d'une critique du structuralisme qui avait cherché à fonder les sciences humaines sur la linguistique saussurienne, semble avoir sonné le glas d'un tel espoir.

Comment expliquer un tel échec? On peut en donner deux raisons principales : la première porte sur la critique par Saussure de l'évolutionnisme linguistique, qui est à la fois légitime et insuffisante; la seconde, sur la reprise de la méthode cartésienne, qui est à la fois judicieuse et problématique.

Considérons tout d'abord la première raison. Indépendamment du fait que les linguistes du XIXe siècle n'ont pas toujours bien compris l'évolutionnisme darwinien – en le pensant, notamment à la suite d'Herbert Spencer, sur un mode unilinéaire et progressif – leur erreur vient de ce qu'ils ont opéré deux identifications abusives : entre langage et espèce biologique d'une part, entre évolution biologique et évolution culturelle d'autre part. Si un langage est un phénomène d'origine biologique, ce n'est ni un organisme, ni une espèce biologique. Quant à l'évolution culturelle, elle est certes apparentée à l'évolution biologique, mais elle ne lui est pas identique, ne serait-ce que parce qu'elle opère par transmission de caractères acquis, ce qui n'est pas le cas de l'évolution biologique[1].

Saussure a donc raison de prendre ses distances par rapport à l'évolutionnisme linguistique du XIXe siècle. Mais cette distance ne doit pas conduire à remettre en cause l'articulation entre linguistique et biologie, ni à abandonner l'approche évolutionniste. Le langage est en effet un phénomène qui relève de la culture au sens large, puisqu'il est le produit d'inventions libres transmises au sein d'un groupe à la fois selon un mode vertical (intergénérationnel) et horizontal[2]. À ce titre, il relève bel et bien d'une approche évolutionniste, comme l'avaient bien compris les linguistes du XIXe siècle, et la linguistique doit bel et bien être articulée à la biologie.

L'approche évolutionniste doit au contraire être reprise en linguistique, en s'appuyant sur les données de l'évolution génétique, et elle doit de plus être généralisée : l'évolutionnisme linguistique porte en effet non seulement sur la phonologie et sur la sémantique, mais aussi sur la pragmatique.

1. Sur la différence entre évolution biologique et évolution culturelle, voir A. Séguy-Duclot, *Culture et civilisation*, Paris, Le Cerf, 2010, p. 55-57.

2. *Ibid.*, p. 54.

Considérons maintenant la seconde raison. Le mécanisme ayant triomphé en science, du moins d'un point de vue méthodologique, il peut paraître judicieux d'utiliser la métaphore de la machine pour comprendre le langage. Or, pour apprendre le fonctionnement d'une machine, il est effectivement utile de la démonter. Mais pour apprendre à démonter une machine, il convient autant que possible de commencer par une machine relativement simple. Or, Saussure entend d'emblée démonter l'une des « machines » les plus complexes qui soient : le langage humain. On ne s'étonnera donc pas qu'il ait eu quelque difficulté à la « remonter ».

Si le langage humain est trop complexe, où trouver notre commencement, que Descartes appelle un *absolu* ? Ce point est capital : « Et le secret de toute la méthode est là : en toutes choses, repérer soigneusement ce qui est le plus absolu »[1]. Précisons que le terme *absolu* qui intervient dans la Règle VI est un *absolu* pour nous et non en soi. Car Descartes précise aussitôt :

> Certaines choses en effet sont plus absolues que d'autres sous un certain rapport, mais autrement considérées, elles sont plus relatives : par exemple, l'universel est plus absolu que le particulier, puisqu'il possède une nature plus simple, mais on peut le dire plus relatif que ce dernier, puisque son existence dépend des individus, etc.[2].

Tout dépend donc du point de vue cognitif que l'on décide de prendre. La distinction entre l'*absolu* et le *relatif* chez Descartes n'est que relative.

Où trouver l'absolu-*relatif*, au sens cartésien[3], des études linguistiques ? La prise en compte de l'évolutionnisme linguistique, dont nous avons reconnu l'irréductibilité, peut nous y aider. Peut-être cet absolu-relatif doit-il être trouvé dans une langue originelle, qui aurait été plus simple que nos langues modernes ?

On sait que le projet rousseauiste d'une étude de l'origine des langues humaines a connu bien des vicissitudes. Repris massivement au XIXe siècle dans une perspective évolutionniste[4], il a été abandonné au XXe siècle, à la suite du rejet de cette même perspective par Saussure. Pour élaborer une linguistique structurale sur le modèle de la chimie structurale, il convient de

1. *Œuvres de Descartes*, I, Paris, Garnier, 1963, Règle VI, p. 103.

2. *Ibid.*

3. Notre théorie du symbolique correspondra à une tout autre théorie de l'absolu relatif.

4. Le fameux article 2 de la Société linguistique de Paris, qui interdit en 1866 l'étude de la question de l'origine des langues, et que tout le monde cite, traduit en fait un rejet, d'inspiration religieuse, de l'influence montante du darwinisme sur la théorie linguistique. Cet article disparaît dans les nouveaux statuts de 1876.

mettre entre parenthèses les questions diachroniques d'évolution. Toutefois, dans la continuité de la redéfinition théorique de l'évolutionnisme darwinien au milieu du XXe siècle et après la critique du structuralisme linguistique dans les années 1970, l'enquête sur l'origine des langues humaines a retrouvé à la fin du XXe siècle une légitimité nouvelle.

Faut-il donc conclure ultimement sur la validité d'une étude de l'origine des langues? Sans doute, mais pour la question précise qui nous préoccupe, la recherche du simple sur lequel s'est construit la complexité linguistique, cette conclusion est secondaire. Car dans l'hypothèse vraisemblable où l'ensemble des langues humaines proviendrait sinon d'une langue-mère originelle, comme le pense Merritt Ruhlen, du moins de quelques-unes, tout porte à croire que la complexité de celle(s)-ci devait être déjà considérable. Il nous faut chercher des modes de communication beaucoup plus simples que le langage humain. Ce qui ouvre sur la question, non pas de l'origine des langues, mais de l'origine du langage humain lui-même.

Cette question inaugure l'*Essai sur l'origine des langues* de Rousseau, lorsqu'il décrit le passage des cris inarticulés des animaux au langage articulé humain, en s'inspirant de toute une tradition philosophique remontant au moins à Démocrite. On trouve également chez Condillac le même effort pour dégager l'origine du langage humain dans un langage d'action animal. Mais là encore, est-ce que le « langage » animal constitue un bon *absolu* au sens cartésien, c'est-à-dire un commencement suffisamment simple pour une étude ordonnée selon une complexité croissante ? On peut en douter, d'autant que Rousseau et Condillac s'opposent à Descartes en reconnaissant aux animaux une pensée que leur langage aurait pour fonction de communiquer – ce que valident les progrès de l'éthologie au XXe siècle; or, la pensée n'est certainement pas un objet simple... Par conséquent, la question de « l'origine » du langage humain doit être travaillée bien en amont des langages animaux. Il nous faut commencer par considérer les modes de communication les plus simples, en dehors de toute pensée, notamment ceux qui peuvent intervenir entre deux cellules vivantes.

L'ordre de l'analyse doit être inversé : partir, non du langage humain pour considérer ensuite les autres formes de communication, mais de la théorie la plus générale de la communication, qui prenne en compte les modes les plus simples, notamment la communication intercellulaire. Puis, dans un deuxième temps, s'élever de cette théorie générale de la communication vers des modes de communication plus complexes, comme les langages animaux. Enfin, dans un troisième temps seulement, considérer dans sa spécificité le langage humain, qui est sans conteste le produit le plus complexe de l'évolution communicationnelle et linguistique.

Ce travail d'élucidation peut servir de modèle méthodologique pour toute tentative de construction scientifique de la linguistique[1]. Le présent ouvrage ambitionne non de réaliser totalement un tel projet mais de lui servir de propédeutique, en s'efforçant notamment de lever un certain nombre de difficultés théoriques et conceptuelles qui pourraient l'entraver.

Une dernière remarque avant de commencer: la question de l'origine du langage humain n'est pas ici abordée historiquement, pas plus qu'elle ne l'était, du reste, dans la théorie rousseauiste. Ce qui est en jeu, ce n'est pas de préciser le moment hypothétique dans sa singularité absolue où une mutation qualitative a pu intervenir, mais de dégager anhistoriquement la logique d'émergence d'une complexité, à partir d'éléments plus simples interagissant entre eux, et dont la totalité ne peut plus, du fait précisément de ces interactions, être égale à leur simple somme arithmétique. Pour reprendre une distinction saussurienne, l'approche proposée n'est donc réductible ni à un point de vue diachronique, ni à un point de vue synchronique.

La reprise de la question de l'origine – à laquelle il est devenu un lieu commun au XXe siècle de dénier toute pertinence – s'inscrit dans un modèle théorique qui n'est ni finaliste, ni historique, et n'engage en aucun cas une compréhension progressive et linéaire de l'évolution. L'origine est à penser à partir du concept mécaniste et anhistorique d'émergence tel qu'il intervient en physique contemporaine dans les théories de la complexité.

C'est ici, du reste, que nous découvrons les limites de la méthode cartésienne. Elle repose sur un concept mathématique de complexité homogène qui ne peut rendre compte de la complexité hétérogène[2] liée aux phénomènes d'émergence[3]. Dans la réalité physique et biologique, les

1. Pareillement, toute science humaine doit pouvoir être articulée à l'évolutionnisme biologique à partir de la notion d'émergence. Car il y a non seulement des langues animales, mais aussi une psychologie animale, des cultures animales, des règles comportementales animales, etc. Nous avons développé ce point dans *Penser la vie* (2004) et *Culture et civilisation* (2010).

2. Voir ci-dessous, Recherche 3, chap. III, p. 208-209.

3. Ce dont Saussure était du reste conscient. Ainsi, lorsqu'il compare le signe à une molécule d'eau, il note que « pris à part, chacun de ces éléments n'a aucune des propriétés de l'eau » (*Cours de linguistique générale*, *op. cit.*, p. 145). De même, lorsqu'il travaille sur les

niveaux de complexité se succèdent selon une hiérarchie discontinue. Ce qui interdit toute unification du discours scientifique : on doit ainsi affirmer que les sciences sont irréductiblement multiples, notamment la chimie et la biologie, et ce, au sein d'un même modèle mécaniste, sans avoir à faire intervenir un quelconque vitalisme[1].

Les préceptes méthodologiques cartésiens, qui ne valent que pour un domaine de complexité continûment croissante, sont donc d'une part à relativiser et d'autre part insuffisants. Il convient d'en ajouter d'autres, notamment, repérer la hiérarchie des niveaux émergents de complexité et, pour chacun, élucider les concepts fondamentaux constitutifs de son homogénéité. Ce qui, tout comme le repérage des *absolus* au sens cartésien, ne peut avoir qu'une dimension relative et non ontologique[2].

syntagmes, Saussure note que *désireux* qui se décompose en deux sous-unités : *désir-eux*, n'est pas une somme de deux parties indépendantes ajoutées simplement l'une à l'autre : *désir* + *eux*. C'est un produit, une combinaison de deux éléments solidaires « qui n'ont de valeur que par leur action réciproque dans une unité supérieure (*désir* x *eux*) » (*ibid.*, p. 177). La synthèse chimique est un exemple d'émergence.

1. Ce qui revient à donner raison à la fois à Descartes (la science est inscrite dans un unique cadre mécaniste, soumis au point de vue supérieur des mathématiques) et à Bichat (la biologie est hétérogène à la physique et à la chimie). Ou, si l'on préfère, à leur donner tort à tous les deux.

2. Nous reviendrons sur cette critique du point de vue ontologique. Voir ci-dessous, Recherche 1, chap. VI.

RECHERCHE 1

SIGNALOGIE

CHAPITRE PREMIER

LA COMMUNICATION

Les définitions de la communication sont multiples. La tradition philosophique y a vu la fonction première du langage humain : l'expression de nos pensées dans un cadre intersubjectif. Les linguistes ont préféré réduire la communication à une fonction interne au langage et l'ont plutôt définie comme la transmission d'un sens. Enfin, les théoriciens plus au fait de la théorie de l'information l'ont identifiée à un échange d'informations. Dégager l'insuffisance profonde de ces différentes définitions constitue un préalable nécessaire pour toute théorie générale de la communication.

Sur quoi repose la communication au sens de communication d'un message ? Sur un échange de signaux. Plus précisément, un émetteur envoie à un récepteur un message composé de signaux conformément à un code.

Par émetteur, nous entendons, à titre provisoire, un individu biologique. Nous pouvons en effet recevoir des informations en observant le ciel, qui peuvent même avoir valeur de signes : par exemple, telle formation nuageuse annonce la pluie. Cela ne suffit pas pour parler d'une relation de communication entre le ciel et nous. À moins de voir dans le ciel (ou le nuage) un être vivant, ou du moins la manifestation d'un être divin, et d'affirmer à la suite de Johann Georg Hamann en 1759 que :

> La Nature est un livre, une lettre, une fable (au sens philosophique) [...]. La Nature est une équation d'une grandeur inconnue, un mot hébreu qui est écrit avec de simples lettres auxquelles l'entendement doit rajouter les points [1].

1. J.G. Hamann, *Aesthetica in nuce*, Paris, Vrin, 2001, p. 131.

On sait l'importance d'une telle hypothèse pour l'idéalisme allemand, notamment pour Schelling qui à la fin de son *Système de l'idéalisme transcendantal* affirme en 1800 que « Ce que nous nommons Nature est un poème scellé dans une merveilleuse écriture chiffrée » [1], et pour l'ensemble du mouvement romantique. Mais un tel modèle théorique suppose une métaphysique dont nous ferons ici l'économie [2].

Un émetteur peut donc être défini comme un individu biologique qui transmet un message à un autre individu biologique [3]. Une telle définition ne nous met toutefois pas à l'abri d'une des erreurs les plus fréquentes sur le concept de communication : l'interpréter d'emblée en termes d'intention. L'intentionnalité est une forme d'activité neuronale qui suppose la possession d'un système nerveux central. Deux cellules quelconques communiquant entre elles ne possèdent évidemment aucune intention de communication. Un émetteur n'est donc pas nécessairement un être vivant doté d'intention.

Affirmer le contraire, comme c'est souvent le cas, c'est pratiquer un anthropocentrisme dommageable à l'analyse conceptuelle [4]. Ce qui est dit pour l'émetteur vaut également pour le récepteur : il s'agit d'un individu biologique, non nécessairement doté d'une intentionnalité, et recevant un message d'un autre individu biologique.

Notons qu'en biologie contemporaine, on parle couramment de communication à propos du code génétique. Mais les protéines sont à la fois le produit du décodage de l'information et les instruments de ce même décodage, en sorte qu'il n'est pas possible de distinguer clairement une instance biologique réceptrice. Cet usage consensuel ne peut donc avoir qu'un sens métaphorique.

Le message transmis par l'émetteur au récepteur contient des *informations*. Le concept d'information qui intervient ici est celui de

1. Louvain, Peeters, 1978, p. 259.

2. Malgré le caractère contestable de la pensée de Hamann, on ne peut que saluer la modernité du reproche qu'il adresse au projet kantien de la *Critique de la raison pure* : ne pas avoir vu que la question du langage primait sur celle de la raison.

3. Ces individus n'appartiennent pas nécessairement à la même espèce. Par ailleurs, les opérations d'émission et de réception d'un message peuvent se faire par l'intermédiaire d'une machine. Celle-ci prend alors le nom d'*émetteur* ou de *récepteur*.

4. De même, les biologistes ont longtemps étudié les signaux colorés à travers le système humain de vision des couleurs, avant de finir par comprendre qu'ils devaient partir du système de vision propre à l'espèce étudiée.

Claude Elwood Shannon[1]. Ce dernier considère la probabilité de survenue d'un événement. Plus cette probabilité est grande, moins la réalisation de cet événement est informative. L'information liée à la survenue d'un événement dont la probabilité tend vers 1, donc quasiment inévitable, est minimale. Elle est en revanche maximale si tous les événements possibles étaient initialement équiprobables.

Considérons par exemple un message transmis dans un alphabet de *n* lettres, indépendamment de la plus ou moins grande rareté des lettres dans le langage. Plus *n* est grand, et plus l'occurrence d'une lettre sera informative. Par conséquent, moins il faudra de lettres pour transmettre le message. On peut dès lors quantifier la valeur informative d'une lettre, qui équivaut à l'incertitude levée par son occurrence effective. L'unité de mesure couramment utilisée est le *bit*, à savoir l'incertitude levée dans un choix binaire (0 ou 1). Pour calculer la quantité d'information totale du message, il suffit de faire la moyenne de la quantité d'information des lettres qui le composent.

Si la théorie de l'information ne prend en compte ni les questions de syntaxe, ni les questions de sémantique du message, elle ne fait pas pour autant l'économie de la question de la redondance.

L'existence d'un bruit, c'est-à-dire d'une altération du message entre son émission et sa réception, peut en effet brouiller sa transmission. Pour lutter contre le bruit, on ajoute des bits redondants. On copie par exemple chaque *bit* trois fois à l'identique : pour transmettre 1, on envoie 111, et pour transmettre 0, on envoie 000. À l'arrivée, on décode selon la règle de majorité : 100 est interprété comme l'envoi de 0; et 101, comme l'envoi de 1. On peut ainsi éliminer les erreurs de transmission à condition que le bruit dans le canal de transmission n'excède pas un certain seuil. La redondance a donc pour fonction de préserver l'information du message, ici indépendamment de son sens éventuel : qu'un message soit ou non doté de sens, il possède la même quantité d'information au sens de Shannon.

L'usage du terme de *redondance* est en fait malheureux : il prête à confusion car la redondance est une figure de rhétorique faisant intervenir le point de vue sémantique. Il vaudrait mieux parler de *renforcement* ou de *consolidation* de l'information. Du reste, ce terme même d'*information* prête également à confusion en raison de son usage habituel, lié à son

1. La notion d'information au sens de Shannon peut être englobée dans une théorie plus large, comme la théorie de l'information quantique ou la logique floue. En droit, il faudrait partir de ces théories. Mais dans le cadre théorique qui est le nôtre, dont la visée est la compréhension du langage humain, la théorie plus simple de Shannon peut suffire. La justification de ma démarche est pragmatique.

étymologie : *information* vient du latin *informatio*, qui signifie le dessin, l'esquisse, la représentation d'une idée (au sens classique), et finalement l'idée elle-même. Ce terme semble ainsi impliquer la présence du sens, alors que précisément, le sens n'intervient pas dans le concept d'information défini par Shannon.

Le choix de ce terme a d'ailleurs été beaucoup reproché à Shannon qui n'en était pas satisfait lui-même. Il voulait initialement baptiser son modèle *théorie de la communication* et non *théorie de l'information*, et n'a adopté cette dernière formulation que sous l'influence de Norbert Wiener. Par la suite, Shannon n'a cessé d'insister sur la dimension non sémantique de son concept d'information, s'opposant aux nombreuses dérives dans l'usage de ce terme [1]. Pour éviter ces usages illégitimes, on peut juger préférable de parler d'*imprévisibilité* plutôt que d'*information*, comme le proposait D.M. McKay. Mais on peut aussi le conserver, à condition de ne voir dans l'information au sens de Shannon qu'une diminution d'incertitude au sens probabiliste, indépendamment de toute dimension sémantique.

Les ambiguïtés du terme d'*information* ont provoqué une extension du domaine de la théorie de Shannon à laquelle cette théorie ne peut prétendre, précisément du fait de sa généralité, qui repose sur la mise entre parenthèses des phénomènes sémantiques. La prise en compte de ces phénomènes correspond à un niveau supérieur de complexité. Elle engage un nouveau modèle théorique, reposant sur de nouveaux concepts, lequel, s'il ne peut être inscrit dans la théorie de Shannon, doit toutefois lui être globalement compatible, en raison de la généralité de cette dernière. De même, la biologie n'est pas une partie de la physique, mais elle doit lui rester globalement compatible.

La science n'est ni un discours pleinement homogène, comme le croient les rationalistes, ni totalement hétérogène, comme le prétendent les adversaires de la raison. Penser un rapport d'inclusion entre ces sciences dont la

1. W.V. Quine, qui invoque les autorités de John Dewey et de Ludwig Wittgenstein, affirme que « lorsque nous apprenons la signification d'une expression, nous nous appuyons seulement sur ce qui est observable dans les comportements verbaux et les circonstances où ils apparaissent » (« Signification », dans *Quiddités*, Paris, Seuil, 1992, p. 218). Si par le terme de *signification* on entend le *sens*, et non l'efficace pragmatique telle que nous allons la définir en Recherche 1, chap. I, p. 23-25, une telle maxime aurait des effets catastrophiques pour la compréhension du terme d'« information » au sens de Shannon, dont l'usage par les non-spécialistes de théorie de l'information, c'est-à-dire la très grande majorité des théoriciens, est généralement fautif. Le sens d'un mot n'est pas réductible à son usage sémantique, même grammaticalement correct. Nous étudierons plus en détail cette question – dont la difficulté repose sur une confusion entre sens et signification pragmatique – ultérieurement (voir ci-dessous, Recherche 3, chap. V et chap. VII, et plus particulièrement p. 258-260).

conceptualité est hétérogène, c'est être réductionniste[1]. Inversement, s'appuyer sur l'hétérogénéité conceptuelle de ces sciences pour affirmer l'hétérogénéité ontologique de leurs objets et poser un abîme radical entre elles, remettant par là-même en cause l'exigence même de compatibilité, c'est être irrationaliste[2].

Les définitions de la communication comme expression d'une pensée dans un cadre intersubjectif, ou comme transmission d'un sens, ne concernent en fait que des modes très particuliers de communication. Dans sa plus grande généralité, par exemple dans le cas d'une communication entre deux cellules, la communication ne fait intervenir ni pensée, ni intentionnalité, ni sens. Il n'y est question que d'information. La communication peut-elle alors être définie comme échange d'informations ? Pour répondre à cette question, considérons le cas de la communication intercellulaire.

Du fait de son activité métabolique, une cellule a la capacité de réagir à une modification physico-chimique de son environnement. Il lui suffit de produire un certain type de molécules pour provoquer une modification comparable et susciter une réaction type chez ses voisines possédant des récepteurs capables de reconnaître ces molécules-messages. Comme la réaction produite peut avoir pour conséquence l'émission de nouvelles molécules, l'existence éventuelle de récepteurs capables de les reconnaître chez la cellule initialement émettrice peut provoquer en retour une réaction chez elle, etc. Un véritable dialogue chimique peut ainsi se mettre en place au niveau cellulaire.

Il ne reste plus alors qu'à l'évolution biologique, qui opère par mutations aléatoires et sélection des formes mutantes les plus performantes pour un milieu donné, qu'à complexifier progressivement ce modèle de

1. On peut reprendre ici la distinction kantienne entre un champ (*Feld*), un territoire (*Boden*) et un domaine (*Gebiet*), à condition toutefois de la relativiser et de l'appliquer non aux facultés de l'esprit, mais aux sciences. Le champ est l'extension maximale de l'application des concepts d'une science à un univers d'objets, indépendamment de la possibilité d'une connaissance de ces objets. Le territoire est la partie de ce champ où une connaissance est possible. Le domaine est la partie du champ sur laquelle les concepts de la science légifèrent, c'est-à-dire, sont constitutifs du domaine lui-même. Le vivant ainsi relève du territoire de la chimie mais non de son domaine, en raison de la dimension émergente du vivant qui engage de recourir à une nouvelle conceptualité. Ajoutons qu'au sein de chaque science, il est possible à nouveau de distinguer le champ, le territoire ou le domaine d'une discipline particulière, ou d'une théorie. Le réductionnisme, qui repose sur l'idéal rationaliste défunt d'une homogénéité de la science, confond ces distinctions.

2. On trouve une telle tendance dans le vitalisme en biologie, du moins dans sa forme actuelle. Historiquement, comme nous l'avons dit, le vitalisme a été décisif pour l'unification de la biologie et la constitution de son domaine propre.

communication, en multipliant d'une part les types de messages, à savoir les molécules susceptibles d'être reconnues par des récepteurs et de provoquer une réaction type, et d'autre part, les types de réactions liées à un même message chimique, en fonction des variations de son contexte de transmission et de réception. Un même bouquet phéronomal peut ainsi remplir plusieurs fonctions distinctes: marquer son territoire, attirer un partenaire sexuel, reconnaître un individu de la même communauté, etc.

Un message ne se contente donc pas de transmettre des informations. La notion même d'information ne vaut que pour un récepteur capable de la reconnaître ou non, reconnaissance qui se traduit, au niveau global du message, par une réaction physico-chimique. La réaction par laquelle se traduit la reconnaissance de l'information émise dans le message correspond à ce que nous appellerons désormais la *signification* du message. Insistons sur le fait que ce terme de *signification* intervient en dehors de toute pensée et de toute intention. Un message chimique a une *signification*, puisqu'il n'est fonctionnel que s'il est reconnu et provoque une réaction déterminée, il n'a pas pour autant un *sens*. Le terme de signification a ici une valeur uniquement pragmatique [1] et non sémantique.

Nous pouvons désormais donner une définition plus précise de la communication. La communication en général n'est pas l'expression d'une pensée, ni la transmission d'un sens, elle n'engage pas d'intentionnalité et elle ne se limite pas à un simple échange d'informations au sens de Shannon. Il y a communication si l'information transmise, au sens de Shannon, possède, au niveau du message, une signification pragmatique. La communication en général peut alors être définie comme *la transmission d'une suite finie d'informations dotée* [2] *de signification* (au sens d'*efficace pragmatique*) [3], laquelle est toujours contextuelle.

1. Ce terme de *pragmatique* doit être compris au sens large. La signification est ici à interpréter, non en termes de comportement, mais de réaction physico-chimique consécutive à la réception d'une information. Dans le cas de la communication intercellulaire, la réaction correspond à la production de certaines molécules. Même si la signification devient comportementale avec les animaux, la signification au sens primitif, c'est-à-dire physico-chimique, ne disparaît pas pour autant. Ainsi, certains signaux peuvent produire chez les animaux, y compris les êtres humains, non des réponses comportementales à court terme, via le système nerveux, mais des réponses chimiques à long terme, via le système endocrinien, dans le cadre des grandes fonctions physiologiques : la reproduction, la morphogenèse, etc.

2. Et non *dotées*: la signification intervient au niveau total du message. Elle ne présuppose pas que ses éléments soient eux-même dotés de signification.

3. Insistons sur le fait que notre compréhension pragmatique de la signification ne présuppose en rien une théorie de l'intentionnalité. La communication intercellulaire s'est complexifiée au cours de l'évolution selon une logique d'efficace pragmatique, mais sans

Il n'en reste pas moins que l'on peut considérer une transmission d'informations indépendamment de sa signification globale, c'est-à-dire de sa fonctionnalité, comme le fait Shannon. On réduit alors la communication à un simple échange d'informations. Il s'agit ici d'une abstraction idéalisante, légitime dans la mesure où l'analyse de Shannon est centrée sur la notion d'information et où les informations qui composent le message peuvent très bien être privées de signification, cette dernière, encore une fois, n'intervenant qu'au niveau total du message.

Reste qu'un échange d'informations entre un émetteur et un récepteur est toujours fonctionnel et lié à une efficace pragmatique minimale, sans quoi la communication n'aurait pas de raison d'intervenir. Shannon a donc moins produit une théorie de la communication, qu'une théorie mathématique de l'échange d'informations qui est au fondement de toute théorie de la communication.

Pour dire les choses autrement, il n'y a de communication que dans un contexte biologique déterminant une signification au sens pragmatique : deux réalités physiques non vivantes ne communiquent que si elles s'inscrivent dans un tel contexte – par exemple à titre d'instruments de communication pour le vivant. En revanche, la communication ne suppose en rien d'être dotée de sens.

Une fois le concept de communication défini dans sa plus grande généralité, l'étape suivante pourrait-elle être une définition du signe ?

Le signe est toutefois l'instrument privilégié de la communication intentionnelle[1], laquelle n'est qu'une espèce de la communication en général. Or, les molécules ne communiquent pas par signes, mais par signaux. Il faut donc remettre en cause l'approche théorique traditionnelle qui fait du signe un genre dont le signal serait une espèce.

Cette approche, consistant à partir du signe, est du reste un obstacle à la définition du signe. Ainsi, on peut compter près de 76 définitions différentes du signe chez Peirce et aucune chez Husserl. Quant à Saussure, sa

faire intervenir pour autant le calcul du plus utile. C'est le mécanisme aveugle de la sélection naturelle qui crible les reconnaissances identitaires les plus efficaces, toujours relativement à un environnement donné, lequel ne cesse du reste de changer.

1. Cette remarque ne correspond nullement à une définition du signe comme un signal intentionnel. Tout signal intentionnel n'est pas un signe. De plus, si un signe est toujours intentionnel, il n'est pas toujours conscient. Il importe de distinguer nettement intentionnalité et conscience. Sans quoi, on ne peut rendre compte de l'intentionnalité animale. Enfin, on évitera ici de confondre la pensée non consciente (*bewußtlos*) et l'inconscient (*Unbewußt*) au sens freudien.

définition du signe en termes de signifiant et de signifié est notoirement insuffisante[1].

Si ce n'est pas le signe qui est le genre et le signal l'espèce, mais le contraire, une théorie générale des signaux doit précéder la théorie du signe. Ce n'est qu'au prix d'un tel renversement qu'une définition claire et complète, autant que possible, du signe pourra être envisagée.

1. Voir ci-dessous, Recherche 2, chap. VII, p. 138-141.

CHAPITRE II

L'IDENTITÉ TYPALE

Le projet de constitution d'une théorie générale des signaux, antérieurement à toute théorie du signe, se heurte toutefois à une objection importante qu'il importe de considérer.

La communication par signaux dans le cadre le plus simple actuellement connu, celui de la communication intercellulaire, repose sur une logique binaire (0/1) de l'identité et de la non-identité [1]. La reconnaissance d'un *même* message chimique dans un contexte donné provoque une *même* réaction (1), tandis que sa non-reconnaissance n'en provoque aucune (0). Mais comment prétendre que deux messages intervenant dans un espace différent et dans un temps différent puissent être en fait *le même* en sorte qu'une reconnaissance puisse avoir lieu ? Comment penser *l'identité* de deux messages distincts ou de deux réactions distinctes ? D'un point de vue logique, cela ne tient pas, comme l'affirme notamment Wittgenstein dans son *Tractatus* :

> Soit dit en passant : Dire de *deux* choses qu'elles seraient identiques est une absurdité, et dire d'*une* chose qu'elle serait identique à elle-même, c'est ne rien dire du tout [2].

En effet, deux choses distinctes sont, par définition, non identiques, et une chose est toujours identique à elle-même. La logique semble ainsi devoir se passer de la notion d'identité. Or, cette notion est précisément cruciale pour comprendre la communication par signaux. Pour sortir de

1. J'écris bien « non-identité » et non « différence ». La notion de différence est une spécification de celle de non-identité. Voir ci-dessous, p. 198-199.

2. Trad. fr. P. Klossowski, Paris, Gallimard, 1961, 5.5303.

cette difficulté, nous avons besoin d'une réflexion approfondie sur la notion d'identité.

La prise en compte de la réalité physique, dont la réalité ordinaire est un mode correspondant à une échelle donnée, permet de rectifier les deux moments de l'aphorisme de Wittgenstein.

Considérons d'abord le second moment : l'identité d'une chose à elle-même. La position d'*un* objet réel dans son unité et son identité est en fait loin d'être évidente, et ce, pour au moins trois raisons. Premièrement, conformément au *panta rei* d'Héraclite, tout change constamment dans le temps, sans que ce changement s'effectue toujours de façon continue. Deuxièmement, tout objet réel paraît divisible dans l'espace, sans que l'on puisse poser une unité individuelle absolue.

Troisièmement, même en admettant avoir affaire à une pure unité individuelle objective, nous n'aurions sur elle que des points de vue finis et hétérogènes, autorisant des descriptions distinctes. Nous sommes alors conduits à identifier *deux* descriptions distinctes : « l'étoile du matin est l'étoile du soir », « le maître d'Alexandre le Grand est le plus grand disciple de Platon ». En sorte que penser l'identité d'une chose nous oblige à penser l'identité, sinon de *deux choses*, ce qui serait absurde selon Wittgenstein, du moins de *deux descriptions* de la même chose.

Mais allons plus loin. Penser l'identité réelle nous oblige également à surmonter l'interdit de Wittgenstein lié au premier moment de son aphorisme : à savoir penser l'identité de *deux choses* distinctes. C'est même l'usage le plus courant de la notion d'identité ; usage que W.V. Quine se hâte de rejeter, en ayant manifestement 5.5303 en tête :

> Identité. Le terme est assez galvaudé. On parle de jumeaux identiques. On dira aussi de deux personnes qu'elles conduisent des voitures identiques. Néanmoins, malgré ces flottements dus à l'usage, ce terme, pris au sens strict, est on ne peut plus précis. Une chose est identique à elle-même et à rien d'autre, pas même à un double gémellaire [1].

Pour un tenant de l'identité entre *meaning* et *use*[2], l'affirmation peut surprendre. En fait, cet usage est d'autant moins galvaudé qu'il engage la condition de possibilité de toute communication, et donc de tout *usage* linguistique. La communication linguistique, avant toute approche sémantique, engage en effet la reconnaissance identitaire des signes. Ainsi, toutes

1. *Quiddités*, *op. cit.*, p. 109-110.
2. Voir plus haut, Recherche 1, chap. I, p. 22, note 1.

les fois que mon interlocuteur énonce par exemple le mot *voiture*, je reconnais, si du moins son émission vocale n'a pas été trop perturbée, des occurrences du *même* mot. Si chaque énoncé du mot *voiture*, du fait de sa différence singulière, n'était pas perçu comme une occurrence identique à une autre du même mot, aucune communication linguistique ne serait possible. Ceci vaut pour toutes les formes de communication. Sans identification des occurrences distinctes d'un même message chimique, la communication intercellulaire ne pourrait avoir lieu.

La théorie de l'identité à laquelle Wittgenstein et Quine se réfèrent a son origine en logique. Elle n'est pas valide pour la réalité physique en général ou la réalité ordinaire en particulier. Contrairement à l'identité logique, l'identité réelle [1], qui est condition de possibilité de la communication en général, impose de penser, non seulement la non-identité d'une même chose, mais surtout, l'identité de deux choses distinctes.

Reste que cette identité réelle semble encore énigmatique. Car il ne s'agit pas simplement de penser l'identité de deux jumeaux [2], mais bien de *toutes* les occurrences d'un *même* mot ou d'une *même* voiture (par exemple, une Ford T). L'identité réelle engage donc une authentique universalité.

L'objection peut alors renaître: qu'en est-il d'une telle identité universelle qui est au principe de la communication en général? Comment la communication en général peut-elle faire intervenir un universel alors qu'elle opère, dans sa plus grande généralité, par exemple dans le cadre de la communication chimique intercellulaire, indépendamment de tout sens, donc de tout concept? Si l'universalité est le propre du concept, comme l'affirme par exemple Kant lorsqu'il oppose l'intuition au concept, notre problème est insoluble. Mais peut-être n'est-ce précisément pas le cas.

De fait, l'identité universelle en jeu est celle non d'un concept mais d'un type. Qu'est-ce qu'un type? Peirce eut le mérite d'en donner une première analyse, en distinguant le type de ses occurrences. Elle reste toutefois insuffisante, car la définition du type engage une analyse de la notion d'identité réelle, que Peirce ne paraît pas avoir saisie clairement [3].

1. Au sens large de réalité non logique.

2. L'exemple de Quine prête ici à confusion : car dans le cas des jumeaux il faut distinguer l'identité génétique, biologique, et l'identité personnelle, morale. Si les deux jumeaux peuvent être considérés comme deux occurrences du même génome, donc génétiquement identiques, leur personne morale n'a surtout pas à être identifiée. Je reviendrai ultérieurement sur la notion l'identité personnelle qui engage la question difficile des noms propres.

3. Notamment lorsqu'il affirme : « La différence entre un légisigne [le type] et un qualisigne, qui ne sont ni l'un ni l'autre des choses individuelles [ce qui correspond au sinsigne réel, ou occurrence], est qu'un légisigne a une identité bien déterminée, bien qu'il admette

Un type est un terme abstrait susceptible d'une indéfinité d'occurrences, lesquelles sont toutes considérées, en tant qu'occurrences du même type, comme *identiques*. La lettre *r* est par exemple un type, et toutes les occurrences de cette lettre sont tenues pour identiques : c'est toujours *la même* lettre dont il s'agit. Il en va de même pour chaque exemplaire du *Tractatus*. C'est *le même* livre, qui est donc, dans son effectivité abstraite que l'on peut éventuellement apprendre par cœur, indépendamment de toute édition sur papier, un type.

Un type intervient notamment dès qu'il y a un mécanisme de reproduction à l'identique, par exemple par moulage ou impression. Une molécule ADN, dont la reproduction est opérée à l'identique au sein des cellules vivantes, est également un type.

L'identité du type est une identité structurelle reproductible : seuls certains traits sont pertinents dans la définition de l'identité. Les différences qualitatives irréductibles entre les occurrences du même type, par exemple l'état physique de mon exemplaire du *Tractatus*, peuvent bien entendu être perçues, mais elles sont considérées comme négligeables pour la reconnaissance identitaire.

Ainsi, dans le cadre de la communication intercellulaire, qui est strictement typale[1], la réponse à un message chimique ne varie pas en fonction de la singularité du message. Les propriétés physiques non prises en compte par le mécanisme de reconnaissance, et notamment les propriétés singulières de l'occurrence la distinguant des autres occurrences du même type, ne jouent aucun rôle.

Ce qui ne veut pas dire que la réponse n'est pas susceptible de modulation. Mais cette modulation reste homogène à la reconnaissance du type. La réponse globale peut ainsi varier en fonction de la quantité de molécules-message émises et du nombre de récepteurs capables de la reconnaître. De même, des mécanismes de *feed-back* permettent de réguler la réaction, soit en l'amplifiant, par rétro-activation, soit en la réduisant, par

d'ordinaire une grande diversité d'apparences [...]. Le qualisigne n'a par contre aucune identité. C'est la pure qualité d'une apparence et il n'est pas exactement le même lorsqu'il réapparaît une seconde fois. Au lieu de l'identité, il y a une grande similitude » (*Collected papers*, *op. cit.*, 8.334). Si le rapport du légisigne à l'identité est vu, la différence avec le qualisigne est contestable. Peirce refuse ainsi d'admettre une couleur comme légisigne, alors que la couleur d'un échantillon, dans son usage même, est clairement reproductible à l'identique. Voir ci-dessous, Recherche 2, chap. III, p. 85-86.

1. Contrairement à la communication linguistique humaine, qui est à la fois typale et conceptuelle, et placée sous la domination du concept. Nous développerons cette différence dans la Recherche 3.

rétro-inhibition. La modulation est donc quantitative et non qualitative, au sens où les différences singulières entre les occurrences ne sont pas prises en compte.

La signification[1] d'un message chimique peut donc être définie comme typale, et à ce titre universelle[2] : toutes les occurrences du même message type provoquent la même réaction type. Mais cette universalité reste relative : car c'est l'universalité d'une identité réelle et *pragmatique*, dont la définition est relative et non absolue.

Qu'en est-il maintenant de la modalité de la signification typale dans le cadre de la communication intercellulaire? Cette signification semble nécessaire, car il y a un lien mécanique entre le message et la réponse provoquée par sa reconnaissance identitaire.

Toutefois nous avons insisté sur le fait que la signification dépend du contexte pragmatique de la communication. Ainsi dans le corps humain, les mêmes molécules qui jouent le rôle d'hormones médiatrices au sein du système endocrinien peuvent jouer le rôle de médiateurs dans le système nerveux, si elles sont produites par des neurones dans le cerveau. La signification est toujours contextuelle. Ce n'est que dans un même contexte, au sens typal, que l'on observe une réaction identique.

1. Comprise d'un point de vue pragmatique et non sémantique.

2. Contrairement à Richard Wollheim qui dans *L'art et ses objets* (1968, trad. fr. Paris, Aubier, 1994, p. 76 *sq.*), distingue le type à la fois de la classe et de l'universel, alors qu'un type est un universel, tout comme un concept, et que tous deux peuvent être liés à une classe : une classe d'identité pour le type et une classe de similarité pour le concept. En réservant l'universalité au concept, Wollheim reste prisonnier du schéma kantien. Une telle interprétation est l'indice de l'absence de clarté de la notion de type chez Peirce. Précisons également que le type tel que nous l'entendons n'est pas équivalent au « trope », tel que le théorise Donald C. Williams dans « On the Elements of Being » (*Review of Metaphysics* 7, 1953, p. 3-18), à savoir un « particulier abstrait » s'opposant à un universel abstrait (un « trope » en ce sens n'a rien à voir avec un trope en rhétorique). Un trope correspond à une occurrence particulière, dans un espace et un temps déterminé. Les tenants des tropes rejettent l'identité entre deux occurrences qui se ressemblent, ce qui revient à prétendre pouvoir se passer des types tels que nous les définissons. Mais croire que la ressemblance ne suppose pas l'identité, c'est commettre une erreur déjà faite par Hume, qui confond similarité et ressemblance (voir ci-dessous, Recherche 2, chap. V, p. 108-112). Cette erreur conduit le théoricien des tropes à penser sa théorie comme une alternative aux universaux : « les propriétés sont réelles, et elles n'existent pas comme universaux, mais uniquement comme particuliers » (K. Campbell, « La place des relations dans une théorie des tropes », dans J.M. Monnoyer, *La structure du monde*, Paris, Vrin, 2004, p. 355). Une telle alternative nous paraît illusoire. Notre position pourrait donc paraître plus proche du réalisme. Ce n'est toutefois pas le cas dans la mesure où nous rejetons toute ontologie (voir ci-dessous, Recherche 1, chap. VI), et donc à la fois le nominalisme et le réalisme.

Il y a donc, au sein de la communication par signaux, une nécessité de la signification, mais relative et typale, tout comme il y a une universalité relative et typale.

La typalité de l'identité réelle permet de comprendre que l'on puisse affirmer une identité dans le temps. Les objets ne cessent de changer, mais tant qu'il est possible de reconnaître certaines propriétés typales, une identité est reconnue. Précisons ici que ce ne sont pas nécessairement les mêmes propriétés qui permettent de reconnaître l'identité typale d'un individu : pour l'un ce sera sa forme et son odeur, pour l'autre sa couleur, etc.

Le paradoxe de Chrysippe d'un chien qui aurait survécu à la perte de sa queue ne pose aucun problème particulier. L'identité d'un chien particulier se reconnaît à sa silhouette type (dont la queue n'est qu'une simple composante souvent secondaire : dans certaines espèces, elle peut être très peu apparente), son aboiement type, son comportement type, etc. Au pire, en découvrant le chien sans queue, on peut douter de son identité. Mais la reconnaissance des propriétés qui portent l'identité typale de l'individu permet de comprendre qu'un accident a eu lieu.

L'affirmation de l'identité des multiples exemplaires d'un même livre ne pose pas plus de problème. Ce sont des occurrences distinctes d'un même type. Nous pouvons ainsi dire que Pierre possède *le même* livre que Jean, si tous deux ont un exemplaire du *Tractatus*, car ce sont deux occurrences du même type. Nous pouvons tout aussi bien dire que Pierre et Jean ne possèdent pas le même livre si nous visons cette fois l'identité typale de chaque exemplaire, laquelle engage des propriétés qui sont également typales : typographie, type de mise en page, type de vieillissement, etc. C'est cette identité typale de l'occurrence qui permet à Pierre de reconnaître son exemplaire si, par accident, il se trouve mélangé au milieu d'autres exemplaires du *Tractatus*.

Notre remise en cause du primat de l'identité logique[1] pour penser l'identité dans l'univers physique se heurte toutefois à une difficulté. Elle entre en conflit avec l'un des principes fondamentaux de l'ontologie : le principe leibnizien de l'indiscernabilité des identiques, auquel adhère notamment Quine. À savoir, si deux objets sont identiques, alors tout ce qui est vrai de l'un est également vrai de l'autre.

1. Nous considérons ici l'identité logique en son sens classique. Peter T. Geach a montré l'intérêt d'une approche relative de l'identité logique dans « Identity », *Review of Metaphysics*, 21 (1967), p. 3-12.

Ce principe est posé par Leibniz parallèlement au principe de l'identité des indiscernables : si deux objets sont indiscernables, c'est-à-dire si tout ce qui est vrai de l'un est également vrai de l'autre, alors ils sont identiques. Ce qui le conduit à penser une équivalence entre identité et indiscernabilité.

L'enjeu pour Leibniz, en posant ces deux principes, est d'établir qu'il ne peut exister d'individus qualitativement identiques mais numériquement distincts. L'existence de deux choses intégralement similaires est une fiction impossible : deux gouttes d'eau, ou deux feuilles tombées d'un même arbre, sont toujours discernables. Leibniz pense ainsi l'existence unitaire en termes d'identité logique absolue. Il semble alors que l'adhésion à un tel principe conduise à adhérer, sinon à la métaphysique de la monade telle qu'elle est développée par Leibniz, du moins à une ontologie n'admettant dans l'être que des individus, c'est-à-dire une ontologie de type nominaliste.

Est-il possible de mettre en doute le principe de l'identité des indiscernables ? Manifestement non. Force est de reconnaître que si deux termes sont effectivement indiscernables, à tous points de vue, ils sont identiques. Or, seul un individu semble posséder une telle caractéristique : il est nécessairement identique à lui-même et cette identité ne signifie rien d'autre que son évidente indiscernabilité à lui-même. Si donc nous admettons le principe de l'identité des indiscernables, il semble que nous devions aussi admettre le principe de l'indiscernabilité des identiques. Ce qui devrait nous conduire, avec Quine, à ne faire usage que du concept d'identité logique.

Mais attardons-nous sur cette notion d'indiscernabilité que Leibniz met en jeu pour penser l'identité. Cette notion logique peut-elle légitimement s'appliquer à la réalité physique ?

Notons immédiatement que l'indiscernabilité ne peut avoir un sens temporel : les propriétés d'un objet physique ne cessent de changer au cours du temps. Ce qui implique un changement matériel de l'objet. Il est donc impossible de définir avec Descartes[1] l'identité de l'objet physique en termes d'identité matérielle absolue.

Si donc on accorde quelque réalité au temps – c'est-à-dire si l'on n'adhère pas à la métaphysique leibnizienne de la monade, laquelle contient dans sa notion tout ce qui lui arrivera – il s'ensuit que l'indiscernabilité d'un objet physique par rapport à lui-même ne peut être pensée

1. Voir *Lettre au P. Mesland du 9 février 1645*.

qu'à un instant *t*, c'est-à-dire dans cette fiction mathématique qu'est un point temporel.

Admettons. Le principe de l'identité des indiscernables nous dit donc que si, à un instant *t*, deux observateurs attribuent exactement les mêmes propriétés à leur objet, cela implique qu'ils observent en fait le même objet. Or, cela est impossible. Car la différence des points de vue sur un objet identique induit inévitablement des propriétés différentes, ne serait-ce que parce qu'un point de vue ne nous donne qu'une partie de l'apparence de l'objet. Il nous faut donc à nouveau réduire le sens physique de l'indiscernabilité : elle n'est possible qu'à un instant *t*, et pour un même point de vue.

Soit. Imaginons ainsi un système d'observation, situé en un point immobile, démultipliant l'image obtenue sur des écrans différents. L'identité de son objet implique-t-elle que tout ce qui est vrai d'une image soit vrai pour une autre image ? Certainement pas. Car chaque observateur a sa propre grille d'interprétation, et donc les descriptions différeront toujours en certains points.

Mais imaginons que ce soit le même observateur qui considère tour à tour deux images prises au même instant *t* d'un même point de vue. Il y aura bien indiscernabilité ? Pas nécessairement, car cette analyse se fait obligatoirement dans le temps, et l'observateur peut avoir changé. L'analyse d'un critique commentant un tableau peut varier d'un jour sur l'autre. Parfois, il peut même prendre le contre-pied de son analyse précédente. En clair, si nous voulons penser l'indiscernabilité, et donc l'identité parfaite de l'objet, cela implique un regard absolu et non relatif. L'indiscernabilité n'est que pour Dieu et non pour nous.

Nous aurions pu parvenir au même résultat en remarquant que, dans le principe de l'identité des indiscernables, l'affirmation de l'identité individuelle repose sur la possibilité de penser une identité de toutes les propriétés. Or, que signifie une telle identité ? Peut-on dire que *a* et *b* possèdent la même couleur parce qu'ils sont jaunes tous les deux ? Non, car il existe plusieurs types de jaunes : jaune paille, jaune citron, jaune d'or, etc. L'identité doit donc porter sur le type de couleur. Or, il existe un nombre infini de nuances pour chaque type. Sans parler de l'intensité de la couleur, de son degré de luminosité, etc. Une analyse permettant de poser une identité absolument exacte entre deux propriétés, par exemple deux colorations quelconques de jaune, n'est clairement pas à la portée de l'observation humaine, nécessairement limitée. Or, dans l'indiscernabilité, il faut prendre en compte un nombre infini de propriétés… La notion d'indiscernabilité est illusoire d'un point de vue humain et n'a de sens que pour Dieu.

Certes, mais Leibniz ne dit pas autre chose. Or, qu'en est-il de la possibilité même d'un regard absolu sur un objet ? Il devrait être capable d'embrasser au même instant *t* la totalité infinie des propriétés d'un même objet. Or, une telle totalité infinie a-t-elle une réalité ?

Lorsque l'on observe un objet, il est possible de faire varier l'échelle. Or, un changement d'échelle suffisamment important peut conduire à une modification radicale de l'objet. En dessous d'un certain seuil, les propriétés émergentes, liées à un niveau de complexité déterminé, disparaissent. La discontinuité des niveaux de complexité ne permet pas de penser la co-présence de toutes les propriétés de l'objet. En sorte que l'on peut penser une incompatibilité entre certaines propriétés de l'objet : quand on observe l'une, on ne peut observer l'autre. Il peut même y avoir une opposition radicale entre les propriétés selon les échelles. Par exemple, la physique statistique classique suppose un comportement newtonien (déterministe et réversible) des particules élémentaires pour penser, à l'échelle phénoménologique, une réalité objective émergente probabiliste et irréversible.

Imaginons maintenant que deux systèmes d'observation à échelles différentes nous donnent chacun une image d'un même objet au même instant *t*. Nous pourrons dire que pour un même observateur, comparant ces deux images au même instant *t*, l'objet a et n'a pas telle propriété liée à une échelle déterminée[1]. Or, ceci n'est pas un effet de finitude : un observateur aux moyens d'observations infinis verrait au contraire se multiplier indéfiniment ce genre de difficultés. Comme il n'est pas possible de penser qu'une échelle aurait une légitimité supérieure par rapport aux autres, la notion d'indiscernabilité s'en trouve à nouveau remise en cause, d'un point de vue absolu cette fois, et non plus relatif.

Cette difficulté ne concerne pas simplement les changements d'échelle. Les relations d'incertitude de Heisenberg montrent qu'à une même échelle, il n'est pas possible de connaître avec précision en même temps la position et la vitesse d'une particule. Plus la mesure de sa position est précise et moins la mesure de sa vitesse peut l'être, et vice-versa. En sorte que la notion d'identité d'une particule s'en trouve considérablement réduite. Cet

1. Il s'agit non d'un simple effet de « vague » – du fait de son incomplétude, l'objet ne peut être dit posséder certaines propriétés ni leur contraire – mais d'une forme de contradiction liée à la différence d'échelle.

affaiblissement de l'identité singulière est lié inversement à un renforcement de l'identité typale. Toutes les particules du même type (électrons, photons, etc.) sont considérées comme identiques : car en dehors de la position, que l'on ne peut pas toujours connaître avec précision, elle ne possède pas de propriété singularisante. Tous les électrons ont en effet la même masse, la même charge, le même module de spin, etc. Ce qui semble difficilement conciliable avec une approche nominaliste.

Ces incertitudes seraient-elles un effet de la finitude de notre entendement, qui ne parviendrait pas à connaître des variables cachées, comme le supposait notamment Einstein ? Ce dernier s'est longtemps opposé non à la véracité de la mécanique quantique, à l'édification de laquelle il a largement contribué, mais à son interprétation anti-réaliste et indéterministe par Niels Bohr, dans la mesure où elle cadre mal avec le réalisme déterministe de la relativité générale. Mais depuis les expériences d'Aspect (1982), un consensus s'est établi pour rejeter l'hypothèse des variables cachées. L'indéterminisme quantique vaut non seulement pour l'humain, mais aussi pour Dieu.

Enfin une difficulté analogue intervient lorsque l'on considère non pas deux propriétés, en faisant varier ou non les échelles, mais une seule propriété. Considérons par exemple la structure d'un objet physique. Il suffit de faire varier l'échelle pour constater que cette propriété change du tout au tout. Notre système d'observation complexe donnant pour un même objet à l'instant *t* une pluralité d'images d'échelles différentes nous obligerait donc à affirmer que cette même propriété ne cesse de changer dans l'instant. Le changement d'échelle apparaît ainsi comme analogue au changement temporel.

On pourrait ici objecter le cas remarquable des structures fractales qui se caractérisent par une invariance d'échelle. Un détail grossi y est similaire au tout. En sorte que l'analyse de l'image ne permet pas de déterminer à quelle échelle d'observation elle correspond. Soit. Mais même en supposant que la structure reste parfaitement identique quelle que soit l'échelle, il y a au moins une propriété qui ne cesse de varier en fonction des échelles, c'est la longueur de la frontière de l'objet. Plus l'échelle diminue, et plus cette longueur augmente, sans qu'il soit possible de déterminer une échelle qui nous dirait la vérité absolue de cette mesure.

La notion logique d'indiscernabilité n'est pas légitimement exportable en physique, même en faisant l'hypothèse d'un regard absolu sur l'objet physique. En conséquence, il faut non seulement refuser d'admettre que deux objets différents puissent être indiscernables, mais qu'un même objet puisse être dit *indiscernable à lui-même*. Donc, il nous faut rejeter, pour la réalité physique du moins, à la fois le principe de l'indiscernabilité des identiques et celui de l'identité des indiscernables.

Ceci implique que si nous pensons l'identité d'un objet physique, cette identité n'engage qu'une indiscernabilité partielle et relative : à un instant *t*, à un point de vue, à un observateur, à une échelle, etc. Donc l'identité elle-même d'un objet physique ne peut avoir qu'un sens relatif et partiel. Ce qui valide notre thèse précédente : dans la réalité physique, il n'y a d'identité que typale.

Mais qu'en est-il du rapport entre l'identité logique et l'identité typale, qui seule intervient dans la réalité physique ?

D'un point de vue logique, deux objets sont dits *similaires* s'ils ont une propriété en commun, et deux termes sont dits *identiques* si tout ce qui est affirmé de l'un est affirmé de l'autre[1]. Penser une identité logique, c'est donc penser une similarité totale.

Mais une propriété physique, par exemple une couleur, est toujours susceptible d'une infinité de variations. Il faudrait donc une infinité de déterminations pour préciser le sens d'une simple propriété physique. Ce qui n'est pas possible dans le cadre d'un calcul fini. Toute attribution réelle d'une propriété physique est donc typale. Il en va de même pour les fonctions : si j est la fonction telle que $j(x)$ signifie : « x est jaune », j a le sens d'une abstraction typale.

Ainsi, pour penser une similarité entre deux objets physiques, il faut préalablement penser une identité typale de leur propriété commune. Par conséquent, l'identité logique au sens de similarité totale repose en fait sur une détermination des propriétés en termes d'identité typale.

Loin de présupposer l'identité logique, l'identité typale est au contraire présupposée par l'identité logique. L'identité logique, au sens de similarité totale, n'est donc qu'une construction seconde, dérivée, à partir de l'identité typale, qui fait abstraction à la fois de la nature typale de l'identité des propriétés physiques de l'objet et de la nature typale de l'identité totale de l'objet.

Il semble ainsi que la pensée logique, loin d'être première, ne soit que seconde par rapport à la pensée typale[2]. Quant à son application à la réalité physique, elle n'est légitime que si certaines abstractions et idéalisations

1. Voir l'énoncé de la loi de Leibniz par Tarski en 1941 : « $x = y$ si et seulement si x a toutes les propriétés de y et y a toutes les propriétés de x ».

2. Je parle naturellement de la logique au sens classique. Que l'on puisse construire, à la suite de P. Geach, une logique ne faisant pas usage de l'identité totale est un autre problème.

sont mises en œuvre. Ce n'est donc pas de la logique dont il faut partir. Ajoutons que dire cela, ne revient pas à disqualifier la logique. Il s'agit simplement d'en préciser le domaine et le territoire.

Notre projet de constitution d'une théorie générale des signaux, antérieurement à toute théorie du signe, s'est heurté à une objection : une telle théorie suppose de penser l'identité de deux messages distincts ou de deux réactions distinctes, ce qui semble incompatible avec l'identité logique, et notamment, nouvelle difficulté, avec le principe de l'indiscernabilité des identiques.

Or, nous avons reconnu que ce principe n'a pas de validité en physique, que l'identité logique présuppose une identité typale, et que c'est cette identité typale qui permet de penser l'identité de deux objets réels distincts. L'objection est donc levée.

Nous pouvons maintenant passer à la définition des concepts fondamentaux de la communication par signaux, c'est-à-dire le concept de signal – dont nous avons déjà reconnu la dimension typale, à la fois dans sa structure et dans sa signification pragmatique – et celui de message.

CHAPITRE III

CODES, MESSAGES, SIGNAUX

Avant de tenter de donner une définition opératoire du signal, il nous faut préciser un concept central de la théorie de la communication : celui de *code*. Son usage est généralement confus, pour une raison analogue à celle qui maintient dans le vague la notion de signe : prendre l'espèce pour le genre.

Lorsque l'on tente de définir un code, on se tourne en effet tout naturellement vers les codes sémantiques. Jakobson définit le code comme ce qui « assortit le signifiant au signifié et le signifié au signifiant » [1] ou comme un « système de transformation par le moyen duquel un ensemble de signifiants est converti en un ensemble de signifiés » [2], l'encodage étant le processus allant du sens aux sons, et le décodage, du son au sens. Une telle définition, tout à fait acceptable dans le cadre précis de l'analyse de Jakobson, c'est-à-dire le langage humain, est inadéquate à la plupart des codes, qui ne sont pas sémantiques. Les codes sémantiques n'interviennent en fait que dans des modes de communication très particuliers : ceux précisément où les signaux possèdent un sens, ce qui n'est le cas ni de la communication intercellulaire, ni, pour prendre un exemple plus prosaïque, des codes d'ouverture de porte.

J'entends par code *une règle de correspondance mettant en relation, dans le cadre d'un processus de communication, deux ensembles distincts composés d'unités distinctes*. Dans l'exemple des codes d'ouverture de porte, si plusieurs suites distinctes peuvent ouvrir la même porte, elles ont alors la même signification pragmatique. Inversement, si une même suite

1. *Essais de linguistique générale*, Paris, Minuit, 1963, p. 90.
2. *Ibid.*, p. 93.

peut ouvrir plusieurs portes, elle a alors plusieurs significations différentes, en fonction du contexte. La fonction définie par le code n'est donc pas nécessairement bijective. Les codes bijectifs sont possibles, mais leur manque de souplesse constitue parfois un défaut rédhibitoire.

Cette définition générale du code implique l'existence de plusieurs espèces de code. Un code peut ainsi mettre en relation un ensemble de signaux avec un autre ensemble de signaux. Il s'agit alors d'un code de transcription [1]. Mais un code peut également relier un ensemble de signaux et un ensemble d'objets. Il s'agit alors d'un code de désignation. Ou un message et un ensemble de réactions types. Il s'agit alors d'un code de signification (pragmatique). Si le morse est un code de transcription composé de quatre signaux : point, trait, pause (espace entre les lettres), pause longue (espace entre les mots), la suite de chiffres permettant d'ouvrir une porte est un code de signification. Les codes sémantiques [2], qui mettent en relation un ensemble de signifiants et un ensemble de signifiés, ne forment donc qu'une espèce particulière de code, qui se surajoute aux codes de transcription, de désignation et de signification [3]. Non seulement ils n'ont pas de valeur générique, mais bien plus, ils ne représentent même pas l'espèce de code la plus importante. Leur apparition est tardive du point de vue de l'évolution et reste facultative.

On peut communiquer sans code sémantique, mais on ne peut communiquer sans code de signification [4]. Car là est la relation centrale du processus de communication : entre l'information et la signification, la communication ayant été définie, rappelons-le, comme la transmission d'une suite finie d'informations dotée de signification. Le code a pour fonction première de réguler cette relation. C'est donc sur l'exemple des codes de signification, et non sur celui des codes sémantiques, qu'il convient de s'appuyer pour analyser plus précisément la notion de code.

Dans le cas précis des codes de signification, dans la mesure où la signification est contextuelle, le code est lui aussi lié au contexte et à ce titre relatif. Une même suite de chiffres peut avoir pour signification l'ouverture

1. Appelé parfois par erreur code de traduction : transcrire un message français en morse ne correspond en rien à une traduction.

2. Le terme de *sémantique* est pris ici au sens restreint : ce qui a affaire au sens. Au sens large, la sémantique traite aussi de la désignation. Voir ci-dessous, Recherche 2, chap. IX, p. 157.

3. Cette liste ne prétend pas être exhaustive.

4. Il s'agit en quelque sorte de l'intuition profonde du béhaviorisme. Mais il crut pouvoir en déduire que le sens se ramenait à la signification, telle que nous l'avons définie, c'est-à-dire l'efficace pragmatique. Ce qui est trop rapide.

d'une porte, l'accès aux fonctions d'une carte bancaire, ou le gain d'un tirage dans un jeu de hasard. Tout dépend de l'identité de l'émetteur du code, de l'identité du récepteur, et des conditions de transmission et de réception du message. Par ailleurs, même s'il est utilisé dans un même contexte, un code peut varier. Si l'utilisation d'un code laisse des traces, par exemple d'usure, pouvant faciliter son décodage, il convient d'en changer. De plus, le fonctionnement d'un code est typal. Prenons le code d'entrée d'une porte : les conditions singulières d'effectuation du code (la durée et l'intensité de la pression du doigt sur les différents boutons, par exemple), à savoir les propriétés singulières de l'occurrence, ne doivent pas entrer en ligne de compte. Du moins, tant qu'elles ne remettent pas en cause la reconnaissance de l'identité (par exemple, si l'on n'appuie pas assez fort sur le bouton pour qu'un signal ait lieu). La réponse a aussi valeur de type, à savoir l'ouverture en cas de reconnaissance ou au contraire la non-ouverture en cas de non-reconnaissance. Le code obéit bel et bien à la logique binaire de l'identité et de la non-identité (1 ou 0), propre à la communication typale. Il fonctionne donc bien comme un type.

La fonction d'un code de signification peut être définie de la façon suivante : réguler la relation entre information et signification, dans le cadre de la communication comprise comme transmission d'une suite finie d'informations dotée de signification. Or, si l'on considère l'exemple du code d'ouverture d'une porte, chaque élément de la suite porte une information, mais seule la suite dans sa totalité possède une signification. Le code de signification articule non pas l'information (au sens de Shannon) et la signification (pragmatique), mais le message, comme suite d'informations, et la signification. Il suffit qu'une seule information manque pour que le message soit incomplet. Or, un message incomplet, sauf s'il possède une redondance suffisante, ne permet pas de provoquer la réaction correspondant à sa signification. Nous pouvons ainsi définir le message comme *une suite finie d'informations dotée de signification*, et la communication, comme *la transmission d'un message*.

Un message n'est généralement pas réductible à une suite aléatoire. La prise en compte de l'ordre des informations, de leur structure, est alors capitale pour accéder à sa signification. L'ordre du message est défini en dehors de tout point de vue sémantique. Dans la mesure où la découverte d'un ordre permet de réduire fortement l'incertitude d'un message (sa complexité algorithmique qui se mesure en bits), il est susceptible d'une approche quantitative. Soit une suite binaire 10101010… Elle est parfaitement périodique. Il suffit d'écrire le nombre 10 et de mettre en œuvre l'opération « répéter » pour construire l'ensemble de la suite. Cette suite se révèle donc très simple. Inversement, une suite aléatoire, par exemple les résultats d'un lancer à pile ou face, ne possède aucune périodicité, ni aucune espèce de structure globale. Le seul programme permettant de construire cette suite, est « imprimer la suite… », lequel engage l'écriture de cette suite à imprimer, et donc est très long. Cette suite est d'une complexité maximale. Kolmogorov a pu ainsi identifier dans les années 1960 la complexité d'une suite binaire finie à la taille du plus court programme informatique capable de la produire. En conséquence, plus un message est structuré et moins sa complexité est grande.

Il convient toutefois de distinguer ordre et fonctionnalité. L'approche de Kolmogorov est structurelle mais non fonctionnelle. Si tout ordre n'est pas fonctionnel, la fonctionnalité est généralement liée à un ordre. La fonctionnalité induit une redondance supplémentaire. Le message saisi dans son efficacité pragmatique engage non un ordre simple, que l'on peut appeler son *contenu d'information*, mais un ordre fonctionnel qui peut être lié à une signification.

Après avoir clarifié les notions de *communication*, d'*information*, de *signification*, de *code* et de *message*, nous pouvons définir la notion de *signal*. Un signal est l'élément constitutif d'un message, c'est-à-dire *un événement physico-chimique porteur d'information*[1], *inscrit dans une suite*[2] *finie à laquelle est associée, par l'intermédiaire d'un code typal, une signification*[3]. Ce n'est pas le signal lui-même qui possède une signification, sauf si le message est composé d'un signal unique, comme la reconnaissance d'une molécule. Si un message est composé de plusieurs signaux, l'ordre des signaux peut ou non compter dans la signification. Pour un jeu de hasard, il peut ne pas compter : le choix des bons numéros dans le désordre peut avoir pour signification un gain. Mais pour le code d'ouverture d'une porte, l'ordre compte. L'ordre a alors aussi valeur de type : c'est une structure identique articulant des signaux types, dont l'occurrence – lorsque la fonctionnalité est liée à l'ordre – provoque la réaction correspondant à la signification du message, sauf si elle n'est pas reconnue.

1. Au sens probabiliste de Shannon.
2. Composée d'autres événements physico-chimiques porteurs d'information.
3. Au sens d'efficace pragmatique.

CHAPITRE IV

SIGNAUX ET SIGNES

Nous avons désormais les moyens théoriques pour définir cette espèce particulière de signal qu'est le signe. Un signal porte une information. Si le message se réduit au signal, le signal possède par surcroît une signification, sinon il participe du moins à la construction d'une signification. Enfin, dans le cadre d'une communication intentionnelle, le signal peut acquérir un sens.

J'appelle *signe* un signal doté de sens. Il y a donc deux emplois possibles du terme *signal*. Dans un emploi large, générique, un signal correspond à l'élément informatif d'un message, et le signe apparaît comme une espèce de signal. Dans un emploi restreint, on appelle *signal*, un signal (au sens large) qui n'est pas un signe. Par exemple, une sirène d'alarme qui ne varie pas en fonction du type de danger est un signal au sens restreint. Elle possède une signification mais pas de sens. Comme tout signal, elle s'inscrit dans une logique typale binaire. À partir du moment où elle est reconnue dans son identité de type fonctionnel, elle provoque auprès du public une réaction type, par exemple de fuite dans un abri.

De même, un nœud au mouchoir que Heidegger prend dans *Être et temps*[1] comme exemple de signe est en fait un simple signal. Car le nœud au mouchoir, au même titre qu'une sirène d'alarme, ne porte aucun sens déterminé, mais uniquement une signification. En l'occurrence, l'injonction de se souvenir de quelque chose, sans que l'identité de ce dont il faut se souvenir ne soit indiquée.

Toute communication intentionnelle ne fait pas nécessairement usage de signes. Elle peut se contenter de signaux. Ceci vaut également pour le langage humain. Un militaire qui donne un ordre ne suppose pas toujours

1. Paris, Gallimard, 1986, § 17, p. 118.

qu'il va être compris sémantiquement. Il peut ainsi très bien donner des ordres à des prisonniers étrangers ne parlant pas sa langue. Certes, ces derniers peuvent éventuellement deviner le sens du ou des mots qui composent l'ordre. Mais ils peuvent tout aussi bien faire fonctionner l'ordre comme un signal d'alarme : lorsqu'ils reconnaissent tel groupe de phonèmes, ils savent qu'ils doivent se disperser, ou se rassembler, se mettre en mouvement ou s'arrêter, etc., sans chercher à connaître plus avant le sens des mots qui portent cette signification, ni la structure syntaxique du message. L'interprétation reste pragmatique et non sémantique, et les signes se trouvent alors réduits à de simples signaux.

Il est vraisemblable de supposer que dans son apprentissage du langage, un petit enfant commence par repérer des signaux, et passe par une phase de communication intentionnelle par signaux, en privilégiant la seule signification du message, avant de distinguer les éléments qui le constituent et d'accéder progressivement au sens. Il comprend alors les signaux comme des signes.

La question du rapport entre signal et signe est rendue confuse pour plusieurs raisons. On peut en énoncer au moins trois. Premièrement, la détermination de ce qui constitue ou non un signal au sens restreint est faussée par la possibilité, au sein du langage humain, d'interpréter après-coup un signal comme un signe.

Considérons les trois exemples pris par Hjelmslev dans *La structure fondamentale du langage* (1947) : un feu de signalisation, un cadran téléphonique et un carillon sonnant les heures. Précisons tout de suite que la position théorique de Hjelmslev n'est nullement naïve. Avec la rigueur qui le caractérise, il prévient ainsi que :

> la définition des termes scientifiques dépend de leur utilité et des fins auxquelles on veut les faire servir; nous sommes libres de définir le langage de façon à exclure ou à inclure les feux de signalisation, les cadrans téléphoniques et les carillons. Pour décider si nous allons choisir l'une ou l'autre de ces directions, nous allons examiner le problème soigneusement et voir s'il y a suffisamment de traits communs à ces structures et à celles qui sont sans conteste des langages [1].

Si l'on ne peut que louer cette approche relativiste et pragmatique du travail définitionnel, qui manifeste en fait la subordination du sens à la signification, le choix fait par Hjelmslev d'interpréter les messages émis par ces différents objets en termes de phrases à l'impératif pour les deux

1. *Prolégomènes à une théorie du langage*, *op. cit.*, p. 186-187.

premiers (les feux de signalisation et les cadrans téléphoniques), et à l'indicatif pour le troisième (les carillons), paraît contestable. Du reste, Hjelmslev lui-même envisage que cette lecture puisse se révéler « indéfendable à long terme »[1].

Accordons à Hjelmslev l'exemple du carillon: c'est sans conteste un signe indiciel, plus précisément un signe indiciel typal comme nous le verrons en étudiant les signes[2]. Mais ce n'est pas le cas du numéro qu'il faut faire sur son cadran téléphonique pour obtenir un correspondant. Ce numéro fonctionne en effet comme le code d'ouverture d'une porte, ou plutôt comme une suite de codes ouvrant sur un pays, une région, etc. Ce qui permet de localiser de plus en plus précisément le destinataire, tout comme si, dans un immeuble hautement sécurisé, on devait donner un premier code pour ouvrir la porte de l'immeuble, un deuxième pour celle de l'escalier, un troisième pour celle du couloir et un quatrième pour celle de son appartement. Certes, on peut après-coup interpréter un numéro comme un signe indiciel: avec un minimum de connaissance on peut déduire de telle suite de chiffres que notre correspondant habite dans tel pays, telle région (ou qu'il habite dans tel immeuble, et tel couloir). Mais une telle connaissance n'est nullement requise pour le bon usage du cadran téléphonique. Le numéro fonctionne couramment comme un signal et non comme un signe.

Il en va de même pour les feux de signalisation: ce sont des signaux et non des signes. Un feu rouge se contente d'avertir l'automobiliste qu'il doit s'arrêter, ce qui constitue sa signification. Mais il ne délivre pas directement de sens. Que l'automobiliste désigne cet impératif pragmatique à l'aide du signe « stop ! », c'est son droit. En conclure toutefois que tel serait le sens du message conduirait tout aussi bien à affirmer que le code d'ouverture d'une porte, par exemple 2438, aurait pour sens « ouvre-toi ! », ou, dans le cas d'un jeu de hasard: « gagné ! » (ou « perdu ! »). La serrure automatisée saisit la signification de la série de chiffres indépendamment de toute interprétation sémantique. De même, l'automobiliste s'arrête au feu rouge parce qu'il a appris le code reliant le signal à sa signification[3]. Le feu rouge est d'abord un signal au sens restreint. Il ne devient un signe par intervention du sens que dans un après-coup interprétatif. Le signal commande une réaction type en fonction de son contenu type

1. *Prolégomènes à une théorie du langage*, *op. cit.*, p. 188.

2. Ce qui ne justifie pas pour autant de l'interpréter comme une phrase: un tel signe indiciel n'engage aucune construction syntaxique.

3. La détermination des caractéristiques de signe permettra de préciser la différence entre un feu rouge et un signe.

d'information. Cette réaction type, en l'occurrence l'arrêt, est attachée au signal par un code pragmatique social.

En revanche, un panneau de signalisation sur lequel est écrit le mot « Stop » a d'emblée valeur de signe et non de simple signal. De même que les hiéroglyphes égyptiens sont un mélange complexe de trois sortes de signes : les idéogrammes, les phonogrammes et les classificateurs sémantiques, le code de la route est un mélange complexe de signaux, de signes (de toutes sortes) et de symboles[1]. Toutefois, lorsque l'informatique aura suffisamment progressé à bord des véhicules, et lorsque la conduite sera davantage automatisée, en sorte qu'une automobile obéira d'elle-même aux panneaux de signalisation et aux feux, l'ordinateur de bord traitera le panneau « Stop » comme un simple signal, au même titre qu'un feu, en ne prenant en compte que son contenu typal identifiant et sa signification, sans avoir besoin de passer par son sens.

La communication intentionnelle induit une deuxième sorte de confusion entre signal et signe. Dans ce cadre, parler de logique typale binaire à propos des signaux ne suffit plus.

En effet, aux concepts d'information et de signification, il faut ajouter celui d'interprétation[2]. L'intention de signification du message composé de signaux doit désormais être interprétée par le récepteur pour qu'il y ait réaction, laquelle du reste ne sera pas nécessairement conforme à l'intention de signification de l'émetteur.

Nous ne sommes plus dans un cadre strictement mécanique, et le récepteur a la possibilité de choisir de s'opposer à l'émetteur. Ce qui peut inversement amener l'émetteur à produire un message non conforme à son intention de signification : s'il sait par exemple que le récepteur choisit toujours de s'opposer à lui, il pourra choisir d'émettre un signal d'interdiction lié à une action pour obtenir l'action souhaitée. Dès que nous entrons dans un cadre intentionnel, tout se complique.

Cette complication semble nous faire quitter le plan du signal au sens restreint pour gagner celui du signe. Mais il n'en est rien. La question du sens n'est toujours pas prise en compte. L'interprétation ici en jeu est une interprétation pragmatique et non sémantique[3].

1. Par exemple la couleur rouge qui symbolise le danger. Sur le sens que je donne au terme de *symbole*, voir A. Séguy-Duclot, *Culture et civilisation*, *op. cit.*, chap. 10.

2. Voir ci-dessous, Recherche 3, chap. X.

3. Nous reviendrons sur cette distinction importante en Recherche 3, chap. X, p. 284-285.

Remarquons qu'il ne suffit pas qu'un signal survienne dans un cadre intentionnel de communication pour faire intervenir une interprétation. Ainsi Peirce, qui tend à confondre signification et sens[1], et donc signal et signe, distingue[2] toutefois les signes indiciels, par exemple l'accélération du pouls comme « symptôme probable de fièvre »[3], qui exigent une interprétation, et les « quasi-signes » du métier à tisser Jacquard où le résultat est obtenu automatiquement sans interprétation.

Le métier à tisser de Joseph-Marie Jacquard, mis au point en 1800, est de fait un excellent exemple pour une théorie des signaux. Jacquard utilise des cartes perforées, selon une idée développée par Basile Bouchon en 1725, puis reprise et améliorée par Jean-Baptiste Falcon en 1728 et Jacques de Vaucanson en 1744. Le tissage d'un motif est programmé sur une série de cartes perforées en bois attachées les unes aux autres, la dernière étant rattachée à la première pour faire boucler le programme. Les cartes montent sous le système de lecture, composé de tiges métalliques. Lorsqu'une tige ne rencontre pas de trou, il ne se passe rien. Lorsqu'elle passe à travers un trou, elle sépare des autres fils le fil de trame auquel elle est liée, en sorte de faire passer la navette à l'endroit prévu. Une carte correspond à un fil. Un programme compte des dizaines de milliers de cartes. Le métier à tisser Jacquard est donc un automate programmable. Sa technique des cartes perforées inspirera directement en 1890 Herman Hollerith, le fondateur d'IBM, pour mettre au point les premières calculatrices numériques. Jusque dans les années 1950, la carte perforée fut le principal support de l'informatique. À ce titre, on peut considérer le métier à tisser Jacquard comme l'ancêtre de l'ordinateur.

Selon Peirce, les pleins et les trous des métiers à tisser Jacquard – et donc les 0 et les 1 des ordinateurs modernes – sont des « quasi-signes ». Plus précisément, si nous reprenons nos distinctions conceptuelles précédentes, ce sont des signaux au sens restreint, porteurs d'une information au sens de Shannon (égale à 1 bit) et d'une signification pragmatique, mais n'engageant aucune interprétation, bien qu'ils interviennent dans le cadre intentionnel d'un programme machinique.

1. Voir ci-dessous, Recherche 3, chap. VII, p. 254-256.

2. *Collected Papers*, *op. cit.*, 5.473.

3. On peut juger cette formulation inadéquate. L'accélération du pouls est plutôt un symptôme lié à cet autre symptôme qu'est la fièvre. Le terme visé par un symptôme, c'est la maladie et non un autre symptôme. Mais sans doute Peirce entend-il ici par le terme de *fièvre* l'une de ces maladies nommées *fièvres* (par métonymie). L'accélération du pouls est de fait un symptôme de la fièvre jaune, par exemple.

Cela signifie-t-il pour autant qu'un signal n'engage une interprétation que si le récepteur et non seulement l'émetteur, est doté d'intentionnalité ?

Non, car les machines – qui sont des médiations dans la communication intentionnelle des humains, bien qu'elles ne possèdent pas elles-mêmes d'intentionnalité propre – peuvent être programmées (intentionnellement) pour opérer (inintentionnellement) des choix interprétatifs dans la reconnaissance d'un signal et dans la détermination de sa signification. Un message peut être ambigu dans son information et engager un calcul de redondance ; une signification peut dépendre d'un contexte typal engageant une reconnaissance ; la signification d'un coup aux échecs peut être approfondie en prenant en compte ses implications pragmatiques sur le devenir du jeu ; etc.

La troisième source majeure de confusion entre signal et signe réside dans l'anthropocentrisme des théoriciens, qui les conduit à faire du signe la notion de référence et à n'utiliser le terme de signal qu'en son sens restreint. Le signal apparaît alors comme un signe dépourvu de sens, et le signe devient, de façon illégitime, le terme générique à partir duquel on définit le signal. Les théoriciens sont alors conduits à identifier, contre la théorie de l'information et la biologie, la communication en général à la communication intentionnelle, et, plus largement encore, à la définir comme l'expression d'une pensée[1].

Si en revanche, comme nous l'avons montré, le signe n'est qu'une espèce de signal, intervenant dans le cadre d'une communication intentionnelle et possédant de surcroît un sens, la place et le rôle de la théorie des signes doivent être entièrement repensés.

1. Alors que toute pensée n'est pas intentionnelle.

CHAPITRE V

SIGNALOGIE, SÉMIOTIQUE, SÉMIOLOGIE

Cette distinction entre signaux et signes permet de saisir à la fois la validité et la non-validité de l'approche d'un auteur comme Leonard Bloomfield. Fidèle à la théorie béhavioriste qui entend mettre entre parenthèses les phénomènes mentaux et faire l'économie du sens, Bloomfield réduit en fin de compte le langage humain à un système de signaux, ce qui est légitime puisque tout signe est un signal.

Le travail de Bloomfield peut ainsi être compris comme une étude du langage humain dans la perspective plus générale de la théorie du signal ou signalogie. Pour comprendre le processus de signification, le sens n'est effectivement qu'un simple instrument intermédiaire qui n'a pas valeur de fin. La fin [1] de la communication, c'est la signification (*meaning*), que Bloomfield définit pragmatiquement en termes de contexte de production du message et de réponse :

> La signification d'une forme linguistique se définit comme la situation dans laquelle le parlant l'énonce et la réponse qu'elle évoque chez l'auditeur [2].

Le problème toutefois est que le recours au sens conceptuel constitue précisément une spécificité du langage humain. La réduction opérée par Bloomfield est analogue à celle d'un scientifique choisissant de ne traiter du vivant qu'en termes physico-chimiques, en éliminant tout concept proprement biologique.

1. Selon un concept de finalité qui peut être simplement mécanique, non intentionnel et non conceptuel. Voir A. Séguy-Duclot, *Penser la vie*, Paris, Ellipses, 2004, p. 59-70.

2. *Language*, New York, Henry Bolt, 1933, p. 139.

Une telle réduction n'est pas en soi illégitime, à condition toutefois de reconnaître ses limites et de ne pas prétendre que ce traitement est le seul valide. Car l'approche devient alors réductionniste. D'où le rejet massif par les linguistes de la théorie béhavioriste dans la seconde moitié du XXe siècle, en dépit de sa fécondité propre, et ce, au profit de la linguistique saussurienne, qui accorde une importance capitale au sens.

Cette attention au sens s'effectue toutefois aux dépens de la saisie du caractère primordial de la signalogie. Ce qui conduit Saussure à aborder la question de la communication en faisant problématiquement l'impasse sur la signification (au sens pragmatique) du message. Hypnotisé par son objet, Saussure ne voit pas que le langage humain comme système de signes émerge tardivement à partir des premiers systèmes de signaux, en sorte que la question de la signification pragmatique, telle que la théorise Bloomfield, est bel et bien première par rapport à celle du sens.

Dans la continuité de Saussure, la linguistique structurale a globalement manqué la distinction entre sens et signification. Hjelmslev aurait pu toutefois la saisir lorsque, juste après avoir étudié les exemples du feu de signalisation, du cadran téléphonique et du carillon, il évoque le conflit entre mentalistes et béhavioristes qui s'interrogent sur « la signification de la signification » (*the meaning of meaning*), le terme de signification étant pris ici dans un sens vague. Les mentalistes insistent selon lui sur le rôle de l'émetteur :

> derrière les feux de signalisation, le cadran téléphonique et le carillon de l'horloge, il y a une volonté, une idée, une conscience, ou autre chose similaire, et là se trouve la signification [1].

Inversement, les béhavioristes insistent sur le rôle du récepteur en affirmant :

> la signification n'est que la relation constante entre l'énoncé et le comportement qu'il provoque [2].

Mais tout aussitôt, il les renvoie dos-à-dos sous prétexte que ces questions ne sont pas pertinentes pour l'analyse de la structure du langage :

> Je tends donc à penser que l'existence d'un locuteur et d'un auditeur (ou d'un lecteur), ou d'une conscience à l'origine de la parole, et d'un comportement répondant à la parole, ne relève pas de l'événement linguistique en tant que tel. Je n'insisterai pas plus sur cette discussion qui peut-être

1. *Prolégomènes à une théorie du langage*, *op. cit.*, p. 188.
2. *Ibid.*

> semble venir d'un sophiste, bien que je croie mon argumentation solide. Mais je tiens beaucoup à mon second point : locuteur et auditeur ne sont pas pertinents pour l'étude de la structure du langage. Il semble évident que pour des raisons purement logiques que tout langage concevable comprend deux choses : une expression et quelque chose qui est exprimé. [...] Ces deux éléments, pris ensemble, sont le fondement de tout langage [1].

Ce qui le conduit à mettre entre parenthèses la question de la « signification » (au sens vague qu'il donne à ce terme) :

> Puisque nous ne sommes pas certains qu'une signification soit nécessairement présente ni au sens mentaliste ni au sens béhavioriste, je n'emploierai pas le terme de « signification » pour désigner ce qui est exprimé. Je l'appellerai le contenu, terme choisi parce qu'il ne nous engage absolument à rien et réserve ainsi le vrai problème de la signification pour une discussion ultérieure [2].

Or, si le langage est une activité de communication, et si, comme nous l'avons montré, la communication est d'abord transmission d'une information dotée de signification pragmatique, une telle réduction du langage à la seule fonction d'expression n'est pas acceptable.

De plus, si Hjelmslev a raison de noter que l'on peut parler au téléphone sans que personne n'écoute, donc en l'absence d'un récepteur vivant, et qu'un feu de signalisation peut fonctionner sans que personne ne vienne contrôler son fonctionnement, donc en l'absence d'un émetteur vivant, cela n'implique pas que la communication ne suppose pas toujours un émetteur et un récepteur. Car nous avons vu qu'il n'y a nulle raison de réduire les émetteurs et les récepteurs aux seuls vivants. Une machine peut fonctionner aussi bien comme un émetteur que comme un récepteur. Lorsque nous appelons l'horloge parlante, c'est une machine qui nous répond, et elle a bien statut de récepteur de notre appel. Si en revanche nous sommes sûrs que le « récepteur » de notre message, fut-il vivant, n'y réagira jamais, et ne se comporte donc pas comme un authentique récepteur, nous arrêtons de communiquer avec lui.

Plutôt que de confronter les mentalistes et les béhavioristes, en croyant qu'ils s'opposent sur la « signification de la signification », Hjelmslev aurait dû prendre conscience qu'ils ne visent pas le même objet. Ce qu'il perçoit sans doute lorsqu'il les relie aux figures complémentaires de l'émetteur et du récepteur, mais de façon insatisfaisante. En effet, la question de la signification pragmatique ne concerne pas le seul récepteur

1. *Prolégomènes à une théorie du langage*, *op. cit.*, p. 189-190.
2. *Ibid.*, p. 190.

puisqu'il y a généralement une intention de signification chez l'émetteur. Quant à la question du sens, elle ne concerne pas le seul émetteur, puisqu'il y a généralement une interprétation sémantique chez le récepteur.

Par ailleurs, les mentalistes visent certes le sens, mais de façon confuse, du fait qu'ils confondent la pensée, la pensée intentionnelle et la conscience, ainsi que le sujet, le *je* et le *moi*. Tandis que les béhavioristes visent certes la signification pragmatique, mais au prix d'un réductionnisme abusif.

Le terme central de « contenu » chez Hjelmslev, en tant qu'il repose sur l'occultation de la distinction entre le sens et la signification pragmatique, inscrit donc son analyse, en dépit de tous ses efforts et de toute sa rigueur, dans un vague conceptuel radical. Pour en sortir, il importe de distinguer nettement le sens et la signification, ce qui conduit à distinguer le signal et le signe, et interdit notamment d'interpréter un feu de signalisation et le numéro d'un cadran téléphonique comme des signes.

La question du primat du signal (au sens large) sur le signe ouvre sur l'un des problèmes majeurs des « sciences humaines » au XXe siècle, que nous avons déjà évoqué dans notre introduction.

L'anthropocentrisme de principe des théoriciens les a conduits trop souvent à penser leurs concepts fondamentaux, de signe, de langage, de société, de culture, de travail, etc. à partir du cas très spécifique de l'humain, en oubliant d'interroger ces concepts dans leur plus grande généralité, c'est-à-dire dans le monde animal. Ce faisant, ils manquent la dimension spécifique de ces concepts appliqués au cas particulier, et éminemment complexe, de l'humain, et s'interdisent de pouvoir en donner une définition précise. Or, comme ces concepts sont principiels pour leur analyse, c'est l'ensemble de leur conceptualité qui s'en trouve brouillée.

La physique n'a pu devenir une science qu'en se mathématisant, et la biologie n'a pu devenir une science qu'en s'articulant à la physique et à la chimie. Pour que les « sciences humaines » puissent accéder à la scientificité, elles doivent remplir une condition fondamentale : s'articuler, en dehors de tout réductionnisme [1], à la science sur le territoire de laquelle elles ont constitué leur domaine [2]. Or, cette science, pour les sciences humaines, n'est ni la physique, ni la chimie, mais la biologie, comme l'ont saisi les théoriciens du XIXe siècle. D'où la nécessité de s'articuler à la théorie scientifique de l'évolution, à condition toutefois de bien la comprendre,

1. Là est le risque, que n'a pas su éviter, par exemple, la discipline qui a pris pour nom la « sociobiologie ».

2. Pour cette distinction entre *territoire* et *domaine*, voir ci-dessus, Recherche 1, chap. I, p. 23, note 1.

ce qui n'a pas été le cas chez les théoriciens des sciences humaines du XIXe siècle.

Loin d'affirmer, par exemple, qu'il n'y a de société ou de culture qu'humaines, il faut au contraire considérer d'abord les sociétés et les cultures animales avant de penser le cas particulier des sociétés et des cultures humaines.

Or, ceci vaut tout particulièrement pour la linguistique, à laquelle on a fait souvent jouer de discipline fondatrice pour les sciences humaines, en prétendant l'articuler directement à la théorie mathématique de l'information, et ce, au prix d'une confusion fréquente entre l'information au sens de Shannon et le contenu sémantique d'un message.

Qu'en est-il dès lors du projet saussurien d'une sémiologie? Saussure, qui pense toute forme de communication à partir du modèle exemplaire du signe linguistique, estime que « rien n'est plus propre que la langue à faire comprendre la nature du problème sémiologique » [1]. Il précise plus loin :

> la langue, le plus complexe et le plus répandu des systèmes d'expression, est aussi le plus caractéristique de tous; en ce sens, la linguistique peut devenir le patron général de toute sémiologie, bien que la langue ne soit qu'un système particulier [2].

Une telle théorie générale des signes à laquelle Saussure donne le nom de *sémiologie*, qui doit se construire à partir du signe linguistique, reste anthropocentriste, car elle méconnaît la dimension spécifique et non générique du signe.

La discipline première est la *signalogie*, au sens de théorie générale des signaux (au sens large), considérée d'abord dans le cadre d'une communication non intentionnelle et dépourvue de sens mais non de signification, entre des individus biologiques ou des médiations machiniques.

En second vient la *sémiotique*, au sens de théorie générale des signes, fondée sur l'exemple éminent de la linguistique en général, animale et non simplement humaine. Puis une sémiotique particulière, que j'appellerai *sémiologie*, considérant les signes à partir de l'exemple du signe linguistique humain. Sémiotique et sémiologie ne sont que des disciplines dérivées de la signalogie, engageant à chaque fois une conceptualité nouvelle.

Nous venons d'étudier les concepts fondamentaux de la signalogie. Nous pouvons désormais passer à l'étude de la sémiotique.

1. *Cours de linguistique générale*, *op. cit*, p. 34.
2. *Ibid.*, p. 101.

CHAPITRE VI

APPENDICE À LA SIGNALOGIE

Avant toutefois d'effectuer un tel passage, il importe de saisir les implications principales du fait de ne plus comprendre l'identité réelle dans un sens absolu mais relatif. Le concept d'identité absolue, qui est déjà présent dans l'ontologie parménidienne, traverse toute l'histoire de la métaphysique occidentale jusqu'au principe de l'indiscernabilité des identiques de Leibniz, que continuent de supposer des auteurs aussi essentiels pour la philosophie du XXe siècle que Wittgenstein ou Quine. Ce concept logique d'identité absolue sert de pilier au projet ontologique, dans la mesure où l'être correspond à une interprétation de la réalité objective en terme d'identité absolue, ce qui vaut tout aussi bien pour l'ontologie des Grecs, que pour l'ontologie de la subjectivité d'un Descartes. Comprendre en quoi l'identité réelle est non totale et absolue mais partielle et relative, conduit en fin de compte à rejeter toute approche ontologique, qu'elle soit réaliste ou nominaliste. Mais que peut signifier un tel rejet de l'ontologie? Nous allons tenter de répondre brièvement à cette question, décisive pour la suite de notre analyse.

Cette critique de l'ontologie nous fait-elle retrouver l'idéalisme transcendantal de Kant? Ce dernier repose sur la distinction du phénomène, pour nous, et de la chose en soi, qui est, *en quelque sorte*, le fondement ontologique du phénomène[1], inaccessible à la finitude humaine. Or, notre critique de l'identité absolue, du moins dans sa dimension

1. Naturellement toute détermination conceptuelle de la chose en soi, notamment en termes de « fondement », est inadéquate, puisqu'elle engage les catégories dont ne relève pas la chose en soi.

ontologique[1], ne porte que sur l'identité réelle. Elle ne permet donc pas de contester la position d'une chose en soi puisque cette dernière n'appartient pas à la réalité objective.

Reste que l'idée de *chose en soi* engage l'idée problématique d'un *point de vue absolu* sur la chose auquel seul le regard de Dieu pourrait correspondre. Penser l'être en soi, c'est, comme le note Gadamer, « penser soit sur un mode théologique – dans ce cas, l'être en soi n'est pas pour lui, mais pour Dieu seul – soit sur un mode luciférien, comme quelqu'un qui voudrait se prouver à lui-même sa propre divinité »[2]. En dehors d'une perspective théologique[3] – sachant que la philosophie transcendantale de Kant, en critiquant les preuves de l'existence de Dieu, rejette précisément toute nécessité pour la théorie de la connaissance de se placer dans une telle perspective – il n'y a aucune raison particulière d'admettre une telle chose en soi. C'est donc à juste titre que la position d'une telle chose en soi a été rejetée par la plupart des post-kantiens[4].

S'il n'y a ni être en soi, ni identité absolue, et si la philosophie doit se construire en dehors de toute hypothèse théologique, il faut renoncer à la fois au projet de l'ontologie et à celui de la philosophie transcendantale. Alors faut-il revenir à Nietzsche? Si la philosophie de Nietzsche est sans doute la plus proche du modèle théorique que nous sommes en train de construire, elle en est également tout à fait distincte. Car la critique de l'identité absolue opérée par Nietzsche le pousse à assimiler identification et falsification[5]. Ce qui n'est pas sans poser problème.

Loin de comprendre à la suite de Kant la sensation comme un donné, Nietzsche y découvre une altération du chaos initial qui lui confère une égalité et une identité : « Que de faibles sensations soient posées comme

1. Cette restriction est importante. Affirmer que l'identité réelle est relative et non pas absolue n'interdit pas pour autant que l'on puisse, dans sa relativité même, lui donner un sens absolu, selon donc une absoluité relative (à notre visée) et non absolue (ontologique). Il sera alors à nouveau possible de parler d'identité absolue, mais en dehors de toute perspective ontologique.

2. *Vérité et méthode*, Paris, Seuil, 1976, p. 300.

3. Il ne s'agit ici ni de rejeter la théologie, ni de professer une philosophie athée. Dans le modèle théorique ici défendu, la croyance éventuelle d'un philosophe en Dieu n'a pas à interférer directement avec son travail, pas plus qu'elle n'a à interférer *directement* avec le travail d'un chimiste ou d'un physicien. Pour le dire autrement, il n'y a pas à faire intervenir l'être de Dieu à titre de présupposé.

4. Ce qui ne signifie nullement que nous reprenons la critique kantienne des preuves de l'existence de Dieu.

5. Pour une étude précise de cette falsification, voir D. Franck, *Nietzsche et l'ombre de Dieu*, Paris, PUF, 1998, « Le système des cas identiques », p. 299-372.

égales, soient ressenties *comme* les mêmes, tel est le fait fondamental »[1]. Cette opération falsificatrice est attribuée par Nietzsche à l'entendement qui « semble être plus ancien que la sensation »[2] et qui est défini dans *L'introduction théorétique sur la vérité et le mensonge au sens extra-moral* (1873) comme un moyen de conservation dont les forces principales résident dans la dissimulation. La possibilité d'une connaissance phénoménale repose sur elle. La science toute entière repose donc sur une falsification du monde, qui, réduit à lui-même, est fondamentalement chaotique. La procédure d'identification fondatrice de la connaissance correspond pour Nietzsche à une nécessité biologique. Pour survivre, il faut pouvoir reconnaître et identifier. Il faut donc pouvoir ramener le flux chaotique à des *cas identiques*, notion contradictoire puisque tout cas est, selon Nietzsche, imprévisible, nouveau, différent. L'activité logique, qui procède par réduction du flux chaotique à des cas identiques, s'enracine dans le biologique. En ce sens biologique de la connaissance, Nietzsche peut donc affirmer qu'« il est invraisemblable que notre "connaître" doive s'étendre plus loin que ce qui suffit tout juste à la conservation de la vie »[3]. Ce terme de falsification a ici un sens quasi transcendantal. Le monde de la vérité, avec ses lois, est gouverné par les cas identiques. Il repose sur les procédures d'identification. Si ces dernières sont des falsifications, cela signifie que le monde de la vérité repose sur une falsification fondamentale. La falsification n'est pas ici le contraire de la vérité, mais sa condition de possibilité.

On peut toutefois objecter que la saisie de types chimiques dans la communication biologique n'est pas une simple condition d'une réaction optimale autorisant la survie, mais la condition même de toute réaction. La typalité du vivant repose entièrement sur la typalité des réactions chimiques : une réaction a lieu parce qu'il y a reconnaissance d'un ou de plusieurs types moléculaires. Sans reconnaissance typale, il n'y a pas de communication possible. Quant aux propriétés singularisantes de la molécule, si elles n'entrent pas dans la saisie typale, elles ne sont tout simplement pas prises en compte dans la réaction. Le primat du type au sein du vivant engage une explication non pas biologique – comme on pourrait le penser à partir de l'analyse nietzschéenne – mais chimique.

De plus, si l'on considère le niveau biologique, nous avons montré dans *Penser la vie* qu'il était nettement moins fécond de comprendre la vie par la

1. 1884, 25 (168). À la suite de D. Franck, je cite les textes posthumes de Nietzsche en indiquant successivement le millésime, le numéro du cahier et celui de la note.

2. 1876-1877, 23 (186).

3. 1885, 36 (19).

survie – comme le fait Nietzsche à la suite de la tradition théorique[1] – que par la reproduction qui est celle d'un type, d'abord moléculaire dans le cas de la réplication de l'ADN. Ce qui prime, ce n'est pas le point de vue de l'individu particulier *voulant* survivre, mais celui du type universel, dont la transmission est assurée par de simples mécanismes physico-chimiques en dehors de toute intentionnalité[2]. La survie de l'individu particulier n'importe que tant que la reproduction n'a pas eu lieu. Ensuite, il est sacrifiable. D'où notamment le fait que la mort biologique repose non sur un simple phénomène d'usure, mais engage une programmation, ce qui est incompréhensible si l'on estime que la vie *veut* avant tout la survie.

Dans notre modèle, la reconnaissance de cas identiques, ou de types[3], ne peut donc avoir le sens d'une falsification. C'est plutôt la condition même du vivant, avant même toute question de survie. Faire l'hypothèse d'un flux chaotique, qui serait la vérité la plus fondamentale et par rapport auquel toute identification ne serait qu'une falsification, c'est manquer la possibilité de la vie, en tant qu'elle repose sur des procédures de reproduction typale, celle de la communication, qui procède d'abord par échange de signaux types, celle de l'émergence du sens, et *a fortiori* celle de la conscience.

Dans sa critique de l'identification, Nietzsche reste en fait solidaire du point de vue de ses adversaires. Comme eux, il tend à n'admettre qu'un seul concept d'identité, l'identité logique, totale, absolutisée par la pensée métaphysique, et s'il en dénonce justement l'application à la réalité physique, il en tire trop rapidement que les identités relatives des cas identiques ne sont que des falsifications. Considérons ainsi son analyse de la naissance du concept, qui confond du reste type et concept :

> Pensons encore, en particulier, à la formation des concepts. Tout mot devient immédiatement concept par le fait qu'il ne doit pas servir justement pour l'expérience originale, unique, absolument individualisée, à laquelle il doit sa naissance, c'est-à-dire comme souvenir, mais qu'il doit servir en même temps pour des expériences innombrables, plus ou moins analogues, c'est-à-dire, à strictement parler, jamais identiques et ne doit donc convenir qu'à des cas différents. Tout concept naît de l'identification du

1. Contre Schopenhauer, Nietzsche n'accorde à la reproduction qu'une sens second et dérivé par rapport à la survie. Il identifie ainsi la reproduction à la « conservation de l'espèce » qu'il comprend comme une simple « conséquence de la loi de la conservation de l'individu » et non comme une « loi originaire » (1884, 25 (427)).

2. Voir *Penser la vie*, *op. cit.*, p. 26-51 et p. 283-292.

3. Qui ne correspond en rien à une opération de l'entendement, comme nous le verrons ultérieurement en distinguant type et concept. Voir plus bas Recherche 2, chap. V.

> non-identique. Aussi certainement qu'une feuille n'est jamais tout à fait identique à une autre, aussi certainement le concept feuille a été formé grâce à l'abandon délibéré de ces différences individuelles, grâce à un oubli des caractéristiques [1].

Cette « expérience originale, unique, absolument individualisée », n'est qu'un mythe philosophique reposant sur le principe leibnizien de l'indiscernabilité des identiques, auquel Nietzsche se réfère avec l'exemple des feuilles [2]. Il n'y aurait selon lui d'identité véritable que l'identité absolue et toute identification relative (de ce qui est fondamentalement non-identique) serait oubli, falsification, métaphore. Alors que l'identité réelle est d'abord typale, et que la conceptualité, loin de se construire à partir du singulier, présuppose l'identité typale. L'accès au singulier n'est pas premier, mais second et dérivé. Il n'est pas immédiatement donné, mais engage un surcroît d'analyse [3].

Dans la continuité de la pensée de Nietzsche, nombre d'auteurs ont jugé nécessaire d'opposer une pensée de la différence à celle de l'identité. Dans la mesure où ils se sont opposés à l'identité logique absolue, cette opposition est historiquement valide. Mais elle reste insuffisante, car il ne suffit pas de contester l'identité absolue pour dénoncer tout concept d'identité. Du reste, comme le voit Nietzsche lorsqu'il comprend « la pensée différenciatrice comme conséquence de la peur et de la prudence dans la volonté d'appropriation » [4], ce n'est que par la saisie d'une identité que peut s'opérer la saisie des différences – saisie en fait *nécessaire* puisque l'identité typale n'est que relative. En effet, ce n'est qu'une fois que la reconnaissance de types a lieu qu'il devient ensuite possible de préciser l'analyse, de différencier les types, de les diviser en sous-types, de distinguer leurs occurrences, c'est-à-dire d'opérer des différenciations. La saisie des différences ne précède pas la reconnaissance typale, *elle en dépend*. En sorte que, *paradoxalement*, la critique de l'identité absolue au nom d'une pensée de la différence, bien que légitime, est *moins radicale* qu'une critique de l'identité absolue au nom de l'identité typale [5].

Mais comment une telle saisie typale est-elle possible ? Qu'est-ce qui rend compte de la possibilité de son opérativité ? La nature typale de toute

1. *Introduction théorétique sur la vérité et le mensonge au sens extra-moral*, trad. fr. A. Kremer-Marietti, dans *Le livre du philosophe*, Paris, Flammarion, 1991, § 1, p. 122.
2. Voir plus haut, Recherche 1, chap. II, p. 32-33.
3. Voir plus bas, Recherche 2, chap. V, p. 100-103.
4. 1886-1887, 7 (3). Voir D. Franck, *Nietzsche et l'ombre de Dieu*, *op. cit.*, p. 317.
5. Ce point est précisé en Recherche 3, chap. II, p. 201-202.

saisie d'information qui s'explique par le caractère typal des réactions chimiques sur lesquelles repose la vie. La vie procède par reconnaissances typales.

On pourrait toutefois poursuivre l'interrogation et se demander comment une telle typalité des réactions chimiques est-elle possible ? Ne suppose-t-elle pas une identité sous-jacente d'un être en soi des choses ? En fait, la typalité des réactions chimiques a pour condition de possibilité la nature quantique de la réalité subatomique. Tout d'abord, les particules élémentaires de même espèce, par exemple deux électrons ou deux protons, possèdent des propriétés non pas légèrement différentes mais identiques, à la précision de la mesure près : même charge, même masse, même module de spin, etc.). Contrairement à ce qui se passe dans un modèle physique newtonien, les individus particulaires semblent n'avoir que des propriétés typales générales. Leurs interactions avec d'autres particules sont dès lors identiques. Mais pour que les structures atomiques soient identiques, il faut une seconde condition : la quantification de l'énergie. Cette dernière induit en effet une discontinuité qui structure la réalité atomique, en distinguant notamment des niveaux d'énergie différents qui ne peuvent être occupés que par un nombre déterminé d'électrons. Dans un monde newtonien où les quantités physiques peuvent prendre n'importe quelle valeur, une structure atomique reproductible à l'identique serait impossible. La typalité des réactions chimiques s'explique ainsi par la mécanique quantique[1].

Or, ancrer la typalité de la réalité chimique et vivante dans la physique quantique, ce n'est pas s'inscrire dans un fondement ontologique identitaire. Car d'une part, les phénomènes quantiques corpusculaires n'ont de réalité que dans le cadre d'une mesure, en sorte qu'ils ne possèdent aucune indépendance ontologique par rapport à l'expérience humaine qui les construit[2]. D'autre part, les phénomènes corpusculaires ne correspondent qu'à un mode d'objectivation de la réalité quantique, qui suppose également un mode d'objectivation non corpusculaire mais ondulatoire, sans qu'il soit possible de faire correspondre à ces deux objets conceptuels

1. Sur cette double condition quantique pour la possibilité des structures chimiques, voir John Barrow, *La Grande théorie*, Paris, Flammarion, 1996, p. 246-247.

2. On est alors en droit de se demander si, comme le pense actuellement Anton Zeilinger, la quantification de la matière élémentaire n'est pas liée à la nature quantifiée de l'information (au sens probabiliste de réduction d'incertitude) : toute acquisition d'information dans le cadre d'une mesure engage au minimum un bit, c'est-à-dire l'incertitude levée dans un choix binaire (0 ou 1). Il semble ainsi que ce soit la nature typale de l'information qui commande la dimension typale de la réalité objective, et non l'inverse.

complémentaires un principe identitaire unique permettant de penser une identité ontologique fondamentale de la réalité quantique.

Notre rejet de l'ontologie nous conduit-il à un idéalisme subjectif pour lequel il n'y a *rien* en dehors de la conscience ? Certainement pas, car le « rien » est également une notion ontologique. C'est l'idée absolue d'« être » affectée d'un signe négatif. Renoncer à poser l'« être » implique de renoncer à poser également le « rien » ou le « néant ».

Nous devons donc *dire* qu'*il y a quelque chose* qui apparaît dans nos appréhensions identitaires, et qui n'y est pas réductible. Mais il n'y a pas lieu de penser, à la suite de Kant, ce « quelque chose » comme une chose « en soi », dans une absoluité corrélative du « point de vue de Dieu », comme dirait Putnam [1]. De plus, inscrire ce « quelque chose » dans le langage, c'est inévitablement « *lui* » accorder l'unité et l'identité d'un substantif sujet ou objet. C'est donc « *le* » manquer du même coup [2]. Pour reprendre la formule de Wittgenstein sur laquelle se termine son *Tractatus* : « Ce dont on ne peut parler, il faut le taire » [3]. Notre position théorique n'a pas non plus le sens d'un irréalisme. C'est au contraire un réalisme relativiste, la réalité objective étant comprise en dehors de toute absoluité ontologique.

Dénier toute identité absolue à ce quelque chose – qui ne peut donc être dit « en soi » et servir de fondement ontologique, comme chez Kant – ne revient pas non plus, nous l'avons vu, à l'interpréter en termes de flux chaotique. L'hypothèse d'un flux chaotique initial ou d'un non-monde est à évacuer. Ce qui n'est pas sans conséquences, car une telle hypothèse généralisée d'un non-monde, en tant qu'elle conduit à mettre entre parenthèses la croyance naturelle dans l'existence du monde, est au cœur de la réduction phénoménologique chez Husserl.

La fonction de la réduction phénoménologique serait, sur le modèle d'une réaction chimique, de nous laisser, à titre de « résidu phénoménologique », « la conscience pure dans son être propre absolu » [4]. Mais l'hypothèse d'un non-monde équivaut à penser une situation dans laquelle aucune

1. Voir H. Putnam, *Raison, vérité et histoire*, Paris, Minuit, 1984, p. 61.

2. Pour une réfutation plus précise de l'accusation d'idéalisme, voir ci-dessous, Recherche 3, chap. VI, p. 246-248.

3. Cette nécessité de silence ne vaut toutefois que pour la rationalité théorique. Il y a en revanche un dire mythique, poétique, religieux de l'inexprimable. Mais il relève alors de la pensée symbolique. Ce dire peut également n'avoir qu'un sens négatif et ouvrir sur une autre forme de silence, mystique et symbolique. Ces deux formes de silence, rationnelle et symbolique – que Wittgenstein ne distingue pas – sont profondément différentes.

4. *Idées directrices pour une phénoménologie*, Paris, Gallimard, 1985, p. 165.

reconnaissance typale n'aurait pu avoir lieu et où la conscience n'aurait jamais pu émerger. De plus, face à un flux non concordant de perception, rendant impossible toute visée intentionnelle objective, et donc annihilant la fonction subjective, la conscience ne pourrait maintenir son identité, et son flux interne deviendrait lui-même chaotique. La conscience peut certes *croire* pouvoir se maintenir face au chaos d'un non-monde, mais en cela elle s'illusionne, parce qu'elle ne pense en fait qu'un chaos partiel, auquel elle confère fallacieusement une forme objective à laquelle il ne peut correspondre, ou parce qu'elle commet l'erreur dénoncée par Bergson, à savoir qu'elle pense en fait la positivité d'un monde auquel elle ajoute une simple négation. L'hypothèse d'un non-monde conduit donc à saisir non la nécessité du *cogito* face à la contingence du monde, comme le pense Husserl, mais la contingence liée du *cogito* et du monde. Par-delà sa critique légitime de l'être en soi de la métaphysique et du moi cartésien comme substance[1], Husserl continue à penser l'identité de la conscience sur un mode absolu[2].

Il ne convient ni d'envisager une non-concordance généralisée, ni d'articuler la concordance à un quelconque principe identitaire absolu. Car il n'y a de concordances que relatives, engageant des principes identitaires relatifs. Ainsi un objet physique engage selon l'échelle à laquelle il est observé des types différents, en sorte qu'à strictement parler, ce n'est pas *le même* objet que l'on étudie. Mais cette formulation même reste encore insatisfaisante : nous posons l'identité d'un même objet, l'objet physique considéré à des échelles différentes, et nous affirmons qu'à chaque fois *il* correspond à un objet différent. Il s'agit ici d'une illusion naturelle, ontologique, qui nous fait croire à l'être en soi des choses et à leur identité absolue. Une meilleure formulation serait de dire que si l'on considère l'objet de notre perception, à l'échelle ordinaire, à une autre échelle, il perd son identité objective et devient un autre objet. Cela ne signifie pas pour autant qu'il lui devient étranger. Mais il n'y a pas réductibilité de l'un à l'autre. La notion en jeu est celle d'émergence, qui implique non-linéarité et imprévisibilité, et engage une discontinuité rationnelle. Entre le chaos impensable d'une non-concordance généralisée et la compréhension d'une identité absolue au principe de la concordance objective, il importe de penser des concordances relatives avec des solutions de continuité, qui

1. Voir *Méditations cartésiennes*, Paris, Vrin, 1986, p. 21.

2. Cette critique ne signifie pas pour autant que l'identité de la conscience ne doit jamais être saisie dans un sens absolu. Elle peut l'être, mais dans une visée symbolique, qui ne correspond pas à la visée cognitive ici en jeu. Nous étudierons cette question dans le cadre d'un travail ultérieur.

engagent une hétérogénéité et une relativité intrinsèque du discours scientifique qui s'applique à des réalités objectives multiples et irréductibles entre elles.

Reconnaître une telle relativité ne conduit pas, comme la réduction phénoménologique de Husserl, à n'utiliser aucun des résultats des sciences portant sur le monde naturel[1], mais au contraire à s'appuyer sur ces résultats, pour tenter d'en penser à la fois la cohérence et la relativité. Ce qui inscrit irrémédiablement le discours philosophique dans l'histoire, et implique sa propre *relativité*. La philosophie doit renoncer ainsi non seulement au projet métaphysique mais *aussi au projet transcendantal*.

Inverser le sens usuel de l'expression *être*[2] et penser le caractère simplement second de l'*être en soi* par rapport à l'*être pour nous*[3], comme le propose Husserl, ne suffit donc pas. Renoncer à l'identité absolue revient à renoncer à *l'être*, qu'il soit en soi ou simplement pour nous. Il n'y a pas à poser d'être[4]. L'affaire n'est du reste pas nouvelle. Elle date de l'origine même de la philosophie, puisqu'un tel renoncement était déjà suggéré par Protagoras, qui a été compris à tort, notamment par Nietzsche, comme un pré-cartésien.

Retombons-nous pour autant dans la phénoménodoxie sophistique de la huitième hypothèse du *Parménide*, dans ce monde d'apparences illusoires où la vie peut être assimilée à un songe? Non. Il y a une, ou plutôt *des* réalités objectives. Chacune est doublement relative, d'une part parce qu'elle est constituée par les visées intentionnelles, et d'autre part parce qu'elle n'engage que des identités universelles mais relatives. Chaque réalité objective repose sur une concordance globale mais toujours relative de nos perceptions, par exemple à une échelle donnée; ou dans un modèle interprétatif global donné. Entre le scepticisme et la métaphysique, il y a place pour une théorie de la connaissance dont l'universalité n'entre pas

1. *Idées directrices pour une phénoménologie*, *op. cit.*, p. 104.

2. *Ibid.*, p. 164.

3. Sachant que ce *pour nous* n'est pas, aux yeux de Husserl, un simple *pour moi*. La transcendance de l'objet excède toute conscience individuelle. Elle est le point de convergence des intentionnalités de plusieurs consciences constituantes.

4. Ce qui ne revient pas à identifier l'être et le néant, comme le fait Hegel au début de sa *Logique*, idée reprise ensuite par Heidegger. Affirmer qu'il n'y a pas à poser d'être, c'est également affirmer qu'il n'y a pas à poser de néant. L'absoluité du néant est en effet, comme nous l'avons vu, tout aussi problématique que celle de l'être. Ce double rejet revient à renoncer également *pour la rationalité* à tout commencement absolu, même dans le cas où l'absolu est compris dialectiquement, comme chez Hegel. Nous sommes irréductiblement dans le relatif et il n'y a pas de savoir absolu.

en conflit avec la pluralité et la relativité. La construction de cette théorie de la connaissance passe par une attention extrême – dans la continuité de Platon, Descartes, Kant et Husserl – portée à la critique sophistique puis sceptique et empiriste de l'ontologie. L'histoire de la philosophie peut ainsi être interprétée comme le lent effort de la rationalité philosophique pour penser avec de plus en plus de force et de respect la validité profonde de la théorie anti-philosophique de « l'humain mesure de toutes choses » de Protagoras, à qui Platon fait génialement affirmer dans son *Théétète* :

> Il n'y a rien qui soit un lui-même et en lui-même (*ouden einai hen auto kath'auto*), mais tout devient constamment pour un corrélatif, et de toute façon, le mot *être* est à éliminer, quoique maintes fois tout à l'heure, cédant à l'habitude et par maladresse, nous nous en soyons nous-mêmes servis [1].

Par *être*, il faut désormais entendre une simple réalité objective irréductiblement relative, et parfois, plus précisément, *l'existence*, au sens de *réalité objective ordinaire*, laquelle est tout aussi relative[2]. Ce terme, lorsqu'il apparaît dans le présent texte, en dehors de toute référence à l'« être » de la métaphysique, n'a plus de sens ontologique.

Précisons que rejeter l'ontologie ne revient pas simplement à la relativiser, comme a pu le suggérer Quine. Ce dernier pense ainsi la possibilité d'associer plusieurs ontologies à une même théorie scientifique et rejette toute position d'une chose en soi. Mais Quine continue à parler d'ontologie, ce qui est conforme à son adhésion au principe de l'indiscernabilité des identiques et à sa compréhension absolue de l'identité. Or, c'est précisément ce à quoi il nous faut renoncer quand nous considérons une identité réelle et non logique. La relativisation ne doit pas porter seulement sur le choix de l'univers d'objets, mais sur le statut d'identité des objets au sein de chaque univers, qui ne peut, dans le cadre d'un univers physique, être une identité logique. Comme le terme d'*ontologie* est lié historiquement à une compréhension absolue et non relative de l'objectivité, continuer à l'utiliser pour évoquer la théorie de l'objet ne peut qu'induire le lecteur en erreur[3]. Il paraît donc préférable de l'abandonner.

Tout l'enjeu pour nous est désormais de comprendre qu'une telle anontologie relativiste ne conduit pas, contrairement à l'anontologie

1. *Théétète*, 157a-b.

2. Pour une définition de ces termes de *réalité* et d'*existence*, voir plus bas, Recherche 2, chap. IX, p. 161-165.

3. D'où la retombée de la philosophie analytique dans le vieux débat entre nominalistes et réalistes.

sophistique, au scepticisme[1]. Car s'il est légitime de penser une identité réelle, et de lui conférer une universalité et une nécessité, non pas absolue et totale, mais relative et partielle, alors il est possible de penser la validité de nos modèles rationnels de compréhension de la réalité, qui reposent sur la saisie d'identités objectives. Une validité relative et partielle toutefois, qui ne correspond plus à la validité absolue à laquelle prétendait la métaphysique traditionnelle, ni même à la validité universelle et nécessaire de la philosophie transcendantale kantienne qui présuppose encore l'absoluité d'une chose en soi – même si elle reste inconnaissable pour l'entendement humain – et donc l'absoluité du regard de Dieu. C'est dans le cadre théorique général d'une telle anontologie relativiste que s'inscrira la suite de notre étude du langage.

1. Nous verrons dans un travail ultérieur en quoi une telle anontologie relativste, si elle s'oppose au modèle classique de la science et relève pour elle du scepticisme, est au contraire requise par la science contemporaine.

RECHERCHE 2

SÉMIOTIQUE

CHAPITRE PREMIER

SIGNE ET ANIMALITÉ

Notre distinction précédente entre signal et signe reste pour l'instant simplement nominale. Elle le restera tant que nous n'aurons pas défini le concept de *sens* qui sert au signe de différence spécifique par rapport au signal (au sens large).

Mais si définir un terme c'est « en donner le sens », comment chercher à définir *le sens* lui-même sans tomber dans un cercle? Le terme de *sens* n'est-il pas un de ces termes premiers, indéfinissables car trop simples, sur lesquels repose la possibilité même de la pensée? En sorte que notre critique du concept de contenu chez Hjelmslev, sous prétexte qu'il serait trop vague là où il faudrait pouvoir distinguer clairement sens et signification, serait en fait illusoire. Telle est l'objection que notre analyse se doit de considérer. Peut-on définir le sens? Cette question semble aporétique, mais la solution pourrait, là encore, venir de l'abandon d'un point de vue anthropocentriste : considérer le sens dans sa dimension la plus large, par-delà le langage humain, et s'interroger sur son émergence dans les langages animaux.

Mais l'objection renaît: peut-on parler de *langages animaux*? Les animaux utilisent-ils des signes? Ont-ils affaire au sens? Telles sont les questions que nous devons considérer en premier.

Tout dépend de ce que l'on entend par « animal ». Aristote distingue les animaux des végétaux en leur reconnaissant sensation et désir. Une telle conception de l'animalité est à la fois trop large et trop restreinte. D'une part, il y a une sensibilité des plantes : à la gravité, à la lumière, etc. D'autre part, le désir suppose la possession d'un système nerveux central, ce qui ne concerne pas tous les animaux.

Les biologistes définissent actuellement les animaux comme des eucaryotes[1] pluricellulaires hétérotrophes[2] non photosynthétiques, tandis que les végétaux sont définis comme des eucaryotes pluricellulaires autotrophes et photosynthétiques. Dans ce cadre général, la communication pouvant intervenir entre des animaux est du même ordre que la communication intercellulaire : il s'agit d'un système de signaux. L'acquisition évolutive d'un système nerveux se traduit par l'apparition d'une activité neuronale, que nous associons – car nous avons besoin d'un terme générique pour nos spécifications ultérieures[3] – à *la pensée au sens large*. Constater une activité neuronale conduit ainsi à dire que « cela pense »[4]. On n'observe pas pour autant de différences notables du point de vue de la communication : elle opère toujours par signaux. Le fait que la communication soit liée à une pensée, au sens large d'activité neuronale, est secondaire par rapport à la nature du processus.

Tout change en revanche si l'on considère ces animaux très particuliers que sont les animaux dotés d'un système nerveux central. Car désormais s'offre une possibilité nouvelle pour la pensée : devenir intentionnelle. À la suite de Brentano, l'intentionnalité a été comprise comme une détermination de la conscience. La plupart des théoriciens de l'intentionnalité ont cru pouvoir en déduire qu'il n'y avait d'intentionnalité que consciente. Cette thèse, centrale en phénoménologie[5], est difficilement tenable : le désir engage une visée intentionnelle, et tout désir n'est pas conscient. Dans la mesure où les animaux à système nerveux central sont capables de désir,

1. Un eucaryote est un type de cellules renfermant, contrairement aux procaryotes, un noyau contenu dans une membrane nucléaire et des organites entourés d'une membrane.

2. L'hétérotrophie s'oppose à l'autotrophie. Les organismes autotrophes se procurent leurs molécules organiques par photosynthèse, à partir de l'énergie du Soleil, ou par oxydation de substances inorganiques. Les hétérotrophes tirent les molécules organiques de la consommation d'autres êtres vivants. À ce titre, on peut les considérer comme des parasites des autotrophes.

3. À savoir une distinction entre pensée non intentionnelle (animaux à système nerveux non centralisé) et pensée intentionnelle (animaux à système nerveux centralisé), et entre pensée intentionnelle non consciente et pensée intentionnelle consciente (humain). Comme ces distinctions sont liées à des déterminations du système nerveux, le mode le plus économique pour définir la pensée en son sens générique est de la lier à l'activité neuronale.

4. Nous ne reprenons donc pas l'identification entre *pensée* et *conscience* opérée par Descartes dans ses *Principes*, I, 9.

5. D'où les difficultés de la phénoménologie, patentes chez Husserl, pour penser l'intentionnalité animale. D'où encore le refus de la plupart des phénoménologues, sauf exceptions remarquables, à penser à la suite de Freud une intentionnalité *inconsciente* (et non simplement *non consciente* comme dans le cas des animaux).

il faut leur reconnaître une intentionnalité. Ce qui ne signifie pas pour autant qu'ils possèdent une conscience, au sens de conscience réflexive ou conscience de soi. Une intentionnalité peut rester non consciente[1].

L'apparition d'une intentionnalité est liée à l'acquisition d'un système nerveux central. Dans un premier temps, la centralisation rend possible, à un niveau de complexification évolutive qui reste à déterminer par les neurobiologistes, l'émergence d'une unité psychique, réceptrice ou émettrice. Dans un second temps, cette dernière peut unifier en retour l'émetteur du message reçu par l'unité psychique, ou le destinataire du message émis par l'unité psychique. Pour le dire autrement, puisque nous sommes dans un cadre émergent engageant une nouvelle conceptualité, on voit alors apparaître une visée intentionnelle articulant deux termes distincts sinon opposés. D'une part, l'unité réceptrice et émettrice, source de la visée intentionnelle, que l'on peut appeler le *sujet*, et d'autre part, l'unité but de la visée intentionnelle, que l'on peut appeler l'*objet*, qui, dans le cadre du processus communicationnel, est soit l'émetteur du message reçu par le sujet, soit le récepteur du message émis par le sujet[2].

Il faut donc admettre, non seulement une pensée, mais encore une intentionnalité et une subjectivité animale[3], du moins au sens que nous venons de définir. Insistons sur le fait que le terme de *sujet* n'est pris ici ni au sens grammatical de terme prédicable – une pierre peut être *sujet* en ce sens –, ni au sens ontologique de *substance* – la subjectivité dont je traite est une simple fonction psychique n'engageant aucune propriété essentielle –, ni au sens éthique de *personne* – il n'est nullement question de droits ou de devoirs liés à cette subjectivité[4]. Enfin, contrairement à la tradition philosophique d'inspiration cartésienne, le sujet n'est pas pris non plus dans un sens équivalent à celui de conscience de soi. La subjectivité animale reste non consciente[5]. Il s'agit seulement de l'unité psychique émettrice et réceptrice présupposée par toute communication intentionnelle.

Un animal doté d'une subjectivité dans laquelle s'unifie sa vie psychique a accès non à la seule pensée sensible, mais aussi aux émotions : colère, peur, souffrance psychique, etc. Il peut également faire l'objet d'une analyse psychologique. La visée intentionnelle subjective se singularisant en chaque individu, on peut déterminer le caractère de chaque

1. Voir ci-dessus, Recherche 1, chap. I, p. 25, note 1.

2. L'objet émetteur peut être distinct de l'objet destinataire.

3. Voir A. Séguy-Duclot, *Culture et civilisation*, *op. cit.*, p. 59-82.

4. Nous reviendrons en détail sur ces distinctions dans une analyse du symbolique.

5. Nous préciserons ce point ultérieurement. Voir ci-dessous, Recherche 3, chap. I, p. 188-191.

animal, qui correspond au mode individuel de sa visée et dont les propriétés évoluent dans le temps. Par induction, la psychologie animale peut alors dégager des classes de caractères.

Parallèlement à cette véritable révolution qu'est l'émergence de l'intentionnalité et de la subjectivité dans la vie psychique animale, la communication subit une mutation radicale. Jusqu'à présent, la communication ne mettait en œuvre que des signaux, c'est-à-dire des événements physiques porteurs d'information au sens de Shannon, éléments d'un message[1] porteur de signification pragmatique. Or, le signal est désormais utilisé par l'animal dans le cadre d'une pensée intentionnelle objectivante. S'offre dès lors une nouvelle possibilité pour le signal : devenir intentionnel. Il peut acquérir alors, outre une signification, deux fonctions nouvelles : une fonction d'expression de la subjectivité et une fonction de désignation d'un objet.

J'appelle désormais *signe tout signal possédant une fonction de désignation objective*[2]. Il s'agit d'une nouvelle définition du signe, par la référence. L'objet désigné peut ne pas être directement observable. Le signe a alors pour mission de se substituer à l'objet qu'il désigne. Toutefois, l'observabilité indirecte n'est pas équivalente à l'absence. Le symptôme d'une maladie est bien le signe de sa présence. Mais cette présence s'observe précisément par la médiation de ses symptômes. Le signe peut ainsi désigner l'objet en sa présence même. Par ailleurs, j'appelle désormais *signal* (dans sa définition restreinte, spécifique ou référentielle) *tout signal* (dans la définition large, générique, que nous en avons donnée en Recherche 1, chap. III, p. 42) *ne possédant pas de fonction de désignation objective*, quelque soient ses autres fonctions. C'est-à-dire tout signal qui n'est pas un signe (selon la définition référentielle).

Ces deux nouvelles définitions du signe et du signal (comme espèce et non comme genre) sont clairement parallèles à leurs deux définitions précédentes[3]. Leur intérêt vient de ce qu'elles ne font plus intervenir la notion, toujours indéterminée, de *sens*. Toute la question est désormais de savoir si nos deux définitions du signe, et naturellement du signal (comme espèce), sont équivalentes ou non. Avant toutefois de pouvoir prétendre y répondre, il nous reste du chemin à parcourir.

1. Lequel peut se réduire à un seul signal.

2. Un signal au sens strict, c'est-à-dire un signal qui ne fonctionne pas comme un signe, peut être expressif, mais non désignatif.

3. Voir ci-dessus, Recherche 1, chap. IV, p. 43-44.

CHAPITRE II

LE LANGAGE ANIMAL

Cette nouvelle distinction entre *signal* et *signe* est manifestement relative. Prenons l'exemple d'un lion, dérangé dans son repas par des hyènes. Lorsqu'il rugit de colère, ce rugissement n'est pour lui qu'un signal intentionnel possédant une signification dépourvue d'ambiguïté. Le rugissement ne fait en effet qu'exprimer sa colère, il ne la désigne pas, à moins de reconnaître au lion une conscience réflexive[1].

En revanche, pour les hyènes, ce signal fonctionne comme un signe indiciel d'une objectivité psychique non directement observable : la colère et la détermination du lion, dont il leur importe d'estimer le degré, entre autres paramètres, avant de décider ou non de passer à l'action. De même, si une sirène d'alarme variait en fonction de la nature du danger objectif et de son importance, elle ne fonctionnerait plus comme un simple signal ayant pour signification l'impératif de se mettre à l'abri, mais comme signe indiciel. Alors qu'une sirène d'alarme fonctionne généralement comme un simple signal, tout comme les pleurs d'un bébé, qui provoquent normalement chez le parent une réaction type inverse (accourir et non fuir), mais sont tout aussi indéterminés référentiellement : bébé a-t-il faim ? est-il fatigué ? est-il malade ? s'est-il fait mal ? Rien dans ses pleurs ne permet de le savoir.

Prenons un autre exemple. Lorsqu'un animal laisse une empreinte sur le sol, ce n'est ni un signal, ni un signe. Mais un autre animal peut faire fonctionner l'empreinte comme signe indiciel de son auteur, d'un point de vue spécifique ou individuel, apportant éventuellement des renseignements sur son poids, son âge, voire son état de santé.

1. En revanche, un cri de colère chez un humain correspond non à un simple signal mais à un authentique signe indiciel intentionnel.

Or, un tel usage peut conduire un animal à laisser intentionnellement des traces de son passage, afin notamment de marquer son territoire. Ces traces, par exemple des excréments, sont-ils pour lui des signaux ou des signes ? La réponse est difficile : un animal peut-il considérer son corps propre comme un objet ? Si l'on répond oui à cette question[1], alors il faut considérer la trace comme un signe intentionnel. Dans le cas inverse, ce n'est qu'un signal intentionnel que les autres animaux font fonctionner comme un signe indiciel.

En revanche, il existe des cas dépourvus d'ambiguïté où les animaux utilisent intentionnellement des signes et non de simples signaux. Par exemple, le langage des abeilles ne se réduit pas à un ensemble de signaux au sens strict. Dans un message gestuel, l'abeille émettrice fournit intentionnellement des indications sur la direction dans laquelle aller pour trouver la nourriture et la distance à laquelle elle se situe. L'identité du nectar est communiquée par d'autres indices : l'odeur de la butineuse qui déglutit le nectar qu'elle a absorbé. La communication est ici chimique et non plus gestuelle. À la fonction de signification s'ajoute donc clairement une fonction de désignation d'un objet éloigné dans le temps et l'espace. De même certains singes, comme le grivet, changent de cri d'alarme en fonction du prédateur. Son cri n'est donc plus un simple signal mais un signe au sens référentiel (sens 2).

Même si la communication animale intentionnelle fait toujours usage de signaux, elle n'est donc plus réductible à un système de signaux. Plus le cerveau des animaux est complexe, plus ils sont capables de se référer à une réalité objective complexe, plus leur monde est composé de signes indiciels, et donc plus leur communication a la possibilité de faire usage de signes intentionnels. À la question de savoir si les animaux utilisent des signes, nous pouvons donc répondre par l'affirmative.

De ce que les animaux utilisent des signes intentionnels, peut-on en déduire qu'ils possèdent un langage ? Mais qu'est-ce qu'un langage ? Un système de signes ? Cette définition est évidemment trop large. Un système de signes intentionnels accompagné d'une règle de leur emploi ? Cette nouvelle définition semble plus précise. Elle permettrait par ailleurs de

1. Ici, tout dépend sans doute du degré de complexité du cerveau de l'animal, et de son plus ou moins grand éloignement de la conscience réflexive. Rappelons ici que certains animaux, notamment le chimpanzé, semblent posséder une forme de réflexivité, avec notamment la possibilité de se reconnaître dans un miroir. Sur ce point, voir A. Séguy-Duclot, *Culture et civilisation*, *op. cit.*, p. 78-80.

parler de langage animal : la communication par les abeilles sur la nature, la direction et la distance de la nourriture est intentionnelle et ne se fait pas n'importe où, n'importe comment : elle suit des règles précises. Mais elle reste encore trop large : une carte géographique sur laquelle ne figurerait aucun texte écrit constitue un système de signes intentionnels accompagné de la règle de leur emploi. Mais ce n'est pas pour autant un langage. Car si elle fournit des informations, elle ne les communique pas, puisque les informations ne sont pas liées à une signification pragmatique, et donc ne sont pas organisées dans un message. En revanche, la carte d'un trésor, qui indique effectivement ce qu'il faut faire pour découvrir un coffre enfoui, a bien valeur de message.

Je choisis donc de définir le langage comme *un système codé et réglé de communication par signes intentionnels*. Une telle définition permet d'attribuer un langage aux animaux les plus complexes. Chaque fois que l'on constate des différences dans le langage utilisé par différents groupes appartenant à une même espèce, on peut parler de *dialectes animaux* distincts, correspondant chacun à une culture animale particulière. Lorsque l'évolution des dialectes remet en cause la possibilité pour les membres de groupes différents de se comprendre, on peut même parler de *langues animales* distinctes.

Les linguistes dénoncent toutefois couramment cette expression de *langage animal*. Ils font remarquer non sans raison que les langages animaux ne possèdent pas toutes les propriétés du langage humain.

Jakobson distingue six fonctions dans le langage[1] : référentielle, expressive, conative, phatique, métalinguistique et poétique. La communication intercellulaire ne possède que la simple fonction conative, qui correspond à la signification pragmatique du message. Dans le cas de la communication animale intentionnelle, on découvre trois nouvelles fonctions :

1) La fonction phatique : la communication permet une prise de contact entre les subjectivités animales. Cette prise de contact peut tout à fait donner lieu à un dialogue. Par exemple, lorsque deux mâles se défient avant éventuellement de combattre, leur communication gestuelle et orale a la forme d'un dialogue.

2) La fonction expressive : les animaux ont la possibilité d'exprimer leurs émotions et leurs intentions.

1. Voir R. Jakobson, *Essais de linguistique générale*, Paris, Minuit, 1963, t. 1, chap. XI.

3) La fonction référentielle, puisque les signes permettent de désigner des objets.

Restent deux fonctions : la fonction poétique et la fonction métalinguistique. En ce qui concerne la première, si l'on fait abstraction de la définition jakobsonienne de la fonction poétique en termes d'opacification du langage, qui est loin d'être évidente, on peut noter que la séduction joue un grand rôle dans le monde animal. La sélection sexuelle tend ainsi à favoriser les mâles dotés de couleurs et de formes remarquables. Cette séduction peut même être intentionnelle : les mâles effectuent couramment des « danses » pour convaincre les femelles de s'accoupler avec eux. La communication gestuelle est ici intentionnellement inscrite dans une visée séductrice. Rien n'interdit de croire qu'il puisse en aller de même pour la communication orale. Lorsque les oiseaux mâles chantent pour attirer les femelles, leur chant peut être considéré comme l'analogue oral d'une danse séductrice.

Dans la mesure où la communication animale peut avoir une telle fonction séductrice, dans laquelle le sujet essaie de capturer l'attention du destinataire dans les fils de son chant ou de sa danse, de l'hypnotiser en quelque sorte[1], on peut parler d'une fonction analogue à la fonction poétique, même si l'animal n'a pas à sa disposition toute la richesse matérielle et formelle du langage humain

La nécessité de reconnaître aux animaux une sensibilité esthétique conduit à s'interroger sur l'existence ou non d'un *art animal*. Tout dépend ici de la réponse que l'on donne à la question suivante : l'animal façonne-t-il *intentionnellement* son chant ou sa danse *en sorte* de le rendre esthétique ? Dans la mesure où l'intention esthétique peut être identifiée à une intention déréalisante[2], on peut supposer que les animaux qui jouent intentionnellement, et donc sont capables de viser une activité non réelle, sont également capables d'intention déréalisante. Si cette hypothèse est correcte, un chant ou une danse séductrice peuvent, du moins pour ces animaux, être compris comme une production esthétique intentionnelle, et donc comme une activité artistique. Il devient alors possible de parler d'un art animal. La frontière entre l'animal et l'humain ne se situe pas alors dans la capacité d'avoir ou non une activité artistique. Elle réside plutôt dans une

1. Notons ici l'importance de la symétrie, dont la dimension esthétique, célébrée par l'esthétique classique, est sans doute liée à la symétrie du vivant. Ainsi, dans le cadre de la sélection sexuelle, les femelles évitent généralement les mâles dont les corps présentent un défaut de symétrie.

2. Voir A. Séguy-Duclot, *Définir l'art*, Paris, Odile Jacob, 1998, p. 43-44.

spécificité de l'art humain qui fait intervenir de façon constitutive la pensée symbolique[1].

Il ne manque donc que la fonction métalinguistique. La capacité du langage humain d'accéder à un plan métalinguistique est liée au fait que la pensée humaine est non seulement intentionnelle et subjective, mais consciente au sens de la conscience réflexive. Ce qui n'est pas le cas des animaux, même si l'on observe chez de rares animaux un début de reconnaissance de soi.

Mais si *langage* et *métalangage* sont des termes distincts, il ne semble pas légitime de refuser d'appeler *langage* un mode de communication possédant toutes les fonctions du langage, à l'exception de la seule fonction métalinguistique. Cette dernière doit au contraire être vue comme une spécificité de cette forme particulièrement complexe de langage qu'est le langage humain. Faire de cette spécificité du langage humain la marque même du langage en général, c'est tomber dans une illusion anthropocentriste.

Quant aux autres objections : notamment le fait que la distinction phonème/morphème soit absente des langages animaux, que le lexique animal soit limité, que les langages animaux ne possèdent quasiment pas de syntaxe[2], ou que leurs capacités combinatoires soient réduites, elles s'inscrivent toujours dans cette perspective anthropocentriste. On confond là encore les déterminations spécifiques du langage humain, qui possède effectivement une complexité exceptionnelle liée à la réflexivité de la conscience de soi, avec les déterminations génériques du langage.

Lorsque donc nous parlons de *langage*, de *société* ou de *culture* chez les animaux, ces concepts sont pris uniquement au sens large, générique, indépendamment du sens spécifique qu'ils peuvent avoir chez l'humain. Il n'y a donc pas à invoquer les traits spécifiques du langage, des sociétés et des cultures chez l'humain pour contester cet usage.

1. A. Séguy-Duclot, *Définir l'art*, *op. cit.*, p. 113-169.

2. Si les langages animaux possèdent des règles d'organisation, ces dernières ne semblent pas avoir pas de fonction syntaxique. Ainsi le chant des oiseaux est construit selon des règles de combinaison de séquences de son, mais les modifications combinatoires ne semblent pas correspondre à un changement de contenu référentiel ou de signification : il s'agit toujours de défendre son territoire ou de chercher un partenaire sexuel. Les variations dans l'ordre du message servent plutôt à indiquer l'identité de l'émetteur : son espèce, la population à laquelle il appartient et son individualité. Voir ci-dessous, Recherche 3, chap. IV, p. 214.

On pourrait toutefois objecter que tout usage est relatif, et qu'il est donc parfaitement légitime de définir le langage en un autre sens, en sorte de l'identifier au seul langage humain. Cela est vrai. Mais cela reviendrait à reconstruire artificiellement l'abîme entre animalité et humanité, imposé par la tradition métaphysique pendant des siècles, et contre lequel a dû précisément lutter la biologie en général et l'éthologie en particulier tout au long du XXe siècle. C'est pour des raisons de fécondité et de conformité théorique avec la science contemporaine que le point de vue anthropocentriste en linguistique doit être rejeté[1].

Résumons-nous : on peut reconnaître aux animaux les plus complexes non seulement une pensée, mais une intentionnalité, une subjectivité et un langage, composé de signes dotés à la fois de signification et de désignation. Mais les animaux ont-ils pour autant affaire au sens ?

Plutôt que d'envisager tout de suite la question du sens au niveau humain, restons dans un cadre animal. Un lion flaire une odeur. Il s'agit d'une trace non intentionnelle, mais que sa propre intentionnalité fait fonctionner comme signe indiciel. Cette odeur possède pour lui une signification : elle est par exemple la promesse d'un repas. Elle possède aussi une désignation : elle indique un objet déterminé appartenant à la réalité objective construite par sa visée intentionnelle. Il y a toutes sortes de proies, mais là, il s'agit d'une proie particulière, dotée de propriétés formelles, colorées, odorantes, etc., spécifiques, par exemple cet animal nommé « zèbre » en français. Le lion le sait, même s'il ne sait pas qu'il le sait. Il sait également quelle stratégie adopter avec ce type de proie. Il sait quelles sont ses chances, en fonction des conditions de l'approche. Notamment, il saura renoncer s'il estime en avoir trop peu. Une poursuite demande de l'énergie : sa survie dépend de la justesse de son estimation.

Toute son action semble donc baigner dans le sens : le signe indiciel qu'il utilise paraît bien posséder un signifié. Et si, comme les abeilles, l'animal a la capacité d'indiquer à ses congénères qu'il y a une proie de tel type à proximité, ce qui permet de s'associer dans une chasse collective, le

1. Cet anthropocentrisme n'est pas le fait de la linguistique. Il est d'abord philosophique. On le trouve ainsi chez Hans-Georg Gadamer, notamment lorsqu'il affirme que « le langage est le véritable milieu de l'être de l'humain » (*L'art de comprendre* II, « L'homme et le langage », Paris, Aubier, 1991, p. 67). Cet anthropocentrisme de Gadamer s'inscrit dans la continuité de la pensée de Heidegger, qui comprend le *Dasein* à la suite des Grecs comme *zoon logon ekhon* (*Être et temps*, *op. cit.*, § 34, p. 212) et théorise un abîme radical entre l'animal et l'humain : voir le cours de 1929-30 sur *Les Concepts fondamentaux de la métaphysique*, Paris, Gallimard, 1992, § 42-66.

langage animal ne véhicule pas simplement des informations, il ne possède pas simplement une signification, une expression et une désignation, mais aussi un sens. Une telle conclusion semble clore la discussion.

Elle ne fait pourtant que commencer. Certains pourraient ici objecter le caractère étonnamment prévisible des comportements animaux. Dans une situation identique, affirmeraient-ils, un animal se comporte toujours identiquement. Ce qui prouve qu'il n'a pas véritablement affaire au sens.

On pourrait leur opposer l'existence des cultures animales mises au jour par les éthologues : loin d'être purement instinctif et déterminé au niveau de l'espèce, le comportement animal peut varier selon les groupes. On observe ainsi chez les animaux dotés d'un cerveau suffisamment complexe l'acquisition de comportements nouveaux par invention, en dehors de tout déterminisme génétique ou environnemental, qui sont ensuite transmis au groupe, puis aux générations suivantes. On peut alors déterminer l'appartenance d'un individu à tel ou tel groupe en fonction de son comportement, ce qui légitime l'usage du terme de *culture*.

Mais notre contradicteur a ici beau jeu de nous rétorquer que précisément, le comportement acquis est reproduit *à l'identique* par tous les membres du groupe. Sa thèse n'est pas que le comportement animal est purement instinctif. Chacun sait que l'on peut dresser un animal pour qu'il adopte un comportement non naturel, voire anti-naturel : un prédateur peut apprendre à vivre pacifiquement avec sa proie. Mais il répètera alors de façon identique le comportement acquis par dressage. Au point que le comportement animal paraît « programmé » [1].

Certes, à partir du moment où l'on a affaire à un animal doté d'intentionnalité, sa réaction à un message stimulus n'est pas automatique. Il peut choisir de ne pas lui obéir. Lorsque deux mâles s'affrontent pour la dominance sexuelle, le conflit des intentionnalités désirantes peut conduire ou non au combat. Force est toutefois de reconnaître que dans leur conflit, même si une forme de liberté de choix intervient, les animaux restent dans une logique comportementale identitaire. Ou bien il n'y a pas conflit, et l'on observe l'établissement d'un mode type de relation dominant/dominé ; ou bien il y a conflit, et l'on observe un affrontement type, qui conduira à l'établissement de cette même relation, si du moins les deux adversaires survivent au combat.

1. Nous retrouvons ici le refus par Descartes d'accorder un esprit aux animaux qu'il assimile à de simples machines.

Dans cette identité comportementale, il y a bien une parenté entre les animaux et les machines – ou plutôt entre les machines et les animaux. Comment rendre compatible une telle identité comportementale avec notre thèse précédente, selon laquelle les animaux possèdent une intentionnalité, une subjectivité et semblent avoir la capacité de produire des signes dotés de sens ?

CHAPITRE III

PERCEPTION TYPALE

Tâchons tout d'abord de préciser la nature de cette identité comportementale. Si les comportements individuels animaux restent différentiables, ils apparaissent toutefois comme de simples occurrences d'un type identique.

Un chimpanzé peut ainsi avoir l'idée d'utiliser un jour un morceau de bois ou une pierre comme outil. Ce comportement peut se transmettre ensuite au groupe en sorte d'être reproduit de génération en génération. Certes, des variations singulières sont possibles : chacun le reproduit avec son style propre. Mais c'est le même geste type. Les membres du groupe ne font pas entrer l'invention dans un processus indéfini de progrès technique.

L'animalité a longtemps été associée à l'instinct. On sait désormais que les animaux sont capables d'apprentissage et que la part de l'acquis croît avec la complexité de leur cerveau. Mais si ce point est resté longtemps inconnu des observateurs, c'est que les comportements animaux acquis ne diffèrent guère des comportements innés : ils engagent une même reproduction à l'identique, conformément à un type déterminé. Que le comportement animal soit inné ou acquis, naturel ou culturel, il reste identitaire et typal.

Une telle typalité comportementale ne doit pas nous étonner : elle inscrit l'animalité dans la continuité stricte du vivant en général. Nous l'avons vu, la communication intercellulaire est typale. À un message type, émis et reçu dans un contexte type, correspond une réaction type. Il en va de même pour les animaux, même les plus complexes.

Cette remarque soulève toutefois une difficulté. Si le caractère typal des réactions cellulaires s'explique par le caractère typal de leur communication, le caractère typal du comportement des animaux devrait s'expliquer par le caractère typal de leur communication. Ce qui implique que la réception des informations sensibles soit typale. Mais ne pourrait-on ici objecter la dimension singulière des données sensibles ?

Non, car les données élémentaires de la sensation animale ne sont pas singulières mais typales. Un animal réagit à tel type d'odeur, tel type de forme, tel type de son, etc. Sa réaction est identique parce que chaque perception de cette odeur la saisit comme occurrence identique d'un type, et non comme une pure singularité sans pareille. Ce qui ne nous conduit pas pour autant à une approche strictement formaliste. Dans la reconnaissance typale d'un panneau de la circulation par exemple, la forme (rectangulaire, circulaire ou triangulaire) n'est qu'un élément caractéristique type, au même titre que la couleur (rouge, bleu, blanc, jaune ou vert). Il en va de même pour les perceptions animales, où les odeurs ont un rôle généralement plus important que les formes.

L'objection toutefois rebondit. Car entre la reconnaissance d'une information typale élémentaire, sur le modèle de la communication cellulaire, et la reconnaissance d'une information sensible typale, comme une forme, il y a une différence de complexité considérable. Est-ce que l'on peut passer d'un terme à l'autre dans le cadre strict d'une logique typale binaire, sur le modèle de la logique booléenne, qui ne faisait intervenir que des 0 et des 1 ?

On peut admettre que cela ne puisse être le cas. Ainsi la modélisation de la perception animale en logique floue par des réseaux de couches de neurones engage des procédures de classification non plus dans l'ensemble {0,1}, mais dans l'intervalle [0,1]. La reconnaissance d'une couleur ou d'une forme est susceptible de degrés variant entre 0 et 1. Ceci ne remet pas toutefois en cause le caractère finalement binaire de la reconnaissance et de la réaction (0 ou 1 : non-reconnaissance et pas de réaction ou reconnaissance et réaction) en raison de l'intervention de seuils. Dans le cadre de l'intervalle [0,1], au-delà d'une certaine valeur seuil, il y a reconnaissance, en-deçà, non-reconnaissance.

On peut également admettre que dans le cadre de la reconnaissance ou de la non-reconnaissance, c'est-à-dire au-dessus ou en-dessous de la valeur seuil, la différence de degré puisse être prise en compte. Elle conduit alors à une différence de degré dans la réaction d'un animal – selon que le degré de reconnaissance d'une odeur dangereuse est plus ou moins élevé, la proie peut s'enfuir plus ou moins vite – ou dans sa non-réaction – le degré de reconnaissance peut être inférieur au seuil de réaction, et, selon son degré, rendre la proie plus ou moins attentive. Mais il s'agit alors d'une simple modulation quantitative de la logique typale, qui ne remet pas en cause son fonctionnement binaire global.

Nous avons vu que la communication en général a pour condition l'identité typale[1] : ceci vaut pour la communication intercellulaire mais aussi animale et humaine. Or, cette proposition demande encore à être élargie : l'identité typale est condition non seulement de toute communication, mais de tout échange d'informations. Même en dehors d'un cadre communicationnel, c'est-à-dire lorsqu'un animal ne fait que réagir aux informations de son milieu sans qu'un émetteur puisse être isolé, ces informations n'ont pas valeur de pures singularités, sans quoi aucune réaction ne serait possible, mais d'occurrences identifiables d'un même type : à chaque type sensible correspond une réaction type déterminée.

L'opposition traditionnelle entre sensation et entendement a été radicalisée par Kant lorsque, au début de la Dialectique transcendantale de la *Critique de la raison pure*[2], il distingue, au sein du terme générique de représentation[3], entre l'intuition et le concept. L'intuition, qui n'est que sensible, est singulière et son rapport à l'objet est immédiat ; le concept est universel et son rapport à l'objet est médiat puisqu'il engage l'abstraction de ce qui est commun à plusieurs choses.

Une telle opposition s'explique par son rejet de la compréhension leibnizio-wolffienne du sensible comme intelligible confus. Elle pose toutefois problème car si les animaux sont privés d'entendement, c'est-à-dire de la faculté de former des concepts, ce que l'on peut accorder à Kant[4], la théorie kantienne de l'intuition sensible les condamne à un chaos de sensations singulières. On comprend mal alors la régularité de leur comportement dans un univers objectif manifestement structuré selon des oppositions binaires plurielles : prédateur/proie, partenaire sexuel/rival, apparenté/ non apparenté, dominant/dominé, etc.[5].

1. Voir ci-dessus, Recherche 1, chap. II.

2. Plus précisément, à la fin de la première section du livre premier de cette Dialectique.

3. Terme générique qui pose déjà problème. Voir ci-dessous, Recherche 2, chap. VII, p. 137.

4. Voir ci-dessous, Recherche 3, chap. II.

5. Loin que le chaos soit premier et mis en ordre par la pensée conceptuelle, c'est la régularité et l'ordre, propres à la pensée animale gouvernée par la logique binaire de l'identité et de la non-identité, qui sont premiers. Or, plus la science progresse, plus elle peut donner une objectivité à l'irrégulier et au « chaotique », ce qui engage une complexification radicale des

Par ailleurs, on s'explique mal la possibilité de l'émergence de la pensée conceptuelle humaine à partir d'un tel modèle de la pensée animale. Il est vrai que les questions de l'évolution et de l'émergence ne se posent guère dans le cadre transcendantal du kantisme. Mais notre problème[1] est précisément de penser une telle émergence[2].

La compréhension de l'intuition sensible comme étant singulière et immédiate doit être abandonnée. D'une part, le donné sensible élémentaire étant typal[3], il relève déjà de l'universel[4]. Ce rouge vermillon caractéristique pour la reconnaissance identitaire objective d'une proie, cette forme voûtée du dos caractéristique pour la reconnaissance d'un dominé, etc., ne fonctionnent pas comme des données singulières immédiates, mais comme des types reproductibles dans une indéfinité d'occurrences identiques. Sans quoi, il n'y aurait jamais de reconnaissance objective. D'autre part, le contenu de l'information sensible étant typal, sa saisie correspond à un authentique travail d'abstraction. À partir d'un divers visuel, auditif, olfactif, etc., les organes de sensation abstraient des contenus sensibles types, reproductibles à l'identique. Un tel travail d'abstraction sensible permet d'affirmer que les contenus sensibles sont non seulement universels mais médiats.

L'accès au concept chez l'humain s'en trouve relativisé : il s'agit non de l'accès à l'universel et au médiat mais de l'accès à un nouveau mode d'universalité et de médiation, qui présuppose l'universalité et la médiation typale de la sensibilité[5].

modèles théoriques. En ce sens, on peut dire que la science n'a pas le chaos comme objet initial mais comme objet final.

1. Voir ci-dessus, Introduction, p. 14-16.

2. Dans ce dessein, ne faudrait-il pas admettre, à titre de stade intermédiaire, un langage privé, où les humains auraient échangé leurs pures sensations singulières ? Hypothèse clairement absurde, puisque, de fait de leur singularité radicale, ces mêmes sensations ne pourraient être communicables. L'idée d'un langage privé a été justement critiquée par Wittgenstein.

3. Et non conceptuel : il ne s'agit pas ici de revenir à Wolff contre Kant.

4. Il est ainsi possible de penser une universalité sensible sans pour autant inscrire le concept dans la sensation, comme peut le suggérer notamment McDowell. Voir ci dessous, Recherche 2, chap. v, p. 102-105.

5. Que la sensation ne corresponde pas à un donné, mais soit constituée en cas identiques, c'est ce qu'a vu Nietzsche contre Kant. Mais d'une part, il a interprété ce processus d'identification comme une falsification, ce qui n'est pas satisfaisant (voir ci-dessus, Recherche 1, chap. VI, p. 56-57). D'autre part, il a identifié ce processus d'identification à un travail de l'entendement, ce qui l'a amené à penser que l'intellect, comme appareil falsificateur, est plus ancien que la sensation. En cela, il a confondu type et concept, pensée typale et pensée conceptuelle.

On aurait pu s'attendre à ce que le premier théoricien à avoir réfléchi avec attention sur la notion de type, c'est-à-dire C.S. Peirce, ait insisté sur cette dimension typale de la sensation. Malheureusement, son obédience à Kant a été la plus forte : une couleur étant une intuition sensible, elle ne peut être pour Peirce que singulière et immédiate, et donc ne peut être identifiée à un légisigne – c'est-à-dire un type, susceptible d'occurrences réelles multiples, les sinsignes – mais seulement à un qualisigne. Ajoutons à cela qu'en comprenant les types comme des formes, ce qui exclut les couleurs, Peirce cède aux sirènes du formalisme kantien. Ainsi, comment le suivre, lorsqu'il cite pèle-même comme exemple de qualisignes qui ne sont ni des sinsignes ni des légisignes :

> la couleur du magenta, l'odeur de l'attar [essence de rose], le son d'un sifflet de locomotive, le goût de la quinine, la qualité de l'émotion éprouvée en contemplant une belle démonstration mathématique, la qualité du sentiment d'amour, etc. [1].

On peut ici objecter que la couleur du magenta est une couleur type, reproductible à une indéfinité d'exemplaires, tout comme le rouge vermillon ou le jaune paille. Qu'est-ce qu'une palette de peintre sinon un ensemble de couleurs types ? Le sifflet d'une locomotive est également un son type[2]. Il en va de même des notes de musique : aussi peuvent-elles être écrites, tout comme les couleurs sur le carton d'une tapisserie. Le goût de la quinine est également un goût type, reconnaissable et reproductible, tout comme celui de chocolat ou de la vanille. L'industrie alimentaire parvient désormais à synthétiser et reproduire à volonté la plupart des parfums gustatifs. Enfin les parfums végétaux, d'essence de rose, de violette, etc., sont des types reproductibles qui peuvent être vendus purs dans le commerce, ou entrer à titre d'éléments types dans la composition des parfums complexes. Ces derniers, comme Chanel n° 5, sont des créations originales dont l'individualité est typale, puisque reproductible dans une indéfinité d'exemplaires, au même titre que *Le Rouge et le noir*.

Il n'y a guère que les deux derniers exemples qui n'ont pas valeur de types et correspondent à la définition peircienne des qualisignes. Mais ce sont précisément des déterminations singulières de la vie psychique

1. *Collected papers*, *op. cit.*, 1.304.

2. On peut ainsi imaginer qu'une partition musicale intègre le sifflement d'une locomotive comme l'un de ses éléments sonores, tout comme certaines partitions ont pu intégrer une sirène ou un coup de pistolet. Les bruits au cinéma sont des types sonores (un volet qui claque, une porte qui grince, un chien qui aboie, etc.) notés au même titre que la partition musicale. Leur occurrence intervient généralement après le tournage et ne correspond pas au bruit réel sur le plateau.

émotionnelle dépourvues d'objectivité et de ce fait, non communicables[1]. Alors que les qualités sensibles sont objectives et communicables.

Peirce objecte plus loin que le rouge n'est pas une véritable occurrence comme le serait un objet rouge, mais un pur peut-être, relevant donc de la priméité, et non de la secondéité ou de la tiercéité[2]. À cela, on peut répondre que l'échantillon de couleur d'un peintre n'a pas le statut d'un objet rouge : le support matériel n'est là que pour présenter la couleur type qui seule doit être prise en compte objectivement par le client. Il s'agit donc bien d'une occurrence effective de la couleur type en tant que telle, laquelle n'est nullement réduite à un pur *peut-être*. Il en va de même du tube de rouge vermillon : ce n'est pas un objet rouge, et ce n'est pas un pur peut-être. C'est l'occurrence effective d'un type indéfiniment reproductible, lequel correspond à une couleur. Seule l'émotion psychique singulière et incommunicable provoquée par la vue de telle couleur correspond à un qualisigne tel que l'entend Peirce, c'est-à-dire une singularité non reproductible à l'identique. Mais la couleur elle-même est un type.

Revenons à notre problème : nous avons reconnu la dimension typale des données sensibles élémentaires. Suffit-elle à rendre compte de la typalité du comportement animal ? Certainement pas, car la perception sensible humaine est tout aussi typale. Or, le comportement humain n'est pas réductible à un comportement typal, et ce, même si la dimension typale est loin d'en être absente. Comment comprendre la typalité du comportement animal? Dans le cadre de la communication intercellulaire, la typalité de l'information reçue générait directement la typalité de la réaction. La réaction au message chimique typal était purement mécanique. Mais nous considérons désormais le cas des animaux dotés d'un système nerveux central, possédant une subjectivité et une intentionnalité. La réaction ne succède plus immédiatement et mécaniquement à la réception du message sensible (une odeur, une couleur, etc.) comme c'est encore le cas chez les animaux dépourvus de toute pensée intentionnelle. Elle succède à une reconnaissance identitaire objective, opérée par la visée intentionnelle de l'animal. C'est la reconnaissance d'une proie, d'un prédateur, d'un rival, etc. qui conditionne désormais la réaction animale.

1. Du moins non directement : on peut toujours avoir recours à des métaphores. C'est même l'un des enjeux de la littérature que de tenter d'exprimer l'inexprimable. Mais nous entrons alors dans le symbolique, et l'inexprimable visé correspond à un contenu idéel.

2. Les distinction ternaires peirciennes, qui ont pour modèle la forme ternaire des catégories kantiennes, sont commandées par les catégories de la modalité : possibilité (priméité), effectivité ou existence (secondéité) et nécessité (tiercéité).

Comment opère cette reconnaissance objective? Si la communication intercellulaire repose sur la reconnaissance de types moléculaires, les perceptions animales sont plus complexes. Elles visent souvent en premier lieu des odeurs[1], conformément à la dimension primitive de la communication chimique, mais aussi toutes les sensations produites par la complexité du système perceptif: des sons, des formes, des couleurs, des mouvements, etc. Un objet correspond à un complexe sensible, unifié par la visée intentionnelle subjective de l'animal. Sa reconnaissance intervient à partir d'un faisceau de propriétés sensibles types[2].

Or, seules certaines sensations types sont retenues pour la reconnaissance. Ce choix n'est soumis à aucun principe déterminant absolu. Tel animal (au sens spécifique et non individuel, c'est-à-dire possédant tel phénotype lié à tel génotype) reconnaît un prédateur par sa forme type et son odeur type. Tel autre reconnaît le même[3] prédateur par sa forme type et sa couleur type, tel autre encore par sa couleur type et son odeur type, etc. Tout dépend des capacités perceptives de chaque espèce et des modes de reconnaissance privilégiés par la sélection naturelle[4]. Peu importe la spécificité du contenu typal de la synthèse objective, ce qui importe, c'est qu'il permette la reconnaissance identitaire de l'objet avec un degré d'efficacité suffisant pour la survie. C'est cette reconnaissance objective qui entraîne une réaction type particulière, selon qu'il s'agit d'un prédateur, d'une proie, d'un partenaire sexuel, d'un rival, etc.

La construction par l'animal d'une réalité objective est donc typale et pragmatique. L'animal repère les données typales les plus pertinentes pour sa survie et sa reproduction dans un milieu donné, et opère une synthèse objective optimisée par la sélection naturelle.

1. Il n'y a ici à reconnaître ni un primat sensible de la vue, comme le veut la tradition rationaliste, ni du tact, comme le veut la tradition empiriste, mais de l'odorat.

2. Un type n'étant pas un trope au sens de D.C. Williams, c'est-à-dire un particulier abstrait, mais un universel, permettant de définir une classe d'identité et non de similarité, cette compréhension de l'individu en termes de faisceau de propriétés typales n'est pas équivalente à la *Bundle-of-tropes theory*.

3. Cette identité n'a aucune valeur ontologique. Elle est relative au point de vue humain : par exemple, l'animal que nous appelons « un lion », est pour telle espèce tel complexe sensible type, pour telle autre, tel autre complexe, etc. selon des découpages objectifs qui peuvent eux-mêmes varier. Du reste, même le point de vue humain doit être relativisé : toutes les langues ne désignent pas identiquement les mêmes objets.

4. Que les individus d'une espèce reconnaissent un prédateur à sa forme type et à son odeur type n'impliquent pas forcément que la couleur n'est pas perçue. Même perçue, elle peut ne pas être considérée comme étant constitutive de l'identité objective, tout comme le poids d'un livre n'entre généralement pas dans la reconnaissance de son identité.

Mais comment expliquer que l'identité objective, produite par la synthèse intentionnelle des informations sensibles types pertinentes, puisse provoquer une réaction type, conformément au comportement typal des animaux ? En comprenant cette identité objective comme étant elle-même typale. La typalité de la perception animale ne concerne pas seulement les données sensibles élémentaires, mais aussi l'individualité objective saisie par la synthèse de ces données.

L'animal perçoit telle odeur jointe à telle forme et tel mouvement, et il reconnaît un objet individuel (proie, prédateur, partenaire sexuel, rival, etc.) tout comme lorsque nous voyons la suite horizontale des trois couleurs bleu, blanc, rouge, nous reconnaissons le drapeau français. Cette reconnaissance identitaire vaut pour la série indéfinie des occurrences : à chaque fois, c'est *le* même objet individuel. La perception de chaque occurrence provoque dès lors chez l'animal une réaction identique. L'animal a ainsi la possibilité de construire une réalité objective typale qui est le corrélat référentiel de ses abstractions typales sensibles.

Ainsi, une abeille organise ses perceptions sensibles selon la logique binaire typale de l'identité et de la non-identité. Elle n'a affaire qu'à des objets types. Ce qui explique le phénomène de « constance florale » : une même abeille va toujours vers le même type de fleur[1]. La reconnaissance identitaire objective repose ainsi chez l'animal sur la saisie d'un faisceau type de sensations types.

Toutefois, certaines questions demeurent, auxquelles la suite de notre analyse devra pouvoir répondre. Ainsi, comment comprendre le processus même de reconnaissance identitaire objective à partir de la synthèse des propriétés sensibles types pertinentes ? Quelle différence peut-on penser entre la reconnaissance objective typale des animaux, qui n'autorise qu'un comportement typal – c'est-à-dire définissable sur $\{0,1\}$, ou au mieux sur $[0,1]$ lorsque des degrés de reconnaissance sont distingués et pris en compte dans la réaction typale de l'animal – et la reconnaissance objective conceptuelle des humains, qui rend possible un comportement non typal ?

1. En revanche, lorsqu'un humain a affaire à une objectivité conceptuelle et non plus typale, sa réaction perd la simplicité identitaire d'une réaction type.

CHAPITRE IV

INDIVIDUS ET TYPES

À tout objet, avons-nous dit, correspond un faisceau de propriétés sensibles types, autorisant sa reconnaissance. Or, chaque faisceau de caractéristiques sensibles permet de déterminer une classe : tout objet possédant tel faisceau est inscrit dans telle classe.

La détermination de la classe « proie » par un prédateur se fait ainsi par la connection de plusieurs caractéristiques sensibles type, par exemple : telle odeur type, telle couleur type et telle forme type. Chaque rencontre de cette connexion, ou de ce faisceau sensible, unifié objectivement par la visée intentionnelle, inscrit l'objet perçu dans cette classe. Il est alors reconnu comme une proie.

L'objet peut être qualifié de *pragmatique* : sa reconnaissance est liée immédiatement à une action déterminée, ou plutôt à la possibilité d'une action déterminée qui sera ou non réalisée, selon que le prédateur a faim ou non, que le gain espéré (la consommation de la proie) ne soit pas inférieur à la perte (l'énergie déployée pour l'atteindre), etc. On pourrait ici reprendre l'analyse de Bergson au début de *L'Évolution créatrice*, lorsque, après avoir rejeté toute compréhension substantielle du sujet, il en fait de même pour l'objet et explique que :

> Les contours distincts que nous attribuons à un objet, et qui lui confèrent son individualité, ne sont que le dessin d'un certain genre d'*influence* que nous pourrions exercer sur un point de l'espace : c'est le plan de nos actions éventuelles qui est renvoyé à nos yeux, comme par un miroir, quand nous apercevons les surfaces et les arêtes des choses [1].

1. Paris, PUF, 1981, p. 11.

Ou lorsqu'il ajoute, utilisant la métaphore du tailleur :

> Les corps bruts sont taillés dans l'étoffe de la nature par une *perception* dont les ciseaux suivent, en quelque sorte, le pointillé des lignes sur lesquelles l'*action* passerait [1].

Le pragmatisme anti-substantialiste développé ici par Bergson, qui est clairement influencé par les analyses de William James, désigne le rôle clé de la signification, au sens pragmatique que nous avons donné à ce terme, dans la construction de l'objectivité. Pour le dire autrement, il y a un primat de la signification sur la désignation. Ce qui est logique, puisque la question de la signification précède celle de la désignation. En passant de la communication biologique en général à la communication intentionnelle animale, on passe en effet d'une information dotée de signification à la reconnaissance identitaire d'un faisceau d'informations auquel est conférée une identité objective liée à une signification. Ce qui ne peut être associé à une signification se trouve du même coup privé de réalité objective. D'où l'hétérogénéité et la relativité des univers objectifs animaux.

L'analyse de Bergson appelle toutefois trois remarques critiques. Premièrement, il faut préciser que cette constitution pragmatique de l'objectivité vaut d'abord pour l'objectivité animale. Deuxièmement, cette constitution opère d'abord selon une visée typale et non conceptuelle, ce qui est du reste conforme à l'exemple du tailleur : ce dernier cherche à conformer le tissu à un type reproductible à l'identique, non à un concept. Enfin troisièmement, il n'y a pas lieu d'identifier la constitution pragmatique de l'objectivité à un découpage formel, selon une logique seulement spatiale. Car les déterminations formelles ne sont que des déterminations types parmi d'autres, qui peuvent même rester secondaires par rapport aux déterminations types auditives ou olfactives, comme il apparaît clairement si l'on considère la perception animale plutôt qu'humaine [2].

Or, il existe non pas un mais deux modes fondamentaux de classification : par reconnaissance d'une identité ou par reconnaissance d'une similarité. Lorsque nous rassemblons tous les exemplaires d'un même livre dans une même classe, la classification opère selon l'identité. Les éléments de l'ensemble ainsi constitué sont tous des occurrences d'un même type. En revanche, lorsque nous rassemblons tous les livres présents dans une bibliothèque, nous leur reconnaissons non une identité typale,

1. Bergson, *L'Évolution créatrice*, *op. cit.*, p. 12.
2. Nous reviendrons sur la distinction animal/humain en Recherche 3, chap. I.

chacun étant l'exemplaire d'un type différent, mais une simple similarité. Le terme abstrait dont ils relèvent n'est plus un type mais un concept.

Tentons de préciser cette différence décisive entre type et concept. Reconnaître une similarité entre plusieurs individus, c'est leur découvrir une ou plusieurs propriétés communes. Il suffit alors d'isoler le commun et de l'abstraire pour accéder au concept. Les objets relevant du même concept sont alors regroupés dans la même classe de similarité[1].

En quoi le rapport type/occurrence est-il différent? Un drapeau français est un rectangle dans lequel s'enchaînent horizontalement trois bandes verticales bleu-blanc-rouge. Les propriétés du support sont ici indifférentes, tout comme la taille du rectangle coloré. On pourrait donc dire que la forme et la coloration ne sont ici que des propriétés communes à tous les drapeaux français, en sorte que le drapeau français serait un concept. Mais ce n'est pas le cas. C'est à chaque fois *le* drapeau français dans son identité reproductible qui est reconnu, et non une simple similarité objective.

Comment comprendre cette détermination du drapeau comme type, reproductible à une indéfinité d'occurrences identiques, alors que chaque drapeau français est clairement singulier et différent de tous les autres? L'un peut en effet être en toile, l'autre imprimé sur une feuille de papier ou une plaque de métal; l'un peut être minuscule, l'autre gigantesque, etc. La différence entre type et concept demande à être clarifiée.

Reprenons: *concept* a pour corrélat *individu*; *type* a pour corrélat *occurrence*. Tous deux, concept et type, sont des termes universels, susceptibles, pour le concept, d'une indéfinité d'individus correspondants, et pour le type, d'une indéfinité d'occurrences correspondantes. Tous deux s'obtiennent par abstraction de propriétés communes: aux individus pour le concept, aux occurrences pour le type. Où se situe la différence?

Repose-t-elle sur le nombre des propriétés communes? Ces dernières seraient par exemple plus nombreuses pour le type que pour le concept, en sorte que dans le premier cas, on poserait une identité, alors que dans le second, on ne verrait qu'une similarité? Mais le concept d'arbre regroupe un nombre important de critères. Alors que le drapeau rouge de la révolution n'en compte que deux : la forme rectangulaire et la couleur rouge; les propriétés du support matériel de chaque occurrence singulière étant indifférentes. La différence se situe donc ailleurs. Mais où?

1. Sur la différence de cette distinction entre type et concept avec la différence entre universaux typants et universaux caractérisants chez Strawson, Voir ci-dessous, Recherche 3, chap. II, p. 200-201.

Imaginons qu'un enfant vienne apporter une diversion heureuse à cette réflexion aporétique en me demandant : « c'est quoi un drapeau ? ». Rien de plus facile : je dessine des drapeaux individuels : le drapeau français, américain, chinois, russe, etc. Par abstraction, je dégage les points communs présents chez tous ces termes individuels. Ce travail me permet de proposer une définition du concept de drapeau : un rectangle [1] coloré qui a pour fonction de représenter l'identité d'un groupe social, notamment d'une nation. Remarquons ici que tout comme les personnes humaines, l'individualité des drapeaux peut être désignée à l'aide d'un nom propre : l'*Union Jack*, par exemple, est le nom propre désignant le drapeau du Royaume-Uni. Soit. Pourtant… chaque drapeau individuel est en fait un type, susceptible d'une indéfinité d'occurrences singulières identiques. L'*Union Jack* est un type.

Si le même enfant me demande maintenant : « c'est quoi un roman ? », je vais lui montrer des romans : *L'éducation sentimentale*, *Guerre et paix*, *Les Illusions perdues*, etc. et à partir de leurs caractéristiques communes, je vais essayer de dégager le concept de roman. Pour cela, je vais le distinguer à la fois des récits non fictionnels et des récits fictionnels poétiques[2], et des récits fictionnels en prose mais ne décrivant que quelques moments privilégiés comme la nouvelle, alors que le roman vise la description d'une durée longue et globalement continue[3]. Chaque roman inscrit sous notre concept est clairement un individu livresque que l'on désigne, tout comme l'*Union Jack*, à l'aide d'un nom propre : son titre. Ce titre peut du reste être le nom propre d'une personne individuelle, généralement celui du héros principal dont le roman raconte l'existence. Par exemple *Lucien Leuwen*,

1. Ou, plus généralement, une figure géométrique plane.

2. Le fait qu'un roman puisse intégrer des textes poétiques ou des fragments documentaires ne constitue pas un problème : poser une différence conceptuelle, c'est comme tracer une frontière. Il y a toujours des individus qui habitent la frontière.

3. Ce qui n'implique pas nécessairement qu'un roman soit plus long qu'une nouvelle. Ni que le temps fictionnel qu'il désigne soit plus large que celui d'une nouvelle, laquelle peut très bien faire se succéder des moments très éloignés dans le temps. J'ajoute que si le roman et la nouvelle s'opposent comme le continu au discontinu, c'est seulement sous une forme globale : la continuité du roman renferme inévitablement des effets de discontinuité et la discontinuité de la nouvelle est continue dans la description de chaque moment. La nouvelle décrit le ou les moments privilégiés où une vie bascule, le roman décrit la lente altération du cours d'une ou de plusieurs vies, cette distinction dans le rapport au temps et à son efficace n'étant évidemment que relative. Enfin, que l'on ne nous objecte pas ici l'usage historique : si un romancier a appelé « nouvelle » ce qui relève de notre définition du roman, ou « roman » ce qui relève de notre définition de la nouvelle, cela signifie non que nos définitions sont fausses, mais que ce romancier faisait usage d'autres définitions de ces mêmes termes. Reste alors à déterminer quelles définitions sont les plus fécondes.

Eugénie Grandet, *Madame Bovary*, etc. Pourtant, nous avons vu que chaque roman est un type, reproductible dans une indéfinité d'occurrences singulières identiques : les exemplaires dont le nombre varie en fonction de chaque édition.

Il ne faut donc pas confondre *objet singulier* et *individu*. Tout individu n'est pas un objet singulier. Allons-même plus loin : un individu n'est jamais purement singulier. Comment comprendre cette dernière proposition ?

On parle d'*individu* lorsqu'un objet est posé dans l'identité de son unité totale en sorte que l'on puisse s'en faire une image mentale. On peut alors lui donner éventuellement un nom propre[1]. Mais cette identité ne se saisit pas dans une pure singularité. Si je vois un objet *pour la première fois*, dans la pure singularité spatio-temporelle de sa présence sensible, je suis incapable de distinguer ce qui en lui relève de son identité et ce qui relève seulement de la singularité de son apparition ici et maintenant.

La distinction métaphysique entre *essence* et *accident* est la projection sur l'axe ontologique, absolu, de cette distinction entre propriété identitaire et propriété non identitaire ou singulière, laquelle est toutefois simplement cognitive et relative[2]. Ainsi, selon les groupes sociaux, la détermination de l'identité individuelle peut varier. Il en va de même en science, y compris en biologie[3], bien que cette dernière semble faire intervenir une détermination absolue de l'individualité[4].

Pour dégager abstraitement une identité, il faut donc avoir affaire *plusieurs fois* à ce qui est admis comme étant le *même* objet. L'identité individuelle se saisit de façon typale, à partir d'une multiplicité d'occurrences, reconnues comme étant objectivement identiques, de l'unité totale de l'objet, dans le cadre toujours relatif de la construction cognitive de l'objectivité. Une fois que l'on a dégagé une telle identité de l'unité totale, on peut l'élargir à la suite indéfinie de toutes les occurrences à venir du

1. Nous reviendrons sur cette question délicate du nom propre dans notre travail sur le symbolique.

2. Du moins, tant qu'il est question de l'identité objective en général. Lorsqu'il sera question de l'identité personnelle, nous retrouverons un concept absolu d'identité. Cette absoluité ne remet pas toutefois en cause la relativité et la contingence de l'identitaire. Ainsi, la plupart des noms de famille sont tirés des surnoms. Or, les surnoms désignent l'identité personnelle par des caractéristiques aussi contingentes et accidentelles que le métier (Boucher, Boulanger), la localisation (Dupont, Duchemin), etc.

3. Voir A. Séguy-Duclot, *Penser la vie*, *op. cit.*, p. 201-233.

4. C'est pourquoi la métaphysique privilégie, depuis Aristote, l'exemple du vivant. Alors qu'en fait, il n'y a pas à poser d'individualité absolue en biologie.

même individu. Lequel fonctionne donc comme un type, c'est-à-dire comme un universel.

Tout individu est un type, donc un universel[1]. Plus précisément, il importe de distinguer le type général (*Lucien Leuwen*), le type particulier (tel exemplaire de *Lucien Leuwen*), lequel est une occurrence du type général, et les occurrences singulières du type particulier : telle vision dans un espace et un temps déterminés de tel exemplaire de *Lucien Leuwen*. Cette dernière occurrence vaut non comme individu (au sens identitaire) mais comme simple occurrence d'un individu puisque, pour saisir une identité, il faut plusieurs occurrences singulières. Seuls donc le type général et le type particulier valent comme individu. Le type général peut être appelé individu général, et le type particulier, individu particulier.

Il apparaît ainsi d'une part que la notion d'individu n'est pas univoque : un individu peut être général ou particulier[2]. Dans les deux cas, l'individu est susceptible d'une indéfinité d'occurrences identiques. Il est donc non singulier mais universel, mais pas de la même façon.

Afin de donner à ces analyses une forme moins abstraite, considérons un problème très concret, mais loin d'être anodin : comment reconnaître les champignons vénéneux ? L'art de la photographie l'emportant en précision reproductrice sur le dessin, il semble judicieux de présenter non pas des images dessinées de champignons vénéneux, mais des images photographiques. L'usage s'en est tellement répandu que celui des planches de botaniste de nos grands-pères a presque été abandonné. Or, c'est à tort : le dessin reste ici plus efficace que la reproduction photographique.

Pourquoi ? Une première réponse pourrait être de dire que le dessin du botaniste nous fournit le type alors que la photographie nous présente l'objet singulier. La photographie serait un avantage si l'on voulait retrouver telle amanite phalloïde singulière parmi une quantité d'autres. Mais ce n'est pas le problème : on veut seulement savoir si un champignon est ou non une amanite phalloïde. Il ne s'agit pas de reconnaître un objet

1. E. Zemach a bien vu (notamment dans *Types : Essays in Metaphysics*, Leiden, E.J. Mill, 1992) qu'une occurrence individuelle peut être comprise comme un type. Mais il en a tiré, dans sa visée nominaliste, que les types sont des particuliers au sens de non-universels. Alors que les types peuvent être généraux ou particuliers, et que dans les deux cas, ce sont des universels.

2. Cette distinction ne recoupe pas exactement la distinction aristotélicienne entre substance première et substance seconde, laquelle ne prend pas en compte la différence entre type et concept et s'inscrit dans un cadre ontologique.

singulier mais un type. Or, un dessin du botaniste vise précisément le type en faisant l'économie des propriétés singulières. Il est donc ici plus efficace qu'une photographie.

Cette réponse n'est toutefois pas totalement satisfaisante, car toute image est un type, la photographie comme le dessin. Mais nous avons vu qu'il y a deux sortes d'objets types : les types généraux et les types particuliers.

*L'*amanite phalloïde dans son sens spécifique est un champignon individuel qui vaut comme type général. Elle possède une double universalité : on peut penser une indéfinité d'occurrences identiques dans l'espace (toutes les amanites phalloïdes qui existent à l'instant *t*), et une indéfinité d'occurrences identiques dans le temps (toutes les amanites phalloïdes qui sont apparues, existent actuellement, ou apparaîtront au cours du temps).

Considérons désormais *cette* amanite phalloïde. C'est un individu particulier. En la dénommant *amanite phalloïde*, je ne vise pas la pure singularité de son apparence objective, mais son identité objective reconnaissable. Si je la revois dans une heure, je dirai que c'est *la même*, dans deux heures aussi, etc. Je pose cet objet comme un individu parce que je reconnais une identité de son unité totale dans le temps. D'un point de vue strictement spatial, à l'instant *t*, j'ai affaire à une singularité. Il n'y en a pas plusieurs occurrences identiques en même temps, mais une seule[1]. En revanche, si je prends en compte le temps, c'est un universel : il y en a une indéfinité d'occurrences identiques dans le temps[2]. Un type

1. Dans *An Essay Concerning Human Understanding* (1694), II, 27, § 1-3, Locke fonde l'individuation sur l'espace et le temps : *two things of the same kind should not exist in the same place at the same time*. Ce résultat doit toutefois subir deux rectifications. Premièrement, la singularité individuelle n'a qu'un sens relatif et non absolu, contrairement à ce que pense Locke dont l'analyse s'appuie au § 2 sur l'identité de Dieu, donc sur un concept absolu de l'identité. Si la philosophie renonce à s'inscrire sous la théologie, ce qui est souhaitable, la singularité individuelle dépend désormais d'un point de vue, d'un observateur, d'une échelle, etc. Deuxièmement, l'individu singulier n'est qu'un type. Locke méconnaît ce sens typal lorsqu'il affirme notamment : « *one thing cannot have two beginnings of existence, nor two things one beginning* » (§ 1). Ce qui est contestable : un virus décomposé en ses éléments s'arrête de fonctionner, pour recommencer, une fois recomposé. Il peut donc avoir plusieurs commencements. Et deux cellules provenant de la division d'une même cellule ont un même commencement.

2. Naturellement, si l'on prend comme exemple non plus un mycète ou un végétal mais un animal doté de mobilité, le type particulier sera également typal du point de vue de l'espace, puisqu'il ne sera jamais exactement au même endroit singulier. Mais cette typalité spatiale est commandée par la typalité temporelle : c'est parce qu'il n'est pas considéré au même instant qu'il n'est pas considéré dans le même espace. Alors que dans le cadre des types

particulier peut donc être défini comme une singularité objective universelle[1].

La distinction entre les notions d'individu général, d'individu particulier et d'occurrence individuelle singulière semble permettre d'apporter une réponse simple à la question de l'efficacité comparée du dessin et de la photographie. S'il est préférable de se référer au dessin d'un botaniste plutôt qu'à une photographie pour reconnaître un champignon vénéneux, c'est parce que le dessin vise le type général de l'objet, en mettant autant que possible entre parenthèses les propriétés particularisantes, alors que la photographie nous présente non seulement un individu particulier, mais l'une de ses occurrences singulières dans l'espace et le temps.

La photographie serait à la limite préférable si l'on voulait retrouver une amanite phalloïde parmi une quantité d'autres. On pourrait alors afficher son image comme les portraits des criminels qui ornent les bureaux des shérifs. Mais ce n'est pas le cas : l'amateur d'omelettes aux champignons veut seulement savoir si le magnifique champignon qu'il vient de découvrir avec ravissement est ou non une amanite phalloïde. Il s'agit de reconnaître un individu non particulier mais général.

De plus, comme un individu particulier est lui-même un type, même sa représentation photographique, qui n'en présente qu'une occurrence singulière, n'est pas le plus sûr moyen de le reconnaître. Là encore, un dessin cherchant à saisir cette fois le type particulier, en soulignant les propriétés identitaires du modèle, est souvent préférable – si du moins il est réussi – à une photographie trop singulière.

Cette distinction entre type général et type particulier ne doit toutefois pas être figée. Comme toute autre distinction conceptuelle[2], elle reste

généraux, la typalité spatiale est indépendante de la typalité temporelle : au même instant, on peut distinguer une indéfinité d'occurrences identiques du même individu.

1. On pourrait objecter à la compréhension de cette amanite phalloïde comme type particulier la continuité de son existence. Mais pour qui y a-t-il continuité ? Pour celui qui la perçoit ? Non : l'observateur n'a jamais affaire à une continuité dans sa vie perceptive, ne serait-ce que parce qu'il s'endort. L'objet est comme une étoile qui apparaît et disparaît de son champ de perception. Évidemment, les observateurs peuvent se relayer, mais le changement d'observateur et donc de point de vue, sinon spatial du moins interprétatif, induit une nouvelle discontinuité. Si donc, encore une fois, on met entre parenthèses le regard absolu de Dieu, nous n'avons affaire qu'à un type particulier

2. Notamment la distinction type/concept. Voir ci-dessous, Recherche 3, chap. II, p. 198-199.

relative. Ainsi un type général peut se transformer en type particulier, et un type particulier en type général.

Imaginons par exemple une série d'assiettes du même type. Ce type est un type général. Imaginons maintenant que la production en soit rapidement arrêtée, et que les assiettes aient été vendues à des couples peu soigneux ou particulièrement querelleurs. Un jour, il ne reste plus qu'une seule assiette de toute la série : le type général est devenu un type particulier.

Inversement, considérons l'exemple de Marlon Brando. Cet acteur dont personne ne mettra en doute le génie singulier et l'originalité est toutefois un type particulier, comme tout être humain. Or, le succès qu'il rencontra dans les années 1950 fut tel que les cours d'art dramatique se remplirent d'acteurs reproduisant la mimique, la gestuelle et la voix si originales de Marlon Brando. De type particulier, Marlon Brando était devenu un type général.

Insistons ici sur le rôle fondamental de l'imitation dans l'apprentissage. Il inscrit dans la pensée humaine dans son origine typale. Ce rôle de l'imitation a pu être contesté au XXe siècle, notamment dans les milieux artistiques qui ont mis en avant l'originalité irréductible de l'artiste génial.

Mais considérons l'œuvre de Picasso, le modèle même de l'artiste génial au XXe siècle. Elle est typale à plus d'un titre. Indépendamment du fait que chaque œuvre est un type particulier, il y a un type général qui est le style de l'artiste, et permet de reconnaître qu'une œuvre est incontestablement de Picasso. C'est ce type général que reproduisent le plus souvent les faussaires.

Ajoutons à cela que les artistes du XXe siècle, à défaut d'imiter les anciens, n'ont cessé d'imiter les modernes, et notamment Picasso. Quant à Picasso lui-même, il a construit son art dans l'imitation des classiques, avant de se nourrir de toutes les influences modernes et de prendre pour modèle des artistes africains. On n'a pas renoncé à l'imitation, on a simplement changé les types à reproduire.

Le problème n'est pas d'imiter ou de ne pas imiter : on imite toujours, même lorsque l'on croit ne plus imiter, et dans ces conditions, il est préférable d'être conscient de son imitation. Le problème est de concilier imitation et invention, en sorte que l'imitation ne soit pas qu'une répétition dépourvue de toute créativité.

Cette remarque sur le sens typal de l'imitation nous conduit à relativiser l'opposition entre individu particulier et occurrence individuelle singulière. Toute manifestation ici et maintenant d'un individu particulier est l'occurrence singulière d'un type. Soit. Mais si elle est reproductible par imitation, elle devient elle-même un type. Ainsi, la photographie, en tant que production mimétique, transforme précisément en type l'occurrence singulière d'un type particulier. De cette occurrence singulière, on peut tirer une indéfinité d'images identiques. En sorte que l'on va pouvoir reconnaître non pas Pierre, mais Pierre lorsque, ce jour-là, il s'est comporté de façon si remarquable.

Ajoutons, pour faire bonne mesure, que chaque image pourra elle-même être reproduite à l'infini, et que chaque reproduction de cette image sera tout aussi reproductible… La production mimétique manifeste ainsi la présence toujours possible de la forme typale au sein de la singularité la plus radicale. Donc la relativité de toute distinction entre type et occurrence. En sorte qu'il n'y a aucune supériorité ontologique à reconnaître au singulier ou au particulier par rapport à l'universel. Toutes ces notions sont strictement relatives et anontologiques.

CHAPITRE V

TYPES ET CONCEPTS

Une fois que l'on a compris que les individus sont en fait des types, que cette typalité de l'individuel est plurivoque, et qu'elle est susceptible d'occurrences pouvant elles-mêmes fonctionner comme des types, la distinction entre type et concept peut être clarifiée.

Cette distinction repose sur une simple modification du point de vue cognitif. La pensée conceptuelle ne part pas des objets saisis dans leur « pure » singularité, qui sont non seulement différents des autres mais d'eux-mêmes au cours du temps. On ne peut penser une similarité qu'entre des termes certes différents, mais identiques chacun à eux-mêmes.

Le but de l'abstraction conceptuelle n'est pas de saisir un principe d'identité, conduisant à poser chaque individu comme occurrence identique d'un type plus abstrait, mais de saisir un simple principe d'identité partielle, c'est-à-dire de similarité, entre les identités individuelles maintenues du même coup dans leur différence.

La pensée conceptuelle entretient donc un rapport complexe à l'individuel. D'une part, elle préserve les différences individuelles, en renonçant à identifier les individus qu'elle rassemble dans une même classe. Mais la condition même qui permet de préserver ces différences individuelles est précisément de sortir de la logique identitaire intervenant dans la reconnaissance de l'individu.

Le terme abstrait permettant de constituer la classe réunissant des individus compris dans leur différence réciproque et dans leur identité à eux-mêmes est un principe non d'identité mais de similarité, un concept[1].

1. Tant que l'on reste dans la logique binaire de la pensée typale, la notion de *différence* n'intervient pas véritablement : il n'y a que de l'identité et de la *non-identité*. Les objets non

Mais si l'abstraction conceptuelle part des individus, et si les individus sont de deux sortes : les types généraux et les types particuliers, lesquels vont jouer un rôle privilégié ?

Les philosophes qui croient que l'abstraction conceptuelle part du singulier pour conduire à l'universel, répondront à cette question : « mais des seconds, naturellement, car ils sont plus singuliers que les premiers ». De fait, pour accéder au concept, il est possible de partir de types particuliers. Par exemple, pour abstraire le concept d'arbre, il faudrait partir de *ce* peuplier, de *ce* baobab ou de *ce* chêne. Ou encore de *ce* canard, de *cette* autruche et de *ce* pingouin, pour abstraire le concept d'oiseau. Le raisonnement semble alors le suivant. Nous reconnaissons des individus particuliers différents. Mais il est possible de dégager des points communs en sorte non de les identifier comme occurrences d'un même type général, mais d'y voir des termes distincts reliés par une relation de similarité que l'on peut abstraire. Ce qui nous donne le concept d'arbre ou d'oiseau.

Toutefois, pour pouvoir distinguer des individus particuliers en tant que tels (ce premier peuplier, ce second, ce troisième, etc.), il faut *d'abord* les reconnaître comme des occurrences distinctes d'un même type général. Le type particulier présuppose la saisie du type général dont il n'est qu'une occurrence. En sorte que celui qui croit abstraire le concept d'arbre, en partant de *ce* peuplier, de *ce* baobab ou de *ce* chêne, les réinscrit en fait immédiatement dans leur type général et part en fait d'*un* peuplier, d'*un* baobab, d'*un* chêne. La pensée conceptuelle part ainsi des types généraux et non des types particuliers. C'est du reste logique : les premiers étant plus universels que les seconds, ils sont plus proches de l'universalité conceptuelle.

Les types généraux se subdivisant toutefois en types particuliers, le concept – en tant que classe de similarité d'individus généraux – se transforme aussitôt en classe de similarité d'individus particuliers. Ce qui nous permet de retrouver l'articulation traditionnelle en philosophie entre concepts et individus, au sens d'individus particuliers.

Ce résultat peut surprendre le nominaliste qui sommeille paisiblement en chacun de nous, lequel nous porte à croire que dans la perception sensible, nous aurions immédiatement affaire aux « individus singuliers », qui serviraient de matériau naturel au travail de l'abstraction. En fait, c'est

identiques ne sont posés comme *différents*, et articulés en tant que tels, que par la pensée conceptuelle.

exactement le contraire : loin d'être immédiat, l'accès au singulier engage une complexification remarquable du processus d'abstraction typale.

Prenons un exemple. Supposons que l'on nous fasse entendre une note. Il est déjà bien de reconnaître un do. Mais si l'on nous demande de quel do il s'agit : à quelle octave est-il joué, par quel instrument ? C'est beaucoup plus difficile. Quant à reconnaître l'instrumentiste, peu d'experts en seraient capables. C'est la même chose en œnologie : distinguer un bordeaux d'un bourgogne, ce n'est pas à la portée de n'importe qui. Mais reconnaître un Saint-Émilion et déterminer son année, c'est être un maître dans l'art de la dégustation. Or, l'individu auquel on accède n'est toujours qu'un type général qui regroupe plusieurs individus moins généraux, différenciés selon l'exploitation dont ils proviennent, et se déclinant eux-mêmes en individus particuliers : les bouteilles, dont chacune reste un type susceptible d'un grand nombre d'occurrences visuelles ou tactiles et d'un nombre restreint d'occurrences gustatives (les gorgées) ou olfactives.

Plus l'on se rapproche du type particulier, et plus la reconnaissance identitaire est difficile. Penser que les types particuliers seraient atteints par expérience immédiate, dans une espèce d'évidence intuitive, est une vue de l'esprit. À cela s'ajoute une illusion complémentaire, selon laquelle la perception nous donnerait accès de façon immédiate à toute la richesse du contenu sensible d'un objet. La perception gustative de quelqu'un qui ne connaît rien au vin, et à qui l'on servirait un grand vin, n'est pas du tout la même que celle d'un expert en œnologie[1]. Là où un expert perçoit un feu d'artifice gustatif, lui n'a affaire qu'à de vagues lueurs déconnectées entre elles. Pour qu'il y ait une reconnaissance objective, un faisceau relativement simple de sensations suffit. L'accès à une plus grande richesse sensible suppose une éducation de la sensibilité. Ainsi la reconnaissance des types particuliers n'intervient chez l'animal qu'à un degré particulièrement élevé de complexité cérébrale.

On peut ainsi formuler au moins cinq critiques contre la compréhension traditionnelle de l'opération de conceptualisation :

1) Elle pense que cette opération part de sensations singulières alors que ces dernières sont typales.
2) Elle croit que cette opération part de sensations pré-objectives qu'elle unifierait dans l'unité d'un objet, alors qu'elle part déjà d'objets unifiés par la pensée typale : les objets types.

1. J'entends un véritable expert : à savoir quelqu'un qui reconnaît un grand cru servi dans une bouteille de vin de table, et qui reconnaît un vin de table servi dans un bouteille de grand cru.

3) Elle confond ces objets types avec des termes singuliers, alors qu'ils sont universels.

4) Elle ne distingue pas clairement le type général et le type particulier.

5) Elle croit que l'accès au concept se fait à partir des types particuliers (identifiés à des individus absolus) alors qu'il se fait à partir des types généraux, les types particuliers n'intervenant que secondairement.

Il est possible de ressaisir toutes ces critiques dans une seule. Le modèle empiriste d'une origine inductive des concepts par simple généralisation à partir de termes singuliers est non pertinent puisque l'opération de conceptualisation part de types généraux, lesquels sont universels. Plus ils sont universels, plus la conceptualisation en est facilitée.

Pour le dire autrement, les concepts ne sont pas produits par abstraction à partir d'un donné singulier qui leur serait radicalement hétérogène. Une telle critique de l'empirisme permet de se débarrasser de ce que Wilfrid Sellars a dénoncé comme le Mythe du Donné[1], c'est-à-dire l'expérience conçue en termes d'impacts exercés directement par le monde sur des êtres dotés de capacités perceptives.

Or, ce rejet du Mythe du Donné conduit Donald Davidson à défendre une théorie *cohérentiste* de la vérité[2]. Selon cette théorie, l'expérience ne peut être invoquée pour justifier des jugements et des croyances car cela reviendrait à être victime, précisément, du Mythe du Donné. Pour Davidson, « rien hormis une autre croyance ne peut compter comme raison d'avoir une autre croyance ». Notre critique de l'empirisme nous conduit-il à une telle théorie cohérentiste ?

Nullement. Nous rejoignons ici John McDowell qui estime nécessaire d'éviter à la fois le Mythe du Donné et le cohérentisme de Davidson qu'il juge – non sans raison – désastreux d'un point de vue épistémologique.

En revanche, McDowell emporte moins l'adhésion lorsqu'il affirme – en s'inspirant de Kant qu'il réinterprète très librement – que la seule façon de penser une contrainte rationnelle de l'expérience sur la pensée est d'admettre que « les impressions que le monde exerce sur nos sens sont d'emblée douées de contenu conceptuel »[3]. Certes, le choix de Kant pour surmonter les difficultés de l'empirisme est judicieux, mais McDowell se condamne du même coup à tomber dans les faiblesses du kantisme, notam-

1. Voir *Empirisme et philosophie de l'esprit*, trad. fr. F. Cayla, Combas, L'Éclat, 1992.

2. « A Coherence Theory of Truth and Knowledge », repris dans E. LePore (éd.), *Truth and Interpretation : Perspectives on the Philosophy of Donald Davidson*, Oxford, Basil Blackwell, 1986, p. 307-319.

3. *L'esprit et le monde*, Paris, Vrin, 2007, p. 51.

ment l'assimilation du concept à une représentation et l'incapacité de penser un sens autre que conceptuel.

La difficulté de sa position est patente dans le débat qui oppose McDowell à Gareth Evans[1]. Ce dernier estime que « les opérations du système informationnel » – qui collecte des informations sur le monde par le biais de nos sens dans la perception – sont « plus primitives » que le réseau rationnel d'aptitudes conceptuelles au principe de nos jugements et de nos croyances[2]. Evans attribue un tel système informationnel aux animaux, lesquels n'ont pas d'accès au concept.

La thèse d'Evans est affaiblie par son usage inadéquat du terme d'*information*, ce que du reste ne relève pas McDowell. Car au sens strict, celui de Shannon, un simple système de collecte d'information ne concerne qu'une partie des animaux, ceux qui n'ont pas de langage et opèrent par simples signaux en dehors de tout sens et de toute représentation. Si Evans pense un contenu représentationnel non conceptuel, ce en quoi il nous paraît viser juste, la notion dont il a besoin n'est pas celle d'information mais de type, dans la définition que nous en avons donnée.

McDowell s'oppose à Evans notamment sur la question de la reconnaissance des nuances de couleur. Pour lui, la reconnaissance d'une nuance correspond à un concept. Or, au sens strict, ce n'est pas le cas : une nuance de couleur est un type, reproductible à l'identique et exemplifié dans un échantillon. La reconnaissance d'une nuance est typale, et elle n'est limitée en précision que par nos capacités perceptives et nos exigences pragmatiques. Généralement, il suffit de distinguer quelques nuances de couleur, mais parfois, il faut être beaucoup plus précis. Seul un regard professionnel suffisamment entraîné peut alors maîtriser la complexité typale en jeu.

En fait, comme ni Evans ni McDowell ne font intervenir de distinction entre concept et type, leur débat nous paraît faussé : Evans estime à juste titre qu'il y a un contenu non conceptuel de la perception. McDowell estime non sans raison que le donné de la perception relève de l'universel et est une production de l'esprit. Leurs positions peuvent s'accorder à condition d'identifier ce contenu universel non conceptuel de la perception à une construction typale de l'intentionnalité.

La position de McDowell est clairement fragilisée par son traitement de la question de l'animalité. Non sans raison, McDowell estime que les

1. *L'esprit et le monde*, *op. cit.*, 3e conférence, p. 79-98.
2. Voir *The Varieties of Reference*, Oxford, Oxford UP, 1982, notamment p. 124 et 227.

animaux n'ont pas accès au concept[1]. Mais comme il ne pense pas la distinction entre type et concept, il est conduit à refuser aux animaux subjectivité[2], représentation, sens, langage, etc., prenant le contre-pied des avancées de l'éthologie au XXe siècle. La distinction animal/humain est pour lui équivalente à la distinction nature/culture : « Les bêtes sont des êtres naturels et rien de plus. Leur être est entièrement compris dans la nature »[3]. McDowell est dès lors renvoyé à la définition d'origine aristotélicienne de l'humain comme animal raisonnable et à la théorie de la culture telle qu'elle a été élaborée par les Lumières, et plus particulièrement par Kant.

Conscient toutefois que son traitement de l'animalité puisse être jugé réductionniste et afin de se démarquer de la théorie cartésienne de l'animal machine, McDowell croit trouver une solution[4] dans la description donnée par Gadamer de la différence entre un mode de vie purement animal, dans un « environnement » (*Umwelt*), et un mode de vie humain, dans le *monde*[5]. Cette analyse permet à McDowell d'opposer à la vie des animaux rationnels (les humains) celle des « simples animaux », dont « le sentir sert un mode de vie structuré exclusivement par des impératifs biologiques immédiats » et qui ne pèsent pas des raisons « pour décider de ce qu'il faut faire ». En conséquence, il ne reconnaît aux animaux que la capacité de réagir à une succession de besoins biologiques, « l'action corporelle intentionnelle » n'intervenant qu'avec l'humain[6].

Or, ce recours à Gadamer pose deux problèmes majeurs. Premièrement, la description de Gadamer – qui n'indique pas, il est vrai, sa source dans *Vérité et Méthode*, sans doute parce qu'elle lui paraît évidente – est en fait tirée de l'analyse de l'animalité par Heidegger dans son cours de 1929-1930 sur *Les concepts fondamentaux de la métaphysique*[7], analyse elle-même inspirée par la théorie de l'*Umwelt* animal élaborée par Jacob von Uexküll entre 1905 et 1935. Or, cette théorie est explicitement construite contre la définition de l'humain comme animal rationnel que reprend McDowell.

1. Nous sommes toutefois ici plus prudents que lui : il est possible d'envisager que certains animaux aient accès au concept. Mais cet accès, s'il se vérifiait, resterait une performance exceptionnelle. Il ne commanderait en rien leur construction de l'objectivité.

2. Il ne leur accorde qu'une « proto-subjectivité » dont le sens est particulièrement vague (*The Varieties of Reference*, *op. cit.*, p. 154).

3. *L'esprit et le monde*, *op. cit.*, p. 103.

4. *Ibid.*, p. 152-157.

5. Voir *Vérité et méthode*, *op. cit.*, p. 295-297.

6. *Ibid.*, p. 155.

7. *Les concepts fondamentaux de la métaphysique*, *op. cit.*, p. 265-404.

Deuxièmement, cette théorie de Heidegger, si elle évite les difficultés du machinisme animal de Descartes, conduit à une compréhension réductionniste de l'animalité[1]. Ce réductionnisme est d'autant moins acceptable qu'il n'est pas présent chez sa source, Uexküll, qui pense une subjectivité animale[2].

Du reste, McDowell est le premier à sentir l'insuffisance profonde de son traitement de l'animalité :

> Je n'ai rien dit de ce qu'il en est quand on soulève des questions scientifiques sur le fonctionnement de la *mécanique perceptive* d'un animal. Et il est difficile de voir comment on pourrait répondre à ces questions sans se servir de l'idée d'un contenu qui représente le monde mais qui ne peut pas être conceptuel au sens exigeant du terme qui est le mien, puisque nul mécanisme perceptif animal (pas même le nôtre) ne possède la spontanéité de l'entendement. Mon intention n'est pas d'objecter quoi que ce soit aux sciences cognitives[3].

Penser un contenu qui représente le monde mais qui ne peut pas être conceptuel au sens de McDowell, c'est précisément ce que nous nous sommes efforcés de faire en utilisant la notion de type.

Comme le contenu de la perception typale est universel, il engage une rationalité typale : les animaux aux cerveaux les plus complexes sont capables de construire des stratégies, d'utiliser des outils, etc. Le passage à la conceptualité réinscrit ce contenu typal dans une construction objective du monde[4] plurielle, relative, hétérogène et évolutive. Nos modèles interprétatifs qui tentent d'homogénéiser rationnellement la réalité objective ont donc affaire à un matériau sensible qui relève déjà de l'universel, et engage déjà une forme de rationalité, typale et non conceptuelle.

Une fois ressaisi dans la conceptualité, qui naît directement d'une approche réflexive du type, ce contenu perceptif est tout à fait en mesure de justifier ou non nos modèles théoriques qui sont à la fois conceptuels et

1. Pour une analyse du réductionnisme heideggerien sur la question de l'animalité, voir A. Séguy-Duclot, « Humanisme et animalité », dans *Heidegger et la question de l'humanisme*, B. Pinchard (dir.), Paris, PUF, 2005, p. 329-346.

2. Uexküll fait toutefois intervenir la notion de subjectivité antérieurement à la construction d'un monde objectif, lorsque donc l'animal se contente de réagir à de simples sensations types isolées. Même une bactérie est un « sujet » pour Uexküll. Ce qui paraît difficilement tenable. Voir A. Séguy-Duclot, *Culture et civilisation*, *op. cit.*, p. 71-74.

3. *L'esprit et le monde*, *op. cit.*, p. 159.

4. Nous prenons ce terme dans le sens que lui donne McDowell.

typaux. Une expérience scientifique est ainsi un type, reproductible indéfiniment à l'identique, et reposant sur des idéalisations typales. L'erreur serait ici de croire que l'objectivité scientifique ne serait que conceptuelle. Une particule, au même titre que tel type de proie pour un animal, fonctionne comme un type général qui se particularise dans telle mesure de position : tous les électrons sont identiques, tout comme tous les photons, tous les neutrons, tous les protons, etc.

On évite ainsi à la fois le Mythe du Donné et le cohérentisme, comme s'efforce de le faire McDowell, sans pour autant présupposer que le contenu de la perception serait déjà conceptuel. Ce qui ne veut pas dire pour autant que la perception ne soit que typale chez l'humain. Ici, il nous faut relativiser notre critique de McDowell : les concepts, dont la distinction avec les types n'est que relative, peuvent chez l'humain intervenir directement au niveau du contenu perceptif. Il n'en reste pas moins que ce contenu perceptif est d'abord typal.

Notre critique de l'empirisme nous permet de reprendre à nouveaux frais le vieux problème de l'individuation qui se pose à la philosophie depuis Aristote : l'individuation a-t-elle lieu par la forme, l'universel, ou par la matière, le singulier ? On a envie de répondre : par la matière. Mais alors comment comprendre que l'individu, qui est plus déterminé que la forme universelle, le soit par la matière qui, pour Aristote, est l'indéterminé même ?

Cette position, aporétique, du problème doit être abandonnée. Nous avons vu qu'un individu est un faisceau de propriétés sensibles types universelles (telle couleur type, telle odeur type, telle configuration type, etc.). Le passage de l'individu général à l'individu particulier s'opère par un surcroît de déterminations sensibles types qui restent relatives (à un point de vue déterminé, à une échelle déterminée, pour un observateur déterminé, etc.).

De plus, cette particularisation typale de l'individu ne nous donne toujours pas accès au singulier. Ce dernier engage un nouveau surcroît de déterminations sensibles permettant de singulariser spatio-temporellement le type particulier. Si l'individuation se fait par la matière, c'est en tant que la matière est typale, donc universelle, et donc que la distinction ontologique aristotélicienne entre forme et matière est inadéquate. Ajoutons que c'est précisément en raison de cette typalité et de cette universalité du singulier qu'une reproduction mimétique d'une apparence singulière est possible.

Mais qu'en est-il de la critique du principe d'individuation opérée par Hume dans son *Traité de la nature humaine* (1739)[1] ? Ce texte est d'autant plus important pour nous qu'il engage une critique de la relation d'identité, qui va connaître une large fortune philosophique[2].

Hume note « qu'un objet isolé nous apporte l'idée d'unité et non d'identité »[3], car la simple affirmation logique de l'identité à soi-même d'un objet est vide. De plus, en fonction du principe de l'indiscernabilité des identiques – auquel Hume ne se réfère toutefois pas explicitement – « une multiplicité d'objets » (qui implique au moins une discernabilité spatio-temporelle) « ne peut jamais procurer cette idée [d'identité] »[4]. Hume part donc d'une compréhension négative de l'identité équivalente à celle de Wittgenstein dans son *Tractatus* en 5.5303.

Or, continue Hume, il n'y a pas de moyen terme entre l'unité et le nombre « pas plus qu'entre l'existence et la non-existence »[5]. Cette remarque s'explique si l'on comprend le nombre comme pluralité, au sens de négation de l'unité, et si l'on fait appel au principe de non-contradiction. En conséquence, peut-il conclure, la notion d'identité ne peut venir ni de l'unité ni du nombre. Elle n'est qu'une fiction de l'imagination.

Reste à comprendre son mode d'apparition. Affirmer l'identité d'un objet à lui-même n'a de sens, explique Hume, que si l'on considère l'objet non dans une pure identité logique mais dans une invariabilité et une continuité au sein de la succession temporelle. Cette identité fictive a un sens intermédiaire entre la saisie unitaire, mais en droit instantanée de l'objet, et une saisie successive, donc plurielle[6].

Ici, on pourrait objecter à Hume le caractère réducteur de son analyse qui ne traite de l'identité que dans le cadre du principe d'individuation, en sorte de penser une équivalence entre le principe d'individuation et le principe d'identité[7], alors qu'une identité peut être posée entre deux individus considérés comme distincts. Par exemple, le fait de reconnaître l'identité de deux exemplaires d'un même livre posés sur le rayon d'un libraire n'est pas lié à la supposition d'une continuité ou d'une invariabilité temporelle d'un même objet. Les deux exemplaires sont reconnus comme

1. Paris, Aubier, 1983, Livre I, Partie 4, section 2.

2. Cette critique de l'identité réelle est notamment reprise par Quine : voir « Identité, ostension et hypostase », dans *Du point de vue logique*, Paris, Vrin, 2003, p. 116.

3. *Traité de la nature humaine*, *op. cit.*, p. 289.

4. *Ibid.*

5. *Ibid.*, p. 290.

6. *Ibid.*

7. *Ibid.*, p. 288.

étant deux objets distincts aux destins temporels distincts, qui peuvent même ne pas avoir la même origine, c'est-à-dire appartenir à des éditions différentes. Pourtant, ils sont posés comme étant identiques.

Mais revenons à l'argumentation de Hume. Comment, alors que nos perceptions sont en fait discontinues et non continues, pouvons-nous parler d'identité ? Parce qu'il y a de la ressemblance (*resemblance*), explique Hume, et la ressemblance conduit à la confusion identitaire. Il en va de même pour la relation entre l'image et son modèle :

> L'image même qui est présente aux sens est pour nous le corps réel ; c'est à ces images discontinues que nous attribuons une parfaite identité [1].

L'exemple de l'image est intéressant car il peut être repris pour penser non pas les images successives d'un même individu dans le temps, comme le fait Hume, mais la pluralité co-présente d'images d'un même modèle, pouvant chacune avoir des origines très différentes comme plusieurs exemplaires d'un même livre. Pourtant, en chacune, on reconnaît l'identité du modèle. Pourquoi ? Parce qu'elles ressemblent toutes au modèle. Il apparaît ainsi que la ressemblance permet de comprendre toute identification, que ce soit dans le cadre du principe d'individuation ou non. Cette remarque permet de surmonter le caractère réducteur de l'analyse de Hume que nous avons précédemment mis au jour. Mais que signifie exactement la « ressemblance » ? Hume la définit ainsi dès le début de son traité :

> The first is resemblance: and this is a relation, without which no philosophical relation can exist; since no objects will admit of comparison, but what have some degree of resemblance [2].

Par « ressemblance », Hume semble ici entendre une relation de similarité. Tentons de préciser le sens de ce terme, très vague chez Hume, en le considérant d'un point de vue mathématique.

La similarité correspond à une intersection non nulle entre deux ensembles. Elle est réflexive : A est similaire à lui-même puisque son intersection avec lui-même est non nulle. Elle est de plus symétrique : si A est similaire à B, ils possèdent une propriété en commun, et donc B est similaire à A. En revanche, la similarité n'est pas transitive : si A est similaire à B et B est similaire à C, A n'est pas forcément similaire à C. Car le point commun entre A et B n'est pas forcément le même que celui qui existe entre B et C. Cette détermination n'est que relative : deux objets peuvent

1. *Traité de la nature humaine*, *op. cit.*, p. 294.
2. *Ibid.*, Livre I, Partie 1, section 5.

être similaires pour la couleur et dissimilaires pour la forme, par exemple. La similarité n'est donc pas une relation d'équivalence, contrairement à la relation d'identité, qui est réflexive, symétrique et transitive.

Or, cette analyse de la similarité permet de la distinguer très nettement de la relation existant entre un modèle et son image.

Affirmer que A est une image de B ne signifie pas simplement que A et B possèdent un point commun, comme dans une relation de similarité entre deux objets distincts, mais que l'identité même de B, saisi dans sa totalité [1], est présente en A. En sorte que l'on ne dit pas simplement que A et B sont *similaires*, mais que A, *c'est* B : « c'est Napoléon » peut affirmer légitimement tout individu contemplant un portrait de l'Empereur [2].

D'un point de vue mathématique, la relation « être image de » n'est pas réflexive, car la relation image-modèle induit une hiérarchie stricte entre le modèle et son image [3]. De plus, elle n'est pas symétrique. Si A est une image de B, B n'est pas une image de A. Enfin, elle est transitive : si A est une image de B, et B est une image de C, alors A est une image de C. Ainsi, la reproduction dessinée d'un portrait de Napoléon est toujours un portrait de Napoléon.

La relation « image de » possède donc des propriétés mathématiques exactement inverses de la relation de similarité. Elle correspond de plus à une relation d'ordre, non large – car elle n'est pas réflexive – mais strict : elle est non réflexive, transitive et antisymétrique. Cette antisymétrie ne correspond pas à l'antisymétrie de l'ordre large (si x R y et si y R x, alors $x = y$), vérifiée notamment par la relation « $\leq$ », mais à une antisymétrie « forte » (si x R y, alors on n'a pas y R x), vérifiée également par la relation « $<$ ». Une relation d'ordre strict permet ainsi la mise en place d'une hiérarchie stricte entre les termes reliés [4].

1. Il s'agit d'une identité totale au sens où c'est le modèle en tant qu'unité totale qui est reconnu dans l'image. Mais non une identité totale au sens logique, c'est-à-dire une similarité totale par prise en compte de toutes les propriétés du modèle. L'unité totale du modèle est distincte de la totalité de ses propriétés.

2. Plus précisément, la propriété identitaire en jeu engage ici l'identité personnelle du modèle. L'imitation fait alors intervenir une approche idéotypale et symbolique.

3. On pourrait ici objecter la possibilité d'une imitation de soi-même. Mais quel sens donner à une telle opération ? Ou bien imiter un modèle idéal de soi que l'on s'est forgé. Ou bien imiter une imitation de soi-même faite par un autre. Par exemple, imiter une caricature de soi, par autodérision. Or, dans les deux cas, le modèle et l'image restent distincts et hiérarchisés, en sorte que l'on ne peut véritablement parler de réflexivité.

4. Le choix de la relation d'imitation pour structurer son ontologie permet ainsi à Platon : 1) de construire l'être selon une hiérarchie stricte, interprétée comme une dégradation

Or, saisir réflexivement un objet comme une image, c'est repérer non une similarité, mais une ressemblance. Plus un portrait est jugé ressemblant, plus l'imitation est considérée comme réussie.

Qu'en est-il donc de la ressemblance ? Affirmer que deux termes se ressemblent, c'est désigner la possibilité de prendre l'un pour l'autre, c'est-à-dire d'opérer cette confusion identitaire dont parle Hume. Or, cette possibilité ne peut venir du fait que les deux termes possèdent exactement les mêmes propriétés puisqu'une image considérée comme ressemblante ne possède que certaines des propriétés de son modèle – si c'est une image visuelle, elle ne possède ainsi que des propriétés visuelles de son modèle. La ressemblance est donc un mode de similarité. Reste à comprendre lequel.

Nous avons reconnu que l'identité d'un objet est typale. Pour la pensée typale, l'identité de deux objets ne correspond pas au fait d'avoir exactement les mêmes propriétés et leur non-identité à la négation de cette identité, c'est-à-dire au fait que certaines propriétés ne seraient pas les mêmes. Car la pensée typale reconnaît l'occurrence d'un type à l'aide d'un faisceau de propriétés typales, par exemple, une forme type, une couleur type, une odeur type, qui ne correspondent qu'à une petite partie des propriétés de l'objet. Nous avons donné à ces propriétés porteuses de l'identité typale de l'objet le nom de *propriétés identitaires*.

On distingue les propriétés identitaires, qui font partie du type identitaire de l'objet, des propriétés non identitaires, qui n'en font pas partie. Par exemple, la masse d'un objet n'est généralement pas considérée comme faisant partie de ses propriétés identitaires, même si cela peut arriver, par exemple pour un objet en fonte servant d'étalon pour la pesée. Si ces propriétés identitaires ne sont pas reconnues, l'objet ne suscite aucune réaction, il est dépourvu de signification. On reconnaît ou non une identité.

Dans les cas ambigus où l'on ne reconnaît, par exemple, que la forme type mais sans la couleur type qui devrait lui être jointe, ou inversement que la couleur type mais sans la forme type qui devrait lui être jointe, il s'agit

ontologique : l'ensemble des êtres correspond ainsi chez Platon à un ensemble ordonné, d'où la verticalité de la ligne de *République* VI ; 2) d'affirmer *à la fois* la présence (l'image *est* le modèle) et l'absence (l'image *n'est pas* le modèle) du niveau supérieur (modèle) dans le niveau inférieur (image), et donc de maintenir le niveau inférieur dans la dépendance ontologique du niveau supérieur : l'image géométrique de la ligne de *République* VI, qui ne permet pas de penser la présence d'un segment supérieur dans un segment inférieur rencontre ici son insuffisance ; 3) de maintenir par transitivité l'identité du premier modèle dans les degrés les plus inférieurs d'imitation, y compris dans le dernier segment correspondant au sensible illusoire (il y a un être du fictionnel, donc du non-existant).

moins de non-identité que d'indétermination du message. Cette indétermination conduit à une hésitation dans la réponse. L'animal va alors chercher à obtenir un supplément d'informations, en augmentant son attention, en se rapprochant, etc., avant de réagir (ce qui correspond à une identification) ou ne pas réagir (ce qui correspond à une non-identification).

Pour que A soit dit ressembler à B, il faut que, parmi les propriétés communes à A et B, se trouvent des propriétés présentant l'identité typale de B, en sorte qu'une confusion identitaire puisse avoir lieu. Si par exemple le type identitaire de B est constitué de cinq propriétés typales : a, b, c, d, e, la possession d'une seule de ces propriétés par A permet de commencer à parler de ressemblance, et le degré de ressemblance croît à mesure que A possède d'autres propriétés identitaires de B.

Le degré de ressemblance n'est donc pas lié au degré de similarité : il ne dépend pas de la quantité de propriétés que deux objets ont en commun. Deux objets peuvent avoir un grand nombre de propriétés en commun et ne pas être dit ressemblants, si aucune de ces propriétés en commun n'est une propriété identitaire. Inversement, deux objets peuvent n'avoir qu'une seule propriété en commun et être dit ressemblants, si cette propriété est identitaire. Le degré de ressemblance correspond au degré de similarité identitaire, conformément à une définition typale de l'identité.

La ressemblance, qui est une similarité identitaire, est réflexive et non transitive, tout comme la similarité. En revanche, elle n'est plus symétrique. En effet, si B possède une propriété identitaire de A, B est dit ressembler à A, mais en retour, A n'est pas nécessairement ressemblant à B. Pour qu'il le soit, il faudrait que cette propriété commune, identitaire de A, soit également identitaire de B, ce qui peut arriver mais n'est pas nécessaire. Ou que A possède une autre propriété identitaire de B, ce qui peut également arriver mais n'est pas non plus nécessaire. Il est donc possible de dire de deux objets A et B qu'ils « sont ressemblants », en sorte que A ressemble à B et B ressemble à A. Mais de ce que A ressemble à B, on ne peut en déduire que B ressemble à A.

On pourrait toutefois objecter à cette analyse qu'elle n'est pas conforme au traitement logique des notions de similarité et de ressemblance. Ainsi la logique floue[1] nomme relation de *ressemblance* toute relation binaire réflexive et symétrique, tandis que la *similarité* correspond à la fermeture transitive d'une ressemblance : elle est donc réflexive, symétrique et transitive et correspond ainsi à une relation d'équivalence.

1. Voir Louis Gacôgne, *Éléments de logique floue*, Paris, Hermès, 1997, p. 28-29.

Cela vient de ce que la similarité – ou similitude : la distinction entre ces deux termes ne joue pas en logique floue – est prise en logique floue au sens d'*égalité floue*. Or l'égalité est une relation d'équivalence : elle est réflexive, symétrique et transitive. Notre analyse définit différemment la similarité comme une identité partielle et la ressemblance comme une similarité identitaire, ce qui conduit à distinguer nettement les degrés de similarité et les degrés de ressemblance. Dans ce nouveau cadre théorique, la similarité et la ressemblance ne sont pas transitives – la ressemblance étant en outre non symétrique. De plus, la similarité et la ressemblance, ainsi redéfinies, sont susceptibles aussi bien d'une compréhension précise, avec des ensembles classiques, qu'imprécise, avec des ensembles flous. Si notre traitement de la similarité et de la ressemblance se développe dans le cadre (plus simple) de la théorie des ensembles ordinaires, c'est-à-dire non flous, il peut être élargi à la théorie des ensembles flous, qui ne travaille pas, comme la logique booléenne, sur l'ensemble $\{0,1\}$ mais dans l'intervalle $[0,1]$.

Notre analyse de la similarité et de la ressemblance ne s'oppose donc pas au traitement de la similarité et de la ressemblance en logique floue, car les termes de *similarité* et de *ressemblance* ne désignent pas les mêmes relations dans notre analyse et en logique floue. Celles que nous visons sont en revanche celles qui sont visées par Hume, c'est-à-dire la similitude en tant qu'elle permet la comparaison et la ressemblance en tant qu'elle autorise une confusion identitaire et en tant qu'elle est liée à la relation d'image. L'usage des termes de *ressemblance* et de *similarité* en logique floue est légitime, car il n'y a pas de sens propre des mots, mais il peut prêter à confusion. De façon analogue, lorsque nous considérons la relation d'*image*, ce n'est pas au sens algébrique – où l'*image* d'un élément x est son correspondant y par une fonction f en sorte qu'$y=f(x)$ – mais au sens représentatif tel qu'il intervient, notamment, en peinture. Là encore, l'usage algébrique du terme d'*image*, bien que légitime, ne nous paraît pas totalement heureux.

Nous avons vu que la reconnaissance réflexive d'une imitation engage une relation de ressemblance. Plus l'image reproduit de propriétés identitaires du modèle, plus elle est jugée ressemblante, indépendamment de sa plus ou moins grande similarité avec lui.

Une image peut être ainsi très peu similaire à son modèle, mais lui ressembler particulièrement, dans la mesure où les seules propriétés qu'elle partage avec son modèle sont les propriétés identitaires de ce dernier : l'esquisse très rapide d'un visage peut être très ressemblante. Inversement, une image peut être extrêmement similaire à son modèle mais ne pas lui ressembler, si les seules propriétés non reproduites sont précisément les propriétés identitaires. Un portrait très fidèle dans le détail peut ainsi ne pas être du tout ressemblant : une photographie pourtant nette peut ne pas être jugée ressemblante. Dans le cas d'une image similaire mais jugée non ressemblante, l'identification ne peut avoir lieu, et l'image perd son statut d'image du modèle. Elle conserve sa nature d'image : on voit bien qu'elle a été produite intentionnellement à partir d'un modèle, mais elle échoue à le présenter. C'est une image ratée[1].

Comment comprendre la différence entre la relation d'imitation et la relation de ressemblance ? La relation de ressemblance s'établit entre deux termes en général, indépendamment de tout ordre. La relation d'image est en revanche une relation d'ordre strict, d'où sa non-réflexivité, contrairement à la ressemblance en général. De plus, dans l'image, les propriétés identitaires en jeu sont déterminées : ce sont celles du modèle. L'image d'une image d'un modèle est toujours une image du modèle, ce qui correspond à la transitivité de la relation « être image de ». Alors que dans la ressemblance en général, une propriété identitaire n'est pas déterminée : de ce que A ressemble à B et B ressemble à C, il ne s'ensuit pas nécessairement que A ressemble à C, car la propriété identitaire en jeu peut être différente. La non-symétrie de la ressemblance[2] vient de cette non-détermination. En revanche, la détermination de la propriété identitaire n'induit pas une symétrie de l'imitation, en raison de la relation d'ordre entre l'image et son modèle.

La conscience d'image correspond ainsi à l'introduction de la ressemblance dans une relation hiérarchique non réflexive et non symétrique, selon une propriété identitaire déterminée, qui garantit sa transitivité. Une image est l'occurrence d'un modèle type. Elle relève de la pensée typale. Mais la conscience d'image, en s'appuyant sur la prise en compte des différences, grâce à l'accès au concept, pense une hiérarchie stricte entre le modèle et son image. Ce qui conduit à affirmer à la fois que l'image *est* et *n'est pas* son modèle, alors que l'occurrence simple d'un type (tel exemplaire de *La Chartreuse de Parme*) *est* son modèle, les propriétés de

1. Il existe un autre cas d'images non articulées à un modèle : les images dont on ignore le modèle, et dont on ne peut évaluer, de ce fait, la ressemblance. Notons ici que dans le portrait, le modèle n'est pas toujours la personne dans son identité personnelle, mais peut avoir une dimension typale plus abstraite : un jeune guerrier, un évêque, une jeune femme, etc. La méconnaissance de l'identité personnelle du modèle n'a ici aucune importance pour l'évaluation de la ressemblance de l'image.

2. Cette non-symétrie ne correspond pas pour autant à une antisymétrie, contrairement à la relation d'image.

l'exemplaire ne relevant pas du type n'étant pas prises en compte dans la reconnaissance du type.

La ressemblance correspond ainsi à la réintroduction de la question de l'identité dans la logique de la similarité. En sorte que, loin d'être première par rapport à la notion d'identité qu'elle produirait par une confusion d'imagination, comme le prétend Hume, la ressemblance présuppose au contraire la relation d'identité. Pour penser la ressemblance, il faut d'abord penser l'identité typale.

Lorsque Hume définit la « *resemblance* » au début de son traité comme la condition de toute comparaison entre deux objets, il a très vraisemblablement en tête la relation de similarité : la comparaison a en effet pour condition la similarité et non la ressemblance au sens strict. Une solution pourrait-elle être de traduire l'anglais « *resemblance* » par « similarité » en français ? Mais dès la section 1 de la première partie du livre I, Hume pense la « *resemblance* » à l'aide de la relation « image de » ; et il fait ensuite de la confusion liée à la « *resemblance* » la source de l'identité. Dans les deux cas, « *resemblance* » doit être traduit en français par « ressemblance ». Il faut donc bel et bien admettre que Hume opère une confusion entre la ressemblance et la similarité. Ce qui est d'autant plus fâcheux que la ressemblance est la cheville ouvrière de son modèle théorique.

Précisons aussitôt que cette critique de Hume ne vise nullement à restaurer contre lui la croyance en l'existence continue des objets extérieurs que sa théorie de l'identité vise à détruire. Si l'on donne à l'existence un sens ontologique absolu, nous n'y croyons pas plus que Hume. Nous y croyons même *encore moins*, puisque l'existence d'un même objet à l'instant *t* nous pose également problème, en raison notamment de la discontinuité des changements d'échelle[1].

Mais nous avons vu que la ressemblance suppose la notion d'identité et non l'inverse. En sorte qu'il faut poser non la ressemblance *puis* l'identité, comme le fait Hume, mais en premier lieu l'identité typale, la seule à être réelle, et donc le type.

Or, le type est un terme universel. Contrairement à ce que pense Hume, ce n'est donc pas le particulier qui est premier, mais l'universel. Non certes l'universalité conceptuelle, et ici, Hume a raison dans sa critique du rationalisme, mais l'universalité typale. Quand on pense à un triangle en général, on a effectivement en tête un triangle individuel, comme le remarque Hume. Toutefois, ce triangle individuel est un type universel,

1. Voir ci-dessus, Recherche 1, chap. II, p. 35-36.

reproductible indéfiniment à l'identique. De plus, il s'agit le plus souvent d'un type général (par exemple, un triangle isocèle) plutôt que d'un type particulier (tel triangle isocèle singulier).

La reconnaissance d'une identité typale n'est pas une fiction de l'imagination. C'est la condition de la constitution de toute objectivité, et donc le fondement de toute réalité, sachant que cette constitution n'est que relative et ne peut être dotée d'une absoluité ontologique.

Ajoutons que lorsque Hume prétend tirer de son analyse une dénonciation du caractère fictif de l'identité personnelle[1], on peut lui faire deux objections. Premièrement, il n'y a rien de « fictif » dans le fait de reconnaître une identité typale puisque la réalité suppose l'identité typale. Deuxièmement, l'identité personnelle n'est pas réductible au fait de reconnaître une identité typale. Je peux penser l'identité typale de cette table sur laquelle j'écris, cela ne lui confère pas une identité personnelle pour autant. L'identité personnelle ne relève ni de l'identité logique, ni de l'identité typale, mais d'un troisième concept d'identité – l'identité idéelle[2].

Repérer les insuffisances du traitement de la question de l'identité et de la ressemblance par Hume n'est en rien anecdotique. Car le cœur même de sa théorie – sa critique de l'induction – repose sur ces notions.

La formulation du problème de l'induction est particulièrement claire dans son *Enquête sur l'entendement humain* (1748). Lorsque l'on prétend inférer, à partir de ce que l'on sait actuellement, que quelque chose va se produire dans le futur, Hume estime que l'on s'appuie sur une hypothèse : celle que le futur ressemblera au passé. Mais cette hypothèse est, selon Hume, infondée : comment peut-on savoir que le futur, que l'on ne connaît pas encore, ressemblera au passé ? Une telle croyance relève seulement de l'habitude, de la coutume. En sorte que les raisonnements inductifs peuvent être réduits à l'expression d'une simple habitude. Ce n'est pas la raison qui opère, mais la coutume.

Cette critique de l'induction conduit à une critique de la causalité. Soit l'exemple d'un choc : une boule en mouvement qui heurte une seconde

1. *Traité de la nature humaine*, *op. cit.*, p. 346.

2. Son étude relève d'une théorie du symbolique. Elle nous permettra de repenser la validité de la pensée du Hume. Il y a bien une combinaison non rationnelle des idées par ressemblance, contiguïté et causalité : elle intervient dans les liens métaphoriques et métonymiques. Ce qui nous conduit, par anticipation, à formuler trois nouvelles critiques contre le modèle de Hume : 1) Hume a oublié l'antiphrase ; 2) ces opérations relèvent non de l'imagination empirique mais de la pensée symbolique ; 3) ce ne sont pas elles qui président à la constitution de la réalité objective, et encore moins à celle de l'expérience scientifique, même si elles opèrent effectivement dans ces constitutions.

boule immobile et la met en mouvement. Une analyse légitime d'un choc doit selon Hume rester descriptive : on devrait se contenter de constater l'antériorité du mouvement d'une boule, puis le contact entre les deux boules et enfin la mise en mouvement de la boule précédemment immobile. En revanche, prétendre conclure du mouvement de la première boule et de son contact avec la deuxième, la mise en mouvement de cette dernière, c'est opérer une induction reposant sur l'hypothèse que le cours de la nature reste uniformément identique à lui-même. Or, selon Hume, rien n'autorise à formuler une telle hypothèse. Conclure de ce que les mêmes causes, dans les mêmes circonstances, produisent toujours les mêmes effets repose en effet sur une notion d'identité dont Hume pense avoir dénoncé le caractère illusoire.

Il est d'usage de considérer le problème de l'induction, tel qu'il est posé par Hume, comme insoluble. C'est certainement le cas si l'on ne comprend l'identité que sous sa forme négative, à la suite de Hume et de Wittgenstein, et si l'on adhère au principe leibnizien de l'indiscernabilité des identiques. Mais nous avons vu précisément que cette compréhension de l'identité ne convenait que pour la logique, et certainement pas pour la physique. En physique, le seul concept d'identité qui soit pertinent est celui d'identité typale, qui est relatif et ne relève pas du principe de l'indiscernabilité des identiques.

Considérons une expérience physique. Il ne s'agit nullement d'une expérience au sens ordinaire[1]. Ici, l'analyse de Hume, qui ne distingue pas précisément ces deux expériences, est mise en défaut. Car si son analyse porte lorsqu'il est question de l'expérience ordinaire, elle n'est plus valide pour l'expérience scientifique. Or, c'est bien là qu'il convient de poser le problème, et non dans l'expérience ordinaire, car c'est dans l'expérience scientifique que l'on prétend poser des lois universelles et nécessaires, et non dans l'expérience ordinaire[2].

Dans une expérience physique, la construction de l'expérience précède l'observation. Or, cette construction est rigoureusement typale[3]. On détermine très précisément des objets typaux, et des circonstances typales. En

1. À la différence du français, l'anglais présente l'avantage de posséder deux termes pour désigner ces deux sortes d'expérience : *experience* et *experiment*. Il ne suffit pas toutefois de posséder deux termes pour avoir une conscience claire de leur différence conceptuelle.

2. Nous ne parlons pas ici des Lois symboliques : c'est un autre problème.

3. En cela, paradoxalement, l'expérience scientifique est plus proche de l'expérience animale, qui est intégralement typale, que de l'expérience humaine commune, qui est typo-conceptuelle.

sorte que le sens de l'observation est également typal. Hume se demande de quel droit on suppose une identité entre le passé et le futur. La réponse est que l'expérience a justement été construite *de façon typale*, c'est-à-dire en sorte d'autoriser une reconnaissance identitaire. Si, dans le cadre d'une expérience typale rigoureusement définie, on observe telle réaction type, on peut légitimement en conclure que *toutes les occurrences* d'une telle expérience typale – qui respecteront donc le même protocole expérimental déterminant l'expérience type – présenteront la même réaction type. C'est bien la raison qui opère [1], et non la simple coutume.

De quel doit supposer que le cours de la nature reste uniformément identique à lui-même ? Parce que la nature en jeu est reconstruite de façon typale et *dans les limites* de cette reconstruction. Si une expérience ne respectait pas le protocole expérimental de l'expérience type, conclure de sa simple similarité à l'expérience type qu'elle devrait donner des résultats similaires ou identiques relèverait de fait de la coutume. Mais ce n'est pas le cas pour une expérience respectant le protocole expérimental et pouvant de ce fait prétendre au statut d'occurrence de l'expérience type. Cette typalité confère une universalité (*relative*) aux propositions scientifiques. Elle légitime sa démarche inductive [2].

Les tentatives précédentes de résolution du problème de l'induction ont généralement échoué parce qu'elles étaient le fait de théoriciens rationalistes qui s'opposaient à l'empirisme de Hume [3]. Dès lors, ils ne pouvaient qu'adhérer à son concept logique d'identité et au principe leibnizien de

1. Ce qui ne retire en rien son sens inductif à la démarche scientifique. Il ne s'agit pas de défendre, à la suite notamment de Popper, une compréhension strictement déductive de l'expérience scientifique.

2. Précisons contre Popper, qui voit une asymétrie entre la vérification – qui supposerait une infinité d'exemples favorables – et la réfutation – pour laquelle un seul contre-exemple suffirait – qu'une réfutation n'est valable en science que si le contre-exemple est *indéfiniment reproductible*. Pour se sentir obligé de modifier une théorie – *sinon totalement du moins partiellement, car il faut généralement plus qu'un contre-exemple pour abandonner une théorie*, et du reste, on n'abandonne une théorie *que si l'on a sous la main une autre théorie qui va se révéler, suite au contre-exemple, plus performante* – il ne suffit pas en effet d'une simple occurrence contraire ici et maintenant, qui pourrait provenir d'une erreur de l'expérimentateur ou d'une défaillance de l'appareil de mesure. Il faut que *chaque fois* qu'un observateur fait cette expérience particulière, il trouve une mesure non conforme à la théorie. Or, cela suppose de s'inscrire dans une construction typale de l'expérience particulière, conformément à notre solution au problème de l'induction dans le cadre de l'expérience scientifique.

3. Nous passons ici sous silence la critique kantienne de Hume, qui échoue également, mais pour des raisons plus complexes, liées à sa théorie de l'objectivité.

l'indiscernabilité des identiques. Or, tel n'est pas le sens de notre résolution. Elle suppose d'abandonner précisément le point de vue du rationalisme. L'erreur de Hume vient non de ce qu'il s'est opposé au rationalisme, mais de ce qu'il continue à en dépendre, à travers son concept d'identité. Dénoncer le concept logique d'identité aurait dû le conduire à produire un nouveau concept d'identité, relatif et non plus absolu, sur lequel il aurait pu appuyer le raisonnement inductif.

Les conséquences de notre résolution ne sont donc en aucun cas une restauration du modèle rationaliste classique contre l'empirisme humien. Tout au contraire. Car si l'identité en jeu à la fois dans les raisonnements inductifs et dans l'analyse causale est typale et donc relative, leurs conclusions en deviennent irréductiblement relatives. Ce qui se traduit notamment par une désontologisation nécessaire de la notion de causalité. Si le but principal de Hume était d'opérer une telle désontologisation, alors ce but est valide, en dépit des défauts de son argumentation.

On peut aller plus loin. L'expérience physique repose sur une construction typale rigoureuse à la fois de ses objets et des circonstances dans lesquels ils sont placés. Mais aussi rigoureuse soit-elle, toute construction typale correspond à une idéalisation. Elle privilégie un certain nombre de facteurs et en néglige une quantité d'autres. Or, ces facteurs négligés ont également une incidence sur le cours de l'expérience. En sorte que, même si l'on peut opérer une induction légitime et prédire – dans le sens à la fois universel et relatif de l'analyse typale – que tel objet type placé dans telles circonstances types va produire tel résultat type, les résultats vont toujours présenter des écarts « aléatoires », *aléatoire* signifiant ici *imprévisible par rapport au modèle typal de l'expérience qui est utilisé*.

Souvent ces écarts aléatoires peuvent être négligés. Mais ce n'est pas toujours le cas. Les facteurs négligés par la construction typale peuvent être trop influents sur le cours de l'expérience. Le résultat prend alors une forme irréductiblement aléatoire.

Mais cet échec du rationalisme classique ne correspond pas pour autant à une victoire de Hume. Car cette dimension aléatoire peut être rationalisée. C'est notamment l'enjeu d'une analyse statistique. Si chaque résultat isolé reste aléatoire, donc imprévisible, une série d'occurrences identiques de la même expérience type aléatoire va converger[1] vers une probabilité déterminée, pourvu seulement que les facteurs en jeu soient suffisamment

1. Dans un sens qui n'est pas exactement celui de la convergence mathématique, car il ne s'agit que d'une convergence probable et non certaine, ou encore d'une *convergence en probabilité*. Voir Hélène Ventsel, *Théorie des probabilités*, Moscou, Éditions Mir, 1973, p. 28-29.

nombreux et indépendants les uns des autres. Ce qui correspond à l'intuition à la base de la Loi des grands nombres.

Ce à quoi nous aboutissons, ce n'est donc pas au rationalisme des classiques. Sans avoir besoin d'invoquer la mécanique quantique[1], la physique tout entière se trouve inscrite sous le primat de la théorie mathématique des probabilités[2]. Ce qui ne correspond pas à un affaiblissement de sa rationalité, mais à un changement de modèle de rationalité : non plus absolu, ontologique et déductif, mais relatif, anontologique et inductif.

Hume évoque dans le cadre de son analyse la théorie des probabilités[3], mais il en fait une opération de la coutume et non de la raison. Il imagine ainsi un dé qui compterait un même nombre de points (disons 1) sur quatre faces et un autre nombre (disons 2) sur les deux faces restantes. Ce qui est équivalent au jet d'une pièce à pile ou fausse, mais avec des probabilités inégales : non plus 1/2 pour face et 1/2 pour pile, mais 2/3 pour le résultat 1 et 1/3 pour le résultat 2 :

> Il semble évident que quand l'esprit cherche à prévoir l'événement qui peut suivre d'un pareil jet de dé, il tient pour également probable que chacune des faces soit retournée ; et c'est la nature même du hasard que de mettre tous les événements particuliers qui y sont compris dans une égalité parfaite. Mais, voyant qu'un plus grand nombre de faces concoure dans l'un des événements plutôt que dans l'autre, il revient plus fréquemment à cet événement et le rencontre plus souvent quand il repasse les différentes possibilités, les différentes chances, dont dépend le résultat final. Ce concours de plusieurs vues dans un événement particulier engendre immédiatement, par un mécanisme de la nature qu'on ne s'explique pas, le sentiment de croyance ; le dit événement prend l'avantage sur son adversaire qui, soutenu par un nombre moindre de vues, se représente moins souvent à l'esprit.

La croyance probabiliste ne résulte pas d'une « inexplicable combinaison naturelle » comme le dit Hume. Ce n'est pas un effet de la coutume. Le résultat 1 est deux fois plus probable que le résultat 2. Ce calcul n'est lui-même en rien probable, mais correspond à une nécessité

1. Dont nous traiterons précisément dans un ouvrage ultérieur.

2. Sans parler de la théorie des possibilités, qui travaille sur des quantités imprécises, et non précises, comme en théorie des probabilités. Voir ci-dessous, Recherche 2, chap. IX, p. 166-168. Comme Hume ne traite que des probabilités, nous limitons notre analyse à cette question.

3. *Enquête sur l'entendement humain*, trad. fr. M. Malherbe, Paris, Vrin, 2008, p. 165-171.

mathématique. Contrairement à ce que prétend Hume, on peut opérer des inférences rationnelles.

Encore faut-il s'entendre sur la nature d'une inférence légitime. Pour reprendre l'exemple des pièces (non truquées), prétendre conclure, de ce que la pièce est tombée dix fois de suite sur pile, que le prochain jet a plus de chances de donner pile que face correspond à une croyance irrationnelle fondée sur l'habitude. Ici, Hume a raison. Prétendre conclure de ce que la pièce est tombée dix fois de suite sur pile que le prochain jet a plus de chances de donner face correspond également à une croyance irrationnelle, *plus fréquente que la première* – ce que l'analyse de Hume ne permet pas de comprendre – et qui cette fois n'est pas fondée sur l'habitude mais sur une mauvaise application de la Loi des grands nombres. En revanche, conclure que si l'on jette un très grand nombre de fois la pièce, le nombre de face finalement obtenu sera environ égal à celui des piles, est une croyance probable rationnelle et légitime, fondée correctement sur la Loi des grands nombres, laquelle se déduit des axiomes des probabilités et dont une première formulation a été donnée par Jacques Bernoulli[1] (1654-1705).

En ne distinguant pas les inférences probables illégitimes, irrationnelles, lesquelles ne reposent pas toutes sur l'habitude, et les inférences probables légitimes, rationnelles – ce qui était pourtant à sa portée vu l'avancement de la théorie des probabilités en 1748 – Hume ne peut construire une théorie de l'inférence probable satisfaisante[2].

Continuons à clarifier le sens de notre critique de Hume. Nous avons vu que la synthèse d'identification n'est pas le fait de l'imagination et de la mémoire. Notre analyse ne présente-t-elle pas dès lors une parenté avec l'analyse cartésienne du morceau de cire dans la deuxième Méditation, qui entend montrer que l'identification est une opération de l'entendement et non de la sensibilité ou de l'imagination? Pour le dire autrement, notre critique de Hume nous reconduit-elle au rationalisme cartésien?

Descartes observe que si l'on prend un morceau de cire à peine retiré de la ruche et si on l'approche du feu, toutes ses propriétés sensibles changent:

> Prenons pour exemple ce morceau de cire qui vient d'être tiré de la ruche : il n'a pas encore perdu la douceur du miel qu'il contenait, il retient encore quelque chose de l'odeur des fleurs dont il a été recueilli; sa couleur sa

1. Selon le théorème de Bernoulli, la fréquence d'un événement, lors d'un grand nombre d'expériences, tend vers sa probabilité.

2. Nous ne prétendons pas pour autant que la présentation ici proposée de l'inférence probable soit suffisante. Le concept de probabilité est riche de difficultés, que nous étudierons dans un ouvrage ultérieur.

> figure, sa grandeur, sont apparentes ; il est dur, il est froid, on le touche, et si vous le frappez, il rendra quelque son [...]. Mais voici que, cependant que je parle on l'approche du feu : ce qui y restait de saveur s'exhale, l'odeur s'évanouit, sa couleur se change, sa figure se perd, sa grandeur augmente, il devient liquide, il s'échauffe, à peine le peut-on toucher, et quoiqu'on le frappe, il ne rendra plus aucun son. La même cire demeure-t-elle après ce changement ?

La réponse de Descartes est positive : ne demeure après le changement que « quelque chose d'étendu, de flexible et de muable » que seul l'entendement peut penser.

Toute l'astuce de cette analyse repose sur le fait que les propriétés de la cire dont Descartes constate le changement dans le passage de l'état solide à l'état liquide sont soit des propriétés ne relevant pas du type (la figure, la grandeur, la température, le son), soit des propriétés typales (par exemple l'odeur) mais *prises dans un sens occurrentiel, non typal*. De fait, Descartes ne considère pas l'odeur caractéristique de cette cire, son odeur type particulière – qui persiste, qu'elle soit à l'état liquide ou l'état solide – mais l'odeur *singulière* de fleur, propre au type particulier à un moment donné de son existence (il vient d'être retiré de la ruche).

Pour considérer le type général[1] (la cire d'abeille) et non plus le type particulier (cette cire d'abeille), si l'on continue à parler de cire, c'est parce que l'échauffement ne suffit pas pour faire disparaître toutes les propriétés typales de la cire d'abeille. Certaines propriétés typales demeurent, notamment l'odeur type, indépendamment de ce que peuvent devenir les propriétés non typales, et indépendamment des variations singulières inévitables des occurrences des propriétés typales. Par conséquent, on considère que l'on a toujours affaire au même objet, auquel on donne donc le même nom. C'est sur la typalité des déterminations sensibles de l'objet que repose son identification objective. Or, cette typalité est saisie au niveau même de la sensation, sans avoir besoin de faire intervenir la capacité de produire des concepts, l'entendement.

On peut objecter également à l'analyse de Descartes que le fait de chauffer un objet ne se traduit pas toujours par une conservation de son identité. Si l'on chauffe une solution afin de permettre une réaction

1. Qu'il faut distinguer du concept de cire. S'il y a plusieurs types de cire : naturelles, comme la cire d'abeille, ou artificielles, elles possèdent toutes en commun des propriétés comme l'hydrophobie (la cire n'est pas soluble dans l'eau) ou un point de fusion (température à laquelle coexistent l'état solide et l'état liquide) supérieur à 45° C. Aucune de ces deux propriétés du concept de cire n'est réductible au point de vue géométrique.

chimique entre deux types de molécules, le produit de cette réaction peut correspondre à l'apparition d'un nouvel objet moléculaire, possédant des propriétés nouvelles. Inversement, si l'on chauffe suffisamment des molécules pour casser leurs liaisons covalentes (interatomiques), les molécules sont détruites et il n'est plus question de dire que l'on a toujours affaire à la même réalité objective. Le fait qu'il y ait une continuité temporelle entre l'état initial de la solution et son état final ne permet nullement de maintenir une quelconque identité objective.

Prétendre que l'identité d'un objet serait liée à « quelque chose d'étendu, de flexible et de muable » comme le fait Descartes est intenable. Son analyse ne prend pas en compte la notion d'émergence[1]. L'identité d'un objet dépend des propriétés typales de l'objet, lesquelles sont généralement émergentes par rapport aux éléments matériels qui le composent. En sorte que l'identité émergente de l'objet peut apparaître ou disparaître sans que la matière de l'objet, au sens cartésien, ait été modifiée. On change alors de nom pour désigner une modification objective.

Précisons que la saisie identitaire d'un objet est seconde par rapport à une saisie sensible plus archaïque encore, en-deçà de toute reconnaissance objective. Mais cela ne remet nullement en cause le primat de la visée typale, car ces mêmes sensations pré-objectives restent typales : telle couleur type, telle odeur type, etc. Notre univers objectif repose d'abord sur des saisies typales identitaires[2], à partir desquelles nous pouvons articuler et comparer les différentes occurrences d'un même type.

1. C'est conforme à sa théorie de l'ordre, qui engage une compréhension strictement linéaire de la complexité.

2. Sans pour autant s'y réduire, puisqu'il y a aussi une pensée conceptuelle.

CHAPITRE VI

LE SIGNIFIÉ TYPAL

Nous avons montré en quoi l'identité comportementale des animaux était conciliable avec la possession d'une pensée intentionnelle et d'une subjectivité. Il suffit pour cela de considérer que les animaux dotés d'intentionnalité ont affaire à un univers objectif composé d'individus types dont la reconnaissance provoque une réaction type déterminée.

Ceci a une double conséquence pour les signes animaux. Premièrement, puisque la réaction visée est typale, il faut reconnaître aux signes intentionnels utilisés par les animaux une signification typale, comme aux signaux non intentionnels de la communication intercellulaire. Deuxièmement, puisque les signes désignent des objets, contrairement aux signaux, et puisque l'univers objectif animal est typal, il faut reconnaître aux signes une désignation typale.

Reste à montrer en quoi cette identité comportementale[1], liée à une objectivité typale, est conciliable avec le fait que les signes animaux soient dotés de sens, conformément à notre première définition du signe comme signal doté de sens. Nous sommes alors conduits à travailler la question, toujours pendante, du sens.

L'anthropocentrisme des philosophes et des linguistes les conduit généralement à confondre sens et concept. Admettons provisoirement cette hypothèse : le signifié d'un signe (à ne pas confondre avec sa signification) serait un concept.

1. Identité dont il importe de rappeler la relativité : elle peut varier notamment en fonction du contexte et de l'apprentissage. Mais cette variation ne nous fait pas quitter la logique identitaire : dans tel contexte type, on observe telle réaction type. Le comportement appris est répété ensuite à l'identique.

Or, nous avons précédemment réussi à définir un concept sans faire intervenir la notion de sens : un concept correspond à l'abstraction des propriétés communes permettant de rassembler les objets désignés dans une classe de similarité. Le sens conceptuel apparaît ainsi comme un intermédiaire nécessaire pour la désignation[1]. La désignation, en tant qu'elle vise des objets reconnaissables : un arbre, un livre, un chien, opère par classification, et le concept est précisément le guide de la classification, puisqu'il rassemble de façon abstraite les propriétés que l'objet doit posséder pour entrer dans telle classe et pouvoir être désigné par tel signe.

Le sens conceptuel ne se surajoute donc pas à la fonction de désignation que nous avons considérée. Il en est la condition de possibilité même. Lorsque l'on fait fonctionner un simple signal comme un signe conceptuel, on ne se contente donc pas de lui rajouter une fonction de désignation, on lui adjoint aussi un sens conceptuel.

Or, ce qui vaut pour le concept vaut aussi pour le type. Tous deux servent de guide pour l'opération de classification, afin de produire, le premier, une classe de similarité, et le second, une classe d'identité. S'offre alors une possibilité théorique dont il importe d'explorer la fécondité : considérer le sens conceptuel comme une simple espèce de sens.

Pour cela, il suffit de définir le sens en général comme l'universel abstrait servant de guide pour l'opération de classification au principe de la désignation. Selon que la classification en question vise l'identité ou la similarité, le sens est typal ou conceptuel. De même qu'une désignation objective conceptuelle a pour condition de possibilité l'adjonction au signal d'un sens ou d'un signifié conceptuel, de même, une désignation objective typale a pour condition de possibilité l'adjonction au signal d'un sens ou d'un signifié typal.

Tentons de préciser cette notion de sens typal. Soit par exemple la note *do*. Un *do* sur une partition est un signal type, susceptible d'une indéfinité d'occurrences identiques. Mais il ne s'agit pas d'un signal au sens restreint :

1. Putnam (dans *Raison, vérité et histoire*, *op. cit.*, p. 38) estime que « cube » et « polyèdre régulier à six faces carrées » ont la même intension mais pas le même « meaning ». Soyons précis. « Cube » est un terme mathématique qui regroupe principalement deux concepts : celui de « puissance 3 » et celui de « polyèdre régulier à six faces carrées ». Cette dernière expression développe donc l'un des concepts du mot « cube ». Par ailleurs, le fait de développer ou non un concept conduit à une différence non de sens ou de désignation (seule ici la précision varie) mais de signification. Ainsi, « Pierre prend un cube » et « Pierre prend un polyèdre régulier à six faces carrées » sont des énoncés de même sens mais sans doute pas de même signification. La précision supplémentaire introduit une signification cognitive, ou éventuellement humoristique.

le *do* désigne également un son type, reproductible dans une indéfinité d'occurrences identiques. Le *do* écrit est donc un signe intentionnel, plus précisément un signe intentionnel typal puisque sa désignation est typale. Or, le rassemblement de tous les *do* dans une classe d'identité (« c'est la même note ») suppose l'abstraction d'un type sonore général, reproductible dans une indéfinité d'occurrences identiques. Ce sont ces types sonores généraux qu'un musicien a en tête lorsqu'il déchiffre silencieusement une partition. Dans notre exemple, le type sonore général est le signifié du signe *do*.

Si l'on considère le langage humain, il est aisé de se rendre compte de la nécessité d'admettre des signifiés typaux. Considérons ainsi la phrase : « Roland adore sa D.S. ». Le terme *D.S.* est un signe doté de sens. Or, une D.S. est un type reproductible. Son sens n'est donc pas conceptuel mais typal.

Il est une catégorie de mots qui posent classiquement problème aux théoriciens du langage : les termes qui semblent ne désigner aucun objet réel et ne servir qu'à lier un complément au mot qu'il complète, comme les conjonctions et les prépositions [1]. Ces termes ne semblent pas avoir de sens conceptuel : affirmer que le sens de « et » est obtenu en dégageant le point commun entre des coordinations objectives est absurde. Si donc le sens n'était que conceptuel, il faudrait admettre que les conjonctions, tout comme les prépositions, n'ont pas de sens. Ce qui n'est pas très satisfaisant.

Pour éviter cette conséquence, on proposa de comprendre que le sens de ces termes reste indéfini tant qu'ils ne sont pas reliés à d'autres. Cette solution est notamment reprise par Frege [2]. Le problème, c'est que ce caractère indéfini vaut pour tous les mots. Le sens d'un mot reste indéterminé tant qu'il n'est pas relié à d'autres dans une phrase, car à un même mot correspondent généralement plusieurs concepts hétérogènes, et seule l'inscription dans la phrase permet de repérer quel est le bon.

En fait, les prépositions ont bien un désigné objectif : la relation entre plusieurs objets. Seulement, cette désignation n'est pas conceptuelle mais typale. C'est une relation identique que désigne « en haut de », et non une simple similarité. Il en va de même pour les conjonctions. Elles ont un désigné objectif, qui est une opération de pensée : une coordination pour « et », une comparaison pour « comme », etc. Cette désignation est typale et non conceptuelle.

1. Appelés termes *syncatégorématiques* par les grammairiens latins et médiévaux.
2. « Concept et objet », dans *Écrits logiques et philosophiques*, Paris, Seuil, 1971, p. 140.

Comme les articles et les pronoms ont également un sens typal et non conceptuel, de même que certains verbes, comme « être » lorsqu'il fonctionne comme copule entre un sujet et son prédicat, on voit que même si la majorité du lexique regroupe des mots liés à un sens conceptuel, le sens typal reste au cœur de la construction du sens dans le langage humain. Ainsi la phrase : « La D.S. de Roland est bleu ciel » est constituée de termes possédant certes un sens, en sorte que la phrase entière a un sens, mais uniquement typal[1].

Comme les signes utilisés par les animaux ont une désignation typale, il faut premièrement leur reconnaître un sens, et deuxièmement y voir un sens typal et non conceptuel.

Ce résultat théorique permet de lever la réduction cartésienne des animaux à des machines. Les animaux aux cerveaux les plus complexes ont certes un comportement typal, comme les machines, qui communiquent par échange de signaux types. Mais cela signifie non qu'ils ne possèdent pas d'esprit, mais que leur esprit fonctionne selon une logique typale, analogue mais non équivalente au mécanisme typal des machines, lesquelles fonctionnent généralement à l'aide de signaux types. Dans une communication par signes typaux, contrairement à une simple communication par signaux, la reconnaissance du type engage en effet une visée objectivante. Cette visée est dotée de sens, puisque le signifié abstrait, absent dans un signal au sens restreint, est l'instrument nécessaire de la désignation objective.

L'intentionnalité psychique en jeu dans la communication par signes typaux engage une authentique activité intellectuelle. À un certain degré de complexité, défini principalement par la possession d'un système nerveux central[2], l'animal abstrait des propriétés types, donc universelles, déterminant non toutefois une similarité, mais une identité. Par ce travail, il a accès au sens typal et à la possibilité de construire un univers objectif typal[3]. Il est

1. Plus précisément, un sens d'une part typal, et d'autre part idéotypal dans le cas de Roland, qui est une personne, et de la D.S., si elle est interprétée dans un sens idéel, comme le fait Roland Barthes dans « La nouvelle Citroën », *Mythologies*, Paris, Seuil, 1970, p. 150-152.

2. Cette centralisation du système nerveux est la condition nécessaire, sinon suffisante, de la visée intentionnelle.

3. Ajoutons que le sens typal, bien que condition de possibilité de la désignation typale, ne correspond nullement à un terme *a priori* par rapport à l'expérience sensible. Car d'une part, il est relatif à chaque espèce. D'autre part, il est susceptible d'évolution conformément au mécanisme de la sélection naturelle. Imaginons ainsi qu'à la suite d'une mutation, le faisceau de sensations types intervenant dans la reconnaissance identitaire objective d'un prédateur soit modifié aléatoirement chez un animal. Si cette modification lui permet de

donc légitime de parler d'intelligence animale. Il s'agit toutefois d'une intelligence non conceptuelle mais typale.

La réduction anthropocentriste du sens au seul sens conceptuel et des signes aux seuls signes conceptuels conduit trop souvent les biologistes à ne reconnaître aux animaux que la faculté d'émettre des signaux et non des signes. Un tel usage doit être dénoncé : les animaux, du moins les plus complexes, ont bel et bien affaire aux signes, au sens et au langage. Quant à l'origine du sens, elle se trouve non dans la conscience, comme le répète la tradition philosophique, mais dans l'intentionnalité, laquelle ne doit surtout pas être identifiée à la conscience.

La comparaison des animaux avec des machines possède une légitimité dans la mesure où les animaux, comme les machines, obéissent à une logique typale. Elle est toutefois réductionniste dans la mesure où la logique typale des animaux – je parle des animaux dotés d'intentionnalité – n'est pas réductible à une simple communication par signaux types. Si des vivants doivent être comparés à des machines, il serait plus satisfaisant de considérer des vivants dépourvus de communication intentionnelle, comme les bactéries par exemple.

Quant à l'intelligence typale des animaux dotés d'un système nerveux centralisé, elle est très différente de l'intelligence artificielle des machines, telle du moins qu'elle est actuellement développée. Les animaux procèdent par reconnaissance de structures types à partir de réseaux de neurones interconnectés, chaque neurone correspondant à un automate affichant la valeur 0 en dessous d'un seuil réceptif déterminé, et 1 au-delà. Leur mémoire est associative. Alors que les ordinateurs fonctionnent principalement selon une tout autre méthode : non par identification d'une structure par association et mise en parallèle, mais par exploration de tous les possibles dans le cadre d'une analyse séquentielle[1].

Dans la mesure où les machines ne font intervenir que des signaux et non des signes typaux ou conceptuels, elles n'ont pas affaire au sens en tant que tel. Seule une définition réductionniste de l'intelligence par la capacité

mieux échapper au prédateur dans un milieu donné, sa descendance sera favorisée, et au bout d'un certain nombre de générations, cette modification aura toute chance de devenir une caractéristique perceptive de l'espèce.

1. C'est ce qui explique que dans le jeu de Go, qui est grandement facilité par la reconnaissance de structures mais engage une combinatoire excédant la puissance calculatoire des machines actuelles – le nombre des positions possibles est environ 10^{170} – les ordinateurs sont encore très loin de pouvoir rivaliser avec les humains. Les programmes permettant aux machines de ne pas explorer certaines voies sans intérêt permettent d'améliorer leur efficacité, mais ils ne modifient pas fondamentalement leur méthode.

calculatoire, telle qu'ont pu l'affectionner les rationalistes, permettrait de reconnaître une intelligence à ces machines. Mais on se heurterait alors à la nécessité paradoxale de devoir reconnaître une supériorité intellectuelle de l'ordinateur sur son programmateur. En revanche, si par *intelligence*, on entend la maîtrise du sens à la fois d'un point de vue sémantique, référentiel et pragmatique – et il y a alors autant de formes d'intelligence qu'il y a de points de vue (sémantique, référentiel et pragmatique) et de sortes de sens (typal, conceptuel, idéel) – l'efficacité calculatoire remarquable des ordinateurs n'a pas le sens d'une *intelligence*. Plutôt que de parler d'*intelligence artificielle*, il conviendrait alors de parler de *puissance calculatoire artificielle*[1].

Précisons toutefois que notre critique de la notion d'intelligence artificielle n'a rien à voir avec la critique usuelle – mise en œuvre notamment par Searle – refusant l'intelligence aux machines sous prétexte qu'elles ne seraient pas conscientes. L'accès au sens et à l'intelligence ne suppose pas la conscience. Le débat sur l'intelligence artificielle se situe bien en amont de la notion de conscience, et n'est pas lié à la capacité d'une machine de réussir ou non le test de Turing.

Si l'on définit l'intelligence par la maîtrise du sens, il est tout à fait envisageable que des machines procédant par reconnaissance de structures à partir de réseaux de neurones formels puissent un jour accéder à une forme d'intelligence artificielle. Mais il faudra pour cela leur donner une organisation analogue à celle du système nerveux central, autorisant une forme de visée objectivante. Ce qui suppose préalablement que la neurobiologie ait identifié l'organisation neuronale spécifique correspondant à l'intentionnalité dans le cerveau animal[2].

Une fois ce niveau atteint, ce qui actuellement est loin d'être le cas, il ne sera toujours pas temps de s'interroger sur la possibilité pour une machine d'accéder à une forme d'intelligence analogue à l'intelligence humaine. Car bien des niveaux supérieurs de complexité dans l'intelligence typale devront être atteints avant qu'un tel projet devienne envisageable. Nombre

1. L'argument de ceux qui disent que, de même que les avions volent alors qu'ils n'imitent pas les oiseaux, de même les ordinateurs sont intelligents alors qu'ils n'imitent pas l'intelligence humaine, ne vaut pas. Les ordinateurs calculent comme les avions volent. Mais de ce qu'ils calculent, il n'y a pas nécessairement à parler d'intelligence, à moins de réduire l'intelligence au calcul. Le calcul informatique prouve plutôt qu'il n'est pas nécessaire d'être doté d'intelligence pour pouvoir calculer. De même, le vol des avions prouve qu'il n'est pas nécessaire d'avoir des ailes mobiles pour voler.

2. Cette formulation n'est pas à prendre dans un sens réductionniste. L'intentionnalité et la conscience sont des réalités émergentes par rapport au système nerveux. Mais elles en présupposent une structure spécifique.

de débats actuels sur l'intelligence des ordinateurs font penser à une dispute entre savants de l'Antiquité sur le lieu le plus idoine pour installer une base scientifique à la surface de Phosphorus (ou d'Hespérus ?). Mon propos peut paraître décevant au lecteur, surtout si l'on considère les fausses espérances que n'ont cessé de répandre les spécialistes d'« intelligence artificielle » au XXe siècle, allant jusqu'à promettre des robots dotés de conscience de soi pour le début du XXIe siècle… Mais sauf miracle scientifique – ce qui est toujours possible – je ne vois pas d'autre façon de traiter raisonnablement de cette question surchargée de mythes et de symboles.

Les expériences des éthologues montrent que les animaux peuvent saisir des séries causales ou des différences numériques. En conclure toutefois, comme on le fait généralement, que les animaux auraient accès au concept de cause ou au concept de nombre me paraît trop rapide.

Le fait que les animaux soient capables de penser des nombres simples ne conduit nullement à ne voir qu'une différence quantitative entre pensée animale et pensée humaine. Le même raisonnement conduirait à ne voir qu'une différence quantitative entre une calèche conduite par des chevaux et une voiture automobile. Si les performances numériques des animaux sont à ce point limitées, c'est que la compréhension animale du nombre diffère radicalement de la compréhension humaine.

Le théoricien doit rendre compte de telles limites. Or, c'est possible si l'on admet que les animaux repèrent non des concepts mais des types : des nombres types ou des séries causales types. Par exemple, pour les nombres : une paire type, un trio type, un quatuor type, etc., dont ils saisissent l'identité au même titre que des odeurs types ou des formes types.

Certains éthologues objecteront peut-être ici telle ou telle expérience au cours de laquelle telle ou telle propriété des concepts numériques a été acquise par un animal, par exemple l'ordinalité ou la cardinalité.

Je ne rejette pas l'idée qu'à la suite d'un entraînement plus ou moins long, les animaux aux cerveaux les plus complexes, des perroquets ou des chimpanzés notamment, puissent être guidés sur la voie de la conceptualité. Des expériences semblent ainsi avoir prouvé que, guidés par des humains, des perroquets, ou des chimpanzés seraient parvenus à saisir des similarités colorées et formelles. Ce résultat, qui manifeste un début de réflexivité conceptuelle chez les animaux les plus complexes, doit être cependant relativisé, pour au moins trois raisons.

Premièrement, dans l'examen des performances animales, il faut garder en tête l'exemple de Hans le Malin, ce cheval prodige capable de calculer et de communiquer avec les humains, qui a émerveillé l'Europe en 1904. Le 12 septembre de la même année, un groupe d'experts allemands de réputation internationale, dont le professeur Carl Stumpf, a dénoncé toute possibilité de supercherie et reconnu l'importance scientifique de l'événement. Trois mois plus tard, Carl Stumpf révélait dans un rapport qu'un de ses assistants, Oskar Pfungst, avait découvert la solution : par un extraordinaire phénomène d'empathie, le cheval réagissait en fait à des réactions inconscientes quasi imperceptibles des examinateurs, qui lui indiquaient à leur insu quelle était la solution du problème posé. C'était donc à nouveau un phénomène de reconnaissance typale (l'imperceptible frémissement joyeux manifesté inconsciemment par l'examinateur devant la bonne solution) qui commandait son prétendu accès à la réflexion conceptuelle. Les expériences que l'on évoque à propos de l'intelligence animale consistent bien souvent à donner à l'animal une compétence comportementale par la répétition dans une situation expérimentale identique. Il s'agit alors d'un enseignement typal, en sorte qu'une réussite éventuelle indique plutôt un degré de développement de l'intelligence typale chez l'animal.

Deuxièmement, il faut toujours être prudent sur le sens des signes d'un langage étranger, *a fortiori* s'il s'agit d'un langage animal. L'ethnologue peut mal interpréter le comportement animal et croire que ce dernier vise une similarité, parce que lui, l'interprète en termes de similarité, alors que l'animal continue à n'avoir en tête qu'une identité typale. Rappelons ici que la différence entre type et concept n'est que relative, et que l'observateur humain peut aisément interpréter comme un concept ce qui fonctionne en fait comme un type. Ainsi, une propriété commune qu'un humain va interpréter en termes de similarité peut fonctionner comme sous-type d'un type plus général chez un animal, qui continue du même coup à rester dans la logique de l'identité et de la non-identité.

Enfin troisièmement, même si l'acquisition de la conceptualité par un animal était prouvée de façon indubitable, il ne s'agirait que d'un résultat exceptionnel, sans incidence directe sur la compréhension de l'animalité en général. Car l'univers objectif animal dans la nature est organisé non par des concepts mais par des types, ce qui se manifeste notamment par les trois points suivants :

1) Si le sens animal était commandé par la conceptualité, on constaterait une croissance exponentielle du sens engageant une explosion du lexique. Ce qui n'est pas compatible avec le nombre très limité de signes utilisés par les animaux, y compris les chimpanzés. Tant que nous n'observons pas de complexification majeure du comportement et

du lexique, rien ne nous autorise à admettre que ce que saisit l'animal correspond à une similarité conceptuelle et non à une identité typale.

2) Si l'intelligence animale était conceptuelle, les animaux ne se contenteraient pas d'utiliser des outils en les reproduisant à l'identique, ils se mettraient à les comparer pour les faire progresser techniquement. Ce qui n'est pas conforme à l'observation.

3) Si les animaux utilisaient des concepts numériques, et non des types numériques faisant intervenir des images mentales, leurs performances calculatoires ne seraient pas limitées[1]. Ce qui n'est pas conforme à l'observation.

Avec la typalité, on peut rendre compte du comportement animal et de son rapport au sens. Il n'est donc pas utile de faire intervenir la conceptualité, d'autant que cette intervention rendrait incompréhensibles les limites de la pensée animale, dont la typalité peut, elle, rendre compte[2].

Attardons-nous sur l'exemple du calcul. Si l'on travaille avec des images mentales, on peut aisément distinguer un groupe de deux individus d'un groupe de trois ou de quatre, les combiner et élaborer des calculs simples. Il est faux d'identifier la pensée à du calcul, au sens de calcul conceptuel, car premièrement, toute pensée n'est pas intentionnelle en sorte que l'on peut avoir pensée sans calcul, et deuxièmement, tout calcul n'est pas conceptuel, mais peut être typal, conformément à l'intelligence typale des animaux.

Or, la méthode typale atteint très vite ses limites. Pour s'en convaincre, le lecteur peut ici tenter de se former une image mentale de quinze individus en sorte de la distinguer d'une image mentale de seize individus. Je doute qu'il puisse y arriver, et donc qu'il puisse opérer des calculs à ce niveau de

1. Naturellement le fait d'apprendre aux animaux à manier des chiffres arabes ne change rien au problème. Car si leurs performances en matière de calcul restent toujours aussi limitées, c'est qu'ils continuent à associer ces chiffres à des images mentales numériques et donc des types numériques. Ils n'ont pas pour autant accès au concept de nombre, indépendamment de toute image mentale. Ajoutons que chez l'enfant, le passage par les types numériques reste une étape nécessaire avant d'accéder aux concepts numériques.

2. Une telle argumentation rationnelle *ne convaincra jamais* ceux qui, pour des raisons symboliques (par exemple l'identification métaphorique de l'animal à l'*enfant*, celui qui ne parle pas encore, et la projection de leur identité personnelle en souffrance par rapport à l'état adulte sur l'animal-enfant) refusent de penser toute distinction entre l'animal et l'humain. Mais la philosophie, qui est un discours à visée rationnelle, ne peut que constater les différences radicales de performances intellectuelles et tenter d'en rendre compte. L'avantage du modèle ici proposé est de ne penser qu'une différence relative, et non ontologique entre l'animal et l'humain.

complexité de la logique typale. En revanche, il lui suffit de concevoir le concept de nombre, en dehors de toute image typale, pour calculer à des niveaux de complexité bien supérieurs.

Lorsque Descartes évoque l'exemple du chiliogone dans la sixième Méditation, pour opposer l'imagination et l'entendement, il traite en fait de l'opposition entre pensée typale et pensée conceptuelle. Non que la pensée typale soit exactement équivalente à ce que la philosophie classique appelle *imagination*, qui engage également la pensée symbolique, mais toute image mentale est un type. Or, si nous pouvons construire l'image mentale d'un triangle ou rectangle, il n'en va plus de même pour une figure à 1000 côtés.

On sait que des pigeons, placés dans certaines conditions expérimentales et suffisamment entraînés, sont capables de saisir des nombres jusqu'à 50. Il ne faut pas en déduire que les pigeons présentent des capacités numériques certes supérieures aux autres animaux mais toujours très inférieures aux humains. Ils leur sont au contraire *très supérieurs*. En effet l'humain, s'il ne prend pas en compte le concept de nombre, et s'il utilise uniquement son appréhension typale en usant d'images mentales de nombres, ne perçoit généralement plus de différence numérique bien avant d'atteindre de tels nombres. Il est donc bien loin de pouvoir rivaliser avec la virtuosité des pigeons *dans la méthode typale*.

Notre modèle théorique permet de penser une émergence de signes animaux à partir de la communication par signaux.

En effet, d'une part, la communication animale se situe à un niveau de complexité nettement supérieur à la communication intercellulaire. Dans la communication intercellulaire, tout comme dans la communication animale en dehors de tout système nerveux central, tout se passe par des échanges de signaux types entraînant des réactions types dans des contextes types. En revanche, à partir du moment où, à la suite de la centralisation du système nerveux, apparaît une pensée objectivante, donc intentionnelle et subjective, le signal type, ou plutôt le faisceau de signaux types relevant d'organes perceptifs distincts et saisis unitairement par la visée intentionnelle, se trouve désormais associé à un objet typal. On passe alors d'une communication par signaux à une communication par signes.

Mais d'autre part, il y a une homogénéité sous-jacente de cette communication par signes par rapport à la communication par signaux. Que ce soit du point de vue de la signification, de la désignation ou du sens, la communication par signes mise en œuvre par les animaux relève toujours de la logique binaire de l'identité et de la non-identité, laquelle gouverne déjà la communication par signaux des cellules entre elles.

Le passage d'un système de signaux à une objectivité typale peuplée de signes, engage donc à la fois une discontinuité et une continuité. Une discontinuité parce que l'on passe à un niveau de complexité supérieur engageant une conceptualité nouvelle : sujet, objet, intentionnalité, sens, désignation, etc. Une continuité, parce que la couche de complexité supérieure se surajoute à la précédente et ne l'annule pas. Ce qui est du reste une caractéristique générale d'une relation d'émergence.

Cette continuité se traduit ainsi par le fait que, dans le cadre nouveau de la communication par signes, les animaux – et notamment cet animal remarquable qu'est l'humain – continuent à utiliser les signaux. De même, l'accès de l'humain au concept n'a pas annulé la construction typale de l'objectivité : il s'est seulement surajouté à elle. En sorte que notre objectivité est à la fois typale et conceptuelle. Ce qui explique que nous soyons également susceptibles de réactions types, même si les réactions humaines présentent généralement une complexité largement supérieure.

Notre définition du sens typal nous permet de préciser l'insuffisance du traitement peircien de la notion de type. Si Peirce a théorisé la distinction type – occurrence, il en a sous-estimé la fécondité. Ces deux notions interviennent chez lui lorsqu'il étudie le signe, en distinguant qualisignes, sinsignes et légisignes. Le légisigne est un signe type, par exemple le mot *arbre*, et chaque occurrence réelle de ce mot dans un texte est un sinsigne. Le type correspond ainsi pour Peirce au signe saisi comme entité abstraite, idéale, indépendamment du contexte et de l'usage réel. Alors que l'occurrence correspond à l'usage réel, en contexte. La distinction type-occurrence rejoint ainsi les distinctions de la linguistique saussurienne entre langue et parole, compétence et performance.

Lorsque Peirce aborde la question du rapport du signe à l'objet, Peirce se préoccupe alors de savoir si le signe est arbitraire (symbole[1]) ou motivé, et dans ce dernier cas, si la motivation est qualitative (icône) ou existentielle (indice). Ces trois termes d'icône, d'indice et de symbole sont enchaînés modalement – tout comme la triade précédente qualisigne, sinsigne, légisigne – selon la priméité (le possible), la secondéité (l'existant) et la tiercéité (le nécessaire : la convention, la loi). La question du

1. Au sens de Peirce. Lorsque nous parlons du *symbole* et du *symbolique*, ce n'est pas en ce sens.

caractère motivé ou arbitraire du signe est certes importante[1], mais la question première du rapport du signe à l'objet est plutôt celle de la désignation. Or, la désignation suppose la classification, laquelle opère selon deux modes principaux : l'identité et la similarité. L'étude du rapport du signe à l'objet doit partir de la distinction du signe typal et du signe conceptuel. La notion de type doit donc intervenir non seulement au niveau du signe, mais dans le rapport du signe à l'objet.

Considérons par exemple la lettre *d*. On peut effectivement distinguer comme le fait Peirce la lettre comme type et la lettre comme occurrence, imprimée dans un texte donné. Mais *d* dans un texte fonctionne comme signe désignant un objet, plus précisément un phonème. Or, cette désignation se fait selon une classe d'identité et non de similarité : c'est à chaque fois *le même* phonème que désigne la lettre *d*.

En fait, lorsque Peirce considère le signe en dehors de sa relation à l'objet, et donc de la désignation, il traite du signe comme simple signal. Effectivement, il faut alors distinguer un signal type de son occurrence. Mais la question du type doit intervenir aussi au niveau même du signe, c'est-à-dire du signal doté de désignation, et se rapportant donc à un objet. La lettre *d* est un signal type (susceptible d'occurrences multiples dans un texte). C'est aussi un signe typal, auquel correspond une classe d'identité, et non de similarité. En revanche, le mot *arbre*, qui est également un signal type, est un signe conceptuel et non typal : les objets désignés par ce mot peuvent relever de types multiples et hétérogènes (un chêne, un baobab, etc.) et seule une similarité est postulée entre eux. Pour nous résumer, Peirce traite principalement du type au niveau du signal et non du signe. La question de la désignation est certes abordée par Peirce, mais de biais, par les questions secondaires du statut naturel ou non du signe, de la motivation ou de l'arbitraire. C'est le cœur même de la théorie du signe qui se trouve ainsi contourné. Du coup, la question du sens et de sa définition ne peut être traitée frontalement par Peirce. Ce qui est problématique pour une théorie du signe.

1. Nous en traiterons lorsque nous travaillerons sur le symbole.

CHAPITRE VII

SENS ET REPRÉSENTATION

Les animaux les plus complexes possèdent une pensée, une intentionnalité, une subjectivité, une culture et un langage. Ce langage n'est pas un simple système de signaux, mais un système codé et réglé de communication par signes intentionnels possédant information, signification, désignation, et sens. Ajoutons que les animaux sont capables de représentation. Ce terme de *représentation* est pris ici en son sens classique d'*image mentale*, avec cette différence toutefois qu'une image n'est pas nécessairement visuelle. Chez l'humain, la vision est certes le sens dominant, mais c'est rarement le cas chez l'animal. Il convient donc de ne pas, là encore, faire preuve d'anthropocentrisme. Une image peut être visuelle, mais aussi olfactive, auditive, tactile, etc. Nous considérons l'image en son sens générique, en tant qu'occurrence (elle-même reproductible et donc pouvant fonctionner comme type) d'un type sensible (le modèle). Au sens spécifique d'image visuelle, le type sensible en jeu est visuel.

Contre l'identification du sens aux représentations, Wittgenstein note à juste titre le caractère trop particulier des images mentales : on ne peut se représenter une couleur que sous une nuance particulière. Sa remarque prend toute sa force si l'on voit que la représentation au sens d'image mentale est particulière en ce qu'elle vise précisément un type (pour la couleur bleu : bleu ciel, bleu marine, bleu nuit, bleu roi, etc.) et non un concept. Rousseau remarque déjà[1] dans son *Discours sur l'origine et les fondements de l'inégalité parmi les hommes* :

1. Sans être le premier à le faire.

> Essayez de vous tracer l'image d'un arbre en général, jamais vous n'en viendrez à bout, malgré vous il faudra le voir petit ou grand, rare ou touffu, clair ou foncé [1].

Si l'on ne peut dessiner le concept d'arbre, on peut en dessiner un type [2] : un chêne, un sapin, un baobab, etc., dans une image qui a également valeur de type, reproductible dans une indéfinité d'exemplaires identiques. Cela vaut aussi pour tout concept. En sorte que l'on ne dessine que des types. Ou encore : les représentations sont toujours typales. À ce titre, la représentation est une aide pour la pensée conceptuelle, mais en même temps, elle suppose un minimum de précautions, la représentation ne correspondant pas à la logique du concept : elle définit une classe d'identité et non de similarité.

L'identification classique du sens et de la représentation est à rejeter pour au moins deux raisons. Tout d'abord, le sens peut excéder toute image mentale. Par exemple, une figure à *n* dimensions, où *n* est strictement supérieur à 3, fait sens mais n'est pas représentable [3]. Ensuite, si le sens conceptuel peut être lié à une représentation, cette représentation forcément typale ne lui sera pas totalement adéquate. Ce qui ne veut pas dire pour autant que la représentation ne relève pas du sens : elle en relève, mais du sens typal et non du sens conceptuel.

À un certain degré de complexité cérébrale, il y a tout lieu de croire que les animaux possèdent des représentations. Nous avons vu que leurs capacités numériques s'expliquent si l'on considère qu'ils ont des images mentales numériques. On peut considérer aussi l'exemple du rêve. Nombre d'animaux, par exemple les chiens, rêvent. On les voit s'agiter, aboyer, gémir. En rêve, en dehors d'une sensation directe, les animaux ont affaire à des représentations sensibles typales, qui peuvent être visuelles, olfactives, auditives, etc. L'animal s'imagine ainsi, en enchaînant librement des représentations sensibles hétérogènes, poursuivre une proie, être traqué par un prédateur, etc.

Non seulement il faut reconnaître aux animaux une capacité psychique de représentation, mais il convient d'ajouter que cette capacité, que l'on a souvent identifiée fallacieusement à la conscience, relève en fait d'abord de la pensée animale, fondamentalement typale, plus que de la pensée

1. *Œuvres complètes* III, Paris, Gallimard, 1964, p. 150.

2. Lequel est plus ou moins précis, et peut rester très schématique.

3. Naturellement des approximations intuitives, notamment par projection, sont toujours possibles. Mais plus *n* grandit, plus la faculté de représentation diminue.

humaine. Ce qui ne signifie pas que la pensée typale serait absente de la pensée humaine : les représentations ou images mentales constituent la base de notre pensée. Mais la pensée humaine ne s'y réduit pas : elle est par ailleurs réflexive et conceptuelle.

Affirmer toutefois que la pensée animale est représentative, c'est-à-dire procède par images mentales, ce n'est pas affirmer que les animaux possèdent une conscience d'image, c'est-à-dire qu'ils sont capables de hiérarchiser image et modèle et qu'ils peuvent juger une image en fonction de sa ressemblance au modèle. Si un animal possédait cette capacité, il faudrait alors lui reconnaître une forme d'accès à la conceptualité. Ce qui poserait alors le problème du rôle de la conceptualité dans la constitution de son univers objectif.

Il convient donc de s'opposer à la confusion classique opérée en philosophie entre pensée conceptuelle et représentation. S'il faut bien articuler pensée représentative, intentionnalité et subjectivité, la pensée représentative, par image mentale, engage un rapport typal à l'objectivité et non conceptuel.

Précisons ici qu'il convient aussi de découpler l'entendement, au sens classique de faculté des concepts, et la rationalité, et ce, pour au moins deux raisons. Premièrement, il existe une rationalité typale que mettent en œuvre les animaux lorsqu'ils calculent ou élaborent des stratégies en vue de la survie ou de la reproduction. Cette rationalité obéit à une logique binaire de l'identité et de la non-identité n'admettant que deux valeurs : 0 et 1[1]. La rationalité n'a donc pas à être réduite à la seule rationalité conceptuelle contrairement à ce qu'a cru globalement la tradition philosophique. Ce qui signifie inversement qu'attribuer la rationalité aux animaux ne signifie nullement les rendre équivalents aux humains. Deuxièmement, la pensée conceptuelle ne conduit pas seulement à la rationalité conceptuelle. Elle est également au principe d'une pensée non rationnelle[2].

On définit usuellement le langage humain par la fonction première d'exprimer les pensées comprises comme représentations. Notre analyse

1. Ou du moins – si l'on juge indispensable de faire appel à la logique floue, comme dans le modèle théorique des réseaux de neurones (formels) – engageant des évaluations dans l'intervalle [0,1], mais avec des phénomènes de seuil produisant la valeur 0 ou 1 suivant que la somme obtenue est inférieure ou supérieure au seuil. Ce qui conduit à un comportement binaire : absence de réaction/réaction, mais avec une possibilité de modulation quantitative, selon la proximité au seuil.

2. C'est ce que nous verrons en étudiant la pensée symbolique.

nous conduit à formuler ici trois objections principales. Premièrement, le langage est d'abord un système de communication, et donc sa finalité première est la signification, pour laquelle la pensée, l'intention, la désignation et le sens ne sont que des instruments, même s'ils correspondent à un avantage sélectif certain. Deuxièmement, toute pensée n'est pas représentative. Troisièmement, les animaux sont capables de représentation.

Notre analyse nous conduit également à critiquer la théorie saussurienne du signe linguistique. Lorsqu'il expose la nature du signe linguistique, au chapitre premier de la première partie du *Cours de linguistique générale*, Ferdinand de Saussure affirme que :

> Le signe linguistique unit non une chose [évoquée par le dessin d'un arbre] et un nom (*arbor*) mais un concept (« arbre ») et une image acoustique (*arbor*)[1].

Ces deux derniers termes sont renommés juste après :

> Nous proposons de conserver le mot *signe* pour désigner le total, et de remplacer *concept* et *image acoustique* respectivement par *signifié* et *signifiant*[2].

Cette analyse est-elle satisfaisante ? Notons tout d'abord, à la suite de Benveniste[3], que Saussure semble supposer que la pluralité des langues ne remet pas en cause l'identité conceptuelle. Ainsi, le signifiant français *arbre* et le signifiant latin *arbor* semblent être liés pour Saussure au même concept formulé en français : « arbre ». Peu après, il affirme du reste que le signifié « bœuf » a pour signifiant *b–ö–f* d'un côté de la frontière, et *o–k–s* (*Ochs*) de l'autre[4]. On peut légitimement en douter. Car à chaque langue correspond un système particulier de classification objective. Naturellement, les langues sont plus ou moins voisines, et en cas de très grande proximité, l'hypothèse de Saussure est relativement tenable[5]. Mais elle rencontre très vite ses limites. Toutefois le problème essentiel de la théorie du signe de Saussure réside dans sa thèse principale : la dualité du signe. Pour cela, maintenons notre analyse dans l'unité d'une langue particulière.

1. *Cours de linguistique générale*, *op. cit.*, p. 98.
2. *Ibid.*, p. 99.
3. Voir *Problèmes de linguistique générale*, Paris, Gallimard, 1966, I, p. 49-55.
4. *Ibid.*, p. 100.
5. Elle se heurte également au principe d'indétermination de la traduction de Quine. Une traduction suppose un ensemble de règles adoptées par le linguiste, qu'il peut toujours modifier. Il n'y a pas de sens en soi par-delà la multiplicité des langues.

Lorsque Saussure affirme que « le signe unit non une chose et un nom mais un concept et une image acoustique », sa proposition paraît légitime pour au moins trois raisons. Tout d'abord, elle rejette la compréhension du langage comme nomenclature, cette « réserve d'étiquettes destinées à être attachées à des objets préexistants » comme la désigne ironiquement Hjelmslev [1]. Ensuite, elle dégage la composition duelle du signe. Enfin, elle admet des images autres que visuelles. Pourtant, on peut lui adresser au moins deux critiques.

Premièrement, la formulation adoptée par Saussure tend à opposer ce qui n'a pas à être opposé, c'est-à-dire la fonction de désignation (tout signe désigne un objet), et la composition duelle du signe. En effet, le signe en tant que signal, c'est-à-dire le signifiant, ne peut désigner un objet (et donc fonctionner comme signe) que par l'intermédiaire d'un sens qui guide l'opération de classification. La dualité signifiant-signifié est donc l'instrument même de la désignation.

Le rejet de la théorie du langage comme nomenclature conduit Saussure à traiter du signe indépendamment de la désignation, en le considérant en dehors de l'effectivité d'une parole. Ceci est discutable : certes, dans un dictionnaire, les mots analysés n'ont pas de désigné, mais ils n'ont généralement pas non plus de signifié déterminé [2]. Par exemple, quel est le signifié du mot *sens* ? On ne peut répondre dans l'absolu à cette question. Ce même mot peut signifier notamment la direction, la faculté d'éprouver des sensations, la faculté d'avoir des intuitions ou le signifié d'un signe. Tout dépend de ce que ce mot désigne. Le dictionnaire recense une simple liste, parfois non exhaustive, des signifiés hétérogènes qui *peuvent* être attribués à un mot en fonction de son emploi effectif, c'est-à-dire lorsqu'il est en situation de désigner un objet. Pour chaque sorte de signifié, le dictionnaire fournit un exemple de phrase où le mot possède un désigné. L'attribution d'un signifié déterminé à un mot suppose ainsi qu'il remplisse une fonction de désignation, c'est-à-dire qu'il fonctionne effectivement comme signe [3].

1. *Prolégomènes à une théorie du langage*, *op. cit.*, p. 77.

2. Sauf le cas très particulier de mots sans ambiguïté sémantique, comme *téléphérique*, *oculiste*, *microscope*, etc. Il s'agit généralement de mots scientifiques forgés de toutes pièces, pour un emploi particulier. La classe de désignation est donc *déjà* déterminée.

3. Nous avons vu par ailleurs que l'opération de désignation supposait un signifié permettant de construire la classe de désignation. N'y-a-t-il pas cercle ? Non : la désignation suppose un signifié. Mais ce signifié n'est généralement pas ou peu conscient. Pour le faire passer à la conscience, par l'opération de définition, il faut considérer une classe déterminée de désignation. Si la désignation suppose le signifié, la définition du signifié suppose, elle, la désignation. Ajoutons que l'opération consciente de définition permet de clarifier et préciser les classifications inévitablement vagues et imprécises opérées par un usage non conscient

Pour dire les choses autrement, on ne définit pas un mot, on ne définit que le signifié d'un mot en tant qu'il correspond à une classe déterminée de désignation [1], qui est soit une classe d'identité, soit une classe de similarité. Dans le premier cas, on définit un type, dans le second, un concept.

Cette dernière remarque nous conduit à notre deuxième critique : il n'y a pas lieu d'assimiler le signifié à un concept, même pour un signe linguistique. Quand un historien des techniques évoque la Ford T, ce terme est un signe linguistique typal et non conceptuel, qui désigne un objet typal reproductible dans un nombre indéfini d'exemplaires identiques [2].

Saussure prétend pouvoir traiter du signe à l'aide seulement de deux termes : le signifiant et le signifié. Ce n'est pas illégitime, car toute théorisation repose sur une idéalisation, mais s'il entend en rester là, son approche théorique est éminemment réductrice. Car le signifiant est d'abord un signal type sonore doté de signification. Il ne devient signe qu'en désignant un objet. Or, ce n'est possible que si un signifié (typal ou conceptuel) lui est adjoint. Lequel engage, pour améliorer sa saisie, une représentation de l'objet. Il faut donc distinguer non pas deux mais au moins cinq termes :

1) Le signifiant en tant que signal type sonore.
2) La signification, ou efficace pragmatique, qui est la finalité première du signifiant dans le processus de communication.
3) Le désigné (que Saussure appelle « la chose »), objet de la visée intentionnelle subjective, qui ne doit surtout pas être posé absolument, ontologiquement, puisqu'il est construit par cette visée dans le système particulier de la langue.
4) Le signifié, qui permet la désignation.
5) La représentation ou image visuelle du désigné. Dans l'exemple de Saussure, ce dernier terme correspond au dessin de l'arbre – plus précisément d'un type d'arbre, par exemple un chêne – que Saussure ne distingue pas clairement de « la chose », c'est-à-dire l'arbre désigné.

Dans l'hypothèse où le signifié est typal et non conceptuel, la représentation lui est équivalente. Mais ne peut-on ici objecter que si

d'un concept. Sur l'importance du travail définitionnel, Voir ci-dessous, Recherche 3, chap. VI.

1. C'est la pluralité de ces classes pour chaque signe, qui remet en cause la compréhension de la langue comme nomenclature.

2. Que cette production en série soit terminée n'est pas une objection. Elle pourrait reprendre si un marché d'automobilistes nostalgiques apparaissait. Les numéros historiques de certains journaux peuvent ainsi être réimprimés.

la représentation est une image du désigné, elle le suppose, tout comme l'image suppose le modèle. Ce qui semble à nouveau contredire notre affirmation selon laquelle le signifié est condition de la désignation.

Mais être condition de la désignation, ce n'est pas être condition de la manifestation. La perception nous donne un flux plus ou moins riche de sensations types, dont chacune est susceptible d'une analyse plus fine en termes de nuances typales. C'est parce que nous organisons ce flux dans un faisceau typal prenant la forme d'une image mentale que nous pouvons y reconnaître des objets. Or, cette image mentale présente une double pauvreté. D'une part, en amont, elle repose sur une sélection de propriétés sensibles, celles du faisceau typal autorisant la reconnaissance. D'autre part, en aval, elle ouvre sur la série indéfinie des propriétés sensibles de l'objet, actuelles mais non directement perceptibles, que sa reconnaissance identitaire conduit à poser (par exemple la face cachée d'un cube), et sur la série indéfinie de ses propriétés potentielles ou dispositionnelles. Cette double pauvreté signifie ainsi non la secondéité, mais la primauté cognitive de l'image par rapport à *l'objet* (mais non par rapport *au flux*) dans sa richesse sensible indéfinie. Accéder à la connaissance de la richesse du contenu perceptif de l'objet demande, comme nous l'avons vu [1], un surcroît d'analyse qui fait suite à sa reconnaissance identitaire.

Précisons toutefois que pour être plus complet, il faudrait prendre également en compte les notions d'information, de quantité d'information et d'ordre du message (son contenu d'information). De plus, nous ne considérons ici le langage que dans son sens large. Dans le cadre spécifique du langage humain, du fait de la complexité en jeu, il faudrait prendre en compte également le travail interprétatif. Enfin, dans le cadre des langues dotées d'écritures, il faudrait considérer un sixième terme : *l'image visuelle du signifiant sonore*, c'est-à-dire le signe écrit, qui est à la fois un type visuel et un signe typal, puisque l'objet qu'il désigne, le signifiant, est lui-même un type.

Or, parmi ces six termes – signifiant, signification, désigné, signifié, représentation, image visuelle du signifiant sonore – trois sont strictement des types : l'image de l'objet ou représentation ; l'image acoustique ou signifiant ; l'image visuelle de l'image acoustique, c'est-à-dire le signe typal écrit du signifiant. Et trois peuvent être typaux ou conceptuels : le

1. Voir ci-dessus, Recherche 2, chap. v, p. 100-102.

désigné [1] ; le signifié ; la signification. Ce qui implique un primat radical de la notion de type.

En clair, on peut faire une théorie du signe entièrement typale : où n'interviennent que des images types et où l'objet, le sens et la signification restent typaux. C'est précisément ce que nous avons fait en traitant des langages animaux [2]. Mais il est possible également de penser une complexification de ce cadre typal, dans laquelle vont apparaître des désignés, des sens et des significations conceptuels. Ce qui correspond au langage humain. Cette apparition a bien le sens d'une émergence, car ces termes nouveaux, plus complexes, discontinus par rapport à leur origine typale, ne remettent pas pour autant en cause cette origine. Les désignés, les sens et les significations typaux continuent à intervenir dans le langage humain. Bien plus, l'accès au concept a toujours besoin de ces types que sont les images acoustiques, les images visuelles de ces images acoustiques, et même les images visuelles des objets que sont les représentations.

Ainsi, pour essayer de saisir un sens conceptuel, nous nous raccrochons souvent à une représentation, laquelle ne nous fournit en fait qu'un sens typal, qui n'a valeur que de simple approximation du sens conceptuel [3]. En cela, nous agissons comme le géomètre qui s'efforce d'intuitionner une figure à quatre dimensions en la projetant dans un espace à trois ou même deux dimensions [4].

1. Ce point est montré au chapitre suivant.

2. À l'exception évidemment du sixième terme : ce redoublement du signe qu'est le signe écrit n'existe pas dans les langages animaux. Il est lié à la réflexivité. Il n'est pas inintéressant de voir cependant qu'il reste dans une logique typale.

3. C'est notamment le cas de Saussure, qui utilise le dessin d'un chêne pour représenter l'objet désigné par le concept *arbre*.

4. Le grand scientifique se caractérise souvent par le fait qu'il arrive encore à associer à ses concepts une forme de représentation là où les autres ne voient qu'un formalisme mathématique purement abstrait dont ils peuvent, au mieux, éprouver la cohérence. La pensée conceptuelle même la plus abstraite ne peut se passer complètement de la pensée typale.

CHAPITRE VIII

SENS ET DÉSIGNATION

Nous avons défini le sens (en général) comme la saisie abstraite des propriétés communes permettant de rassembler les objets, corrélats de la visée intentionnelle subjective, dans une classe de désignation selon l'identité ou la similarité. Dans le premier cas, nous avons affaire à un sens typal, dans le second, à un sens conceptuel. Cette définition rend manifeste le lien entre sens et désignation : si l'intentionnalité subjective est condition de possibilité de l'objectivation, le sens est condition de possibilité de la désignation[1].

Nous pouvons ici reprendre la formule de Husserl : « toutes les unités réelles sont des unités de sens »[2], à condition toutefois de rectifier la suite, et d'écrire que les unités de sens présupposent non une « conscience donatrice de sens » mais une « subjectivité donatrice de sens », laquelle peut être animale et non consciente.

Un tel résultat permet de reconsidérer la distinction entre sens (*Sinn*) et désignation (*Bedeutung*)[3], opérée par Gottlob Frege en 1892[4]. Ce dernier remarque que l'on peut donner deux descriptions différentes d'un même objet. Par exemple, Aristote peut être décrit tout aussi bien comme « le disciple le plus célèbre de Platon » ou « le maître d'Alexandre le Grand ».

1. Dans la mesure où le sens intervient *pour* la désignation, il n'est indépendant ni du mode de désignation, ni du contexte. Nous considérerons ultérieurement ces questions. Voir ci-dessous, Recherche 3, chap. V.

2. *Idées directrices pour une phénoménologie*, *op. cit.*, § 55, p. 183.

3. Comme je réserve le terme de *signification* à la signification pragmatique du message, dont Frege ne traite pas, je ne peux reprendre la traduction usuelle en français de *Bedeutung* par *signification*. Les termes de *dénotation* et de *référence* pourraient convenir, mais *désignation* présente l'avantage d'articuler clairement cette fonction au *signe*.

4. Voir Frege, *Écrits logiques*, *op. cit.*, « Sens et désignation », p. 102-126.

Ces deux descriptions ont un sens différent. Mais elles désignent le même objet : Aristote. En sorte que l'on peut les identifier malgré leur différence sémantique : « le disciple le plus célèbre de Platon est le maître d'Alexandre le Grand ». Il faut donc bien distinguer le sens (la description) et la désignation (l'objet visé par la description).

Cette distinction semble frappée du sceau du bon sens. Elle présente toutefois une difficulté : Frege fait comme si la position de l'objet dans son identité à lui-même était indépendante de ses descriptions. Or, nous avons vu précisément qu'il n'y a pas de désignation objective possible indépendamment du sens, puisque le sens est condition de possibilité de toute désignation.

La question est de plus embrouillée par l'utilisation de noms propres. Pour se convaincre de la difficulté, il suffit de remarquer que le traitement si subtil par Saul Kripke des noms propres à partir de la logique modale, où le nom propre est interprété en termes de « désignateur rigide », ne permet paradoxalement pas de prendre en compte la spécificité du nom propre dans le langage ordinaire.

En effet, lorsque je désigne *cette* table dans son identité individuelle, je me réfère de façon « rigide » à un objet individuel dont je peux me représenter l'existence dans d'autres mondes possibles, c'est-à-dire dans d'autres états du monde, possibles et non actuels, ou encore, dans des conditions contrefactuelles, selon une méthode qui n'est pas sans évoquer la variation eidétique de Husserl. Mais je ne vais pas pour autant lui donner un nom propre. Seuls certains « désignateurs rigides » au sens de Kripke sont susceptibles de recevoir un nom propre. Précisons que la distinction ici n'est pas entre objet inerte et objet vivant : car tous les êtres vivants n'ont pas de nom propre, alors que certains objets inertes en possèdent un, comme le drapeau du Royaume-Uni. Elle n'est pas non plus entre objets naturels et objets artificiels. Une montagne ou un fleuve ont généralement un nom propre, tout comme un château ou un roman.

Les théoriciens comme Frege, Russell ou Kripke prennent en fait le terme de *nom propre* en un sens simplement logique. Un *nom propre logique* est un signe typal désignant un objet individuel, compris comme type particulier[1]. Il n'est pas équivalent à un nom propre linguistique. Or, ces auteurs prennent systématiquement comme exemple de noms propres

1. Russell peut ainsi poser l'égalité suivante : « Noms propres = mots représentant des particuliers. Df. », dans *The Philosophy of Logical Atomism* [1918-1919], *Logic and Knowledge*, Londres-New York, Routledge, 1956, p. 200.

logiques des noms propres linguistiques, faisant donc comme si ces deux notions étaient équivalentes. Ce qui obscurcit leur analyse.

Revenons sur la distinction frégéenne entre sens et désignation, en mettant provisoirement entre parenthèses la délicate question du nom propre[1]. Cette décision nous oblige à modifier les exemples de Frege, qui font malheureusement tous usage de noms propres linguistiques. Nous allons les remplacer par des descriptions conceptuelles désignant un objet individuel, en mettant entre parenthèses la question de savoir si ces individus se voient reconnaître ou non, en plus de leur identité réelle, typale, une identité personnelle[2].

Soit *cette* statue blanche sur mon bureau représentant une tête de femme. Supposons que, dans la pièce où je me trouve, il n'y ait qu'une seule statue et qu'un seul bureau. Je peux alors désigner cet objet individuel de plusieurs façons. Par exemple : « la statue blanche qui orne la pièce », ou « la tête de femme sur le bureau ». Comme ils désignent le même objet individuel, je peux préciser à un interlocuteur devenu soudain passablement inquiet : « la tête de femme sur le bureau est la statue blanche qui orne la pièce ».

Que se passe-t-il d'un point de vue sémantique ? « La statue blanche qui orne la pièce » et « la tête de femme sur le bureau » sont des composés conceptuels[3]. Or, un concept désigne un objet universel abstrait, selon un principe de similarité : tous les individus relevant de ce concept ont un point commun, dont la saisie abstraite correspond précisément au concept.

Inutile ici de menacer notre tête du rasoir d'Occam en nous accusant d'enrichir abusivement notre ontologie avec de tels objets universels abstraits. Notre menton est d'autant mieux rasé que notre ontologie est vide. Nous avons vu en effet[4] que toute désignation objective est relative, y compris les désignations objectives individuelles. Reconnaître un objet individuel, c'est reconnaître un type et toute construction typale de l'objectivité est relative, au même titre que toute construction conceptuelle[5].

1. Nous la travaillerons dans notre étude ultérieure sur le symbolique.

2. Qui correspond à une identité idéelle.

3. Ou plutôt à dominance conceptuelle, dans la mesure où les verbes, les substantifs, voire même le prédicat « blanche » (si l'on songe à plusieurs types de blanc) sont pris dans un sens conceptuel, mais les articles, les pronoms, les prépositions ont un sens typal.

4. Voir ci-dessus, Recherche 2, chap. III.

5. Il faut dès lors distinguer la réalité identitaire d'un objet individuel, qui est toujours relative et typale – même si elle peut se voir conférer une identité idéelle, dont l'absoluité dépend *toujours* de sa relativité initiale – et l'*être*, terme dont on pourrait faire l'économie, à

Plutôt que de s'attaquer aux barbes de leurs adversaires, les barbiers nominalistes feraient mieux de surveiller celle qui pousse sur leur propre menton.

Le fait qu'un concept désigne un objet universel abstrait permet de penser une réalité des objets mathématiques. Cette dernière n'est évidemment pas identifiable à la réalité ordinaire, comme l'avait bien vu Platon. Son erreur a été toutefois de conférer à ces objets une absoluité ontologique qu'ils ne possèdent pas. Ainsi, suivant la géométrie à laquelle on se réfère, un angle droit aura plus, moins, ou exactement 90 degrés.

Or, si un concept désigne un objet universel abstrait, il est possible, en jouant sur les intersections conceptuelles, d'obtenir dans un contexte déterminé une désignation à la fois conceptuelle *et* individuelle. Cela revient à obtenir une classe contenant un seul élément par intersection de plusieurs classes. Une telle description arrive à l'objet individuel non pas directement, par l'identité, mais progressivement, par la similarité.

C'est le cas d'une description comme « la statue blanche qui orne la pièce » ou « la tête de femme sur le bureau », ce que Russell appelle une *description définie*. Une telle désignation conceptuelle individuelle reste toutefois partielle : elle ne prend pas en compte toutes les propriétés caractéristiques de l'individu qui permettent de reconnaître l'identité de ses occurrences possibles.

C'est ici qu'intervient la théorie kripkéenne des désignateurs rigides. Un type est un désignateur rigide : il désigne une identité objective susceptible d'une indéfinité d'occurrences possibles, par exemple le drapeau français. Or, l'on peut très bien penser un monde possible dans lequel un type n'aurait pas eu telle occurrence historique : la robe de la soprano Jessye Norman, qui a chanté, place de la Concorde à Paris, *La Marseillaise*, lors du bicentenaire de la Révolution française le 14 juillet 1989, aurait pu ne pas être aux couleurs du drapeau français ; le type *drapeau français* n'en aurait été nullement changé.

Un type est-il réductible à un faisceau de descriptions ? Si l'on entend par là que le sens du désignateur rigide est constitué par la série des descriptions conceptuelles vraies que l'on peut donner de lui, la réponse est non, comme l'a vu Kripke. Ainsi, je peux décrire le drapeau français comme *le drapeau aux couleurs duquel était la robe de la soprano qui a chanté, place de la Concorde à Paris,* La Marseillaise, *lors du bicentenaire*

moins d'en réduire le sens à celui de réalité objective, ou d'y voir une réinterprétation de la réalité objective selon l'identité idéelle.

de la Révolution française le 14 juillet 1989. Même si elle est historiquement correcte, cette description définie ne relève nullement du type.

Mais cela signifie-t-il pour autant qu'un type échappe à toute description? Lorsque nous reconnaissons un objet individuel dans son identité typale, nous n'utilisons qu'un nombre réduit de propriétés, que nous avons appelées les *propriétés identitaires* de l'objet. On les porte à la conscience en mettant en œuvre des variations imaginaires sur l'objet individuel et en tentant de dégager quelles propriétés doivent être conservées pour que son identité soit toujours affirmée. Il suffit de dresser la liste de ces propriétés identitaires pour accéder au sens typal. Nous pouvons ainsi décrire le drapeau français comme une suite intentionnelle juxtaposant horizontalement selon une forme rectangulaire trois bandes verticales de même taille, colorées uniformément en bleu, blanc et rouge. Il semble donc bien réductible à un faisceau de descriptions.

Certes, mais il faut aussitôt préciser que les propriétés constitutives de l'identité d'un type sont, pour la plupart, typales. Ainsi, le rectangle du drapeau français a des proportions déterminées, de même que les bandes colorées. Quant aux couleurs, elles sont également d'un type très précisément déterminé. On peut certes saisir un type par un faisceau de descriptions, mais ces descriptions ne pourront pas être uniquement conceptuelles. Il faut utiliser une ou plusieurs déterminations typales, sans quoi la description reste conceptuelle, et donc capable seulement de désigner l'objet individuel, mais non son identité individuelle en elle-même, autorisant sa reconnaissance identitaire dans une indéfinité d'occurrences distinctes.

À la question de savoir si un désignateur rigide, ou un type, est réductible à un faisceau de descriptions, la réponse est donc finalement oui. À condition toutefois que ces descriptions ne soient pas uniquement conceptuelles, et que la visée descriptive soit typale et non conceptuelle, c'est-à-dire guidée non par la recherche d'une simple similarité mais d'une identité. On peut donc décrire un type, mais à condition de mettre en jeu une description typale et non conceptuelle. Il faut donc admettre, contre Kripke, qu'un désignateur rigide possède un sens: typal toutefois et non conceptuel[1].

Reconnaître la validité profonde de la distinction frégéenne entre sens et désignation ne la met donc pas à l'abri de toute critique. Frege se contente en effet de travailler avec un objet posé dans son identité (la désignation),

1. Dans la mesure où Kripke ne conçoit de sens que conceptuel, sa thèse selon laquelle un désignateur rigide n'a pas de sens n'est donc pas illégitime. Elle est seulement incomplète.

auquel se rapportent des descriptions seulement conceptuelles (le sens). Sa théorisation est donc trop rapide. Elle est de plus sémantiquement réductrice, car le sens peut être conceptuel ou typal, et l'identité objective relève du sens typal.

Prendre en compte l'intentionnalité conduit à penser l'objet dans son identité individuelle comme une construction de la visée intentionnelle, guidée par un sens typal, lequel est susceptible d'un nombre indéfini de descriptions conceptuelles adéquates et partielles, qui pourront donc être identifiées, par exemple lorsque l'on affirme que « la tête de femme sur le bureau est la statue qui orne la pièce ». Le sens étant condition de possibilité de la désignation, il ne faut donc surtout pas absolutiser le désigné, qui reste en fait relatif dans son objectivité même.

Comme celle de Saussure, l'analyse de Frege doit dès lors être complexifiée. Il n'y a pas deux termes en jeu (le sens conceptuel et la désignation) comme le pense Frege en 1892. Il n'y en a pas non plus trois (le sens conceptuel, la désignation à savoir l'objet intentionnel de la visée conceptuelle, et l'objet dans sa permanence identique), comme le pense Husserl en 1908[1]. L'objet dans son identité typale est le corrélat d'une visée intentionnelle typale. Il possède déjà un sens typal qui détermine sa saisie identitaire objective (par exemple, je vois un chêne ou un peuplier). La visée intentionnelle conceptuelle se surajoute à la visée intentionnelle typale pour déterminer conceptuellement cet objet typal selon la logique de la similarité (j'inscris le peuplier et le chêne, qui sont des types, sous le concept d'arbre). Chaque détermination conceptuelle vise un désigné conceptuel, qui peut par recoupement être individualisé, ce qui correspond à une description définie (je désigne « l'arbre qui se trouve au milieu du pré »). Comme l'objet dans son identité est le corrélat d'une visée typale, il importe de distinguer non pas deux, ni même trois, mais quatre termes :

1) Le sens conceptuel.
2) La désignation conceptuelle.

1. Voir Husserl, *Leçons sur la théorie de la signification*, Paris, Vrin, 1995, notamment p. 60 et p. 228. En revanche, dans ses *Recherches logiques*, Husserl se refusait encore à distinguer *Sinn* et *Bedeutung* (voir *Recherche* I, § 15). Cette triade husserlienne de 1908 repose sur une reprise – motivée par le problème des représentations auxquelles ne correspond aucun objet existant – de la triade « acte, contenu et objet de la représentation » de Twardowski, que Husserl avait initialement rejetée de façon catégorique. Elle conduit à l'introduction de la distinction noèse-noème dans *Idées* I en 1913, corrélative de la notion de réduction, qui correspond au « tournant transcendantal » de la phénoménologie husserlienne. En rejetant ce tournant, Heidegger retrouve ainsi le rejet initial de Twardowski par Husserl.

3) Le sens typal.
4) La désignation typale.

Parallèlement, il convient de ne reconnaître aucune absoluité identitaire ontologique au désigné.

Penser quatre termes[1] plutôt que trois ou deux, n'est-ce pas une complexification excessive ? Si la simplicité est un des critères permettant de choisir une théorie plutôt qu'une autre, cette remarque peut valoir comme une objection. Mais il y a plusieurs formes de simplicité. Une théorie peut ainsi avoir une simplicité non structurelle, sémantique ou référentielle, mais opératoire, pragmatique, en permettant de résoudre plus facilement des problèmes épineux dans une autre théorie. Or, comme toujours dans la communication – et la démarche théorique relève de la communication – c'est le point de vue pragmatique qui prime.

Prenons un exemple. Russell se demande dans son article *On Denoting*[2] pourquoi la phrase « George IV se demandait si Scott était l'auteur de *Waverley* » n'est pas équivalente à « George IV se demandait si Scott était Scott »[3]. Notre théorie de la désignation nous permet de donner une réponse plus simple que celle de Russell[4].

La désignation (*denotation* chez Russell) des expressions « Scott » et « L'auteur de Waverley », *qui sont chacune dotées de sens*[5], n'est pas

1. En fait, passer de deux à quatre termes reste insuffisant pour opérer une analyse complète des exemples de Frege, car ils font intervenir des noms propres linguistiques. Il y a un niveau supplémentaire de complexité à prendre en compte, engageant une théorie de l'identité idéelle, dont un mode d'opérativité est l'identification métonymique (voir ci-dessous, p. 153-154). Mais ce niveau de complexité ne pourra être atteint que dans le cadre d'une analyse du symbolique.

2. *Mind*, 1905.

3. Dans la mesure où cet exemple engage des noms propres linguistiques, un traitement plus complet supposerait de faire intervenir des identités idéelles objets de la pensée symbolique. Mais nous avons mis entre parenthèses, provisoirement, cette question.

4. En fait, Russell énonce dans son article trois problèmes que doit pouvoir résoudre toute théorie de la dénotation : 1) la non-substituabilité de « George IV voulait savoir si Scott était l'auteur de Waverley » à « George IV voulait savoir si Scott était Scott » ; 2) la détermination d'un non-existant, par exemple « l'actuel roi de France est chauve » ; 3) l'affirmation de la non-existence d'un terme, par exemple : « Sherlock Holmes n'existe pas » (Russell propose un exemple moins simple). Nous donnons ici une solution au premier problème. Une solution au deuxième problème est donnée en Recherche 3, chap. X. Une solution au troisième problème est donnée en Recherche 2, chap. X.

5. Ainsi « Scott » est la réponse dotée de sens à la question « Qui est l'auteur de Waverley ? » et « L'auteur de Waverley » est la réponse dotée de sens à la question : « Qui est Scott ? ».

identique. « Scott » désigne l'objet typal de la visée de George IV, et « L'auteur de Waverley » désigne son objet conceptuel individualisé. Il ne s'agit donc pas non plus d'affirmer, comme le ferait Frege à propos de « Scott est l'auteur de Waverley », qu'il y a identité de désignation mais différence de sens. Il y a différence de sens *et* de désignation, mais on pense l'adéquation d'un objet conceptuel à un objet typal.

Transposer « George IV se demandait si Scott était l'auteur de *Waverley* » en « George IV se demandait si Scott était Scott », c'est prétendre transposer « George IV se demandait si l'objet conceptuel déterminé de sa visée correspond à l'objet typal déterminé de sa visée » en « George IV se demandait si l'objet typal déterminé de sa visée est l'objet typal déterminé de sa visée ». La substitution est illégitime, précisément du fait de la distinction entre objet typal et objet conceptuel.

Remarquons que la forme complexe que prend l'exemple de Russell, en faisant intervenir le point de vue de George IV, est inutile pour la compréhension du problème[1]. On peut tout aussi bien dire que « Scott est Scott », qui est une tautologie, n'est pas équivalent à « Scott est l'auteur de Waverley », qui n'est pas une tautologie, du fait de la différence entre objet typal et objet conceptuel. Affirmer que « Scott est l'auteur de Waverley », ce n'est pas identifier un objet typal et un objet conceptuel, c'est identifier l'objet typal déterminé « Scott » avec l'objet typal indéterminé auquel correspond l'objet conceptuel déterminé « l'auteur de Waverley ».

De plus, prétendre, comme le fait Russell, que « George IV se demandait si Scott était l'auteur de *Waverley* » est équivalent à « George IV se demandait si un être humain et un seul a écrit Waverley et si Scott était cet être humain », ne convient pas. Car « Pierre se demande si Nicolas Bourbaki est l'auteur des *Éléments de mathématique* » (ce qui est vrai), n'est pas équivalent à « Pierre se demande si un être humain et un seul a écrit les *Éléments de mathématique* et si Nicolas Bourbaki était cet être humain » (ce qui est faux), pas plus que cela n'est équivalent à « un être humain et un seul a écrit les *Éléments de mathématiques* et Pierre voulait

1. Contrairement à ce que pense notamment D. Dennett, pour qui c'est le fait « que la phrase contienne un idiome intentionnel (comme "croit que", "sait que", etc.) qui rend impossible la substitution » (*La stratégie de l'interprète*, Paris, Gallimard, 1990, p. 313). Notons également que lorsqu'il importe de prendre en compte le point de vue, cela ne passe pas toujours par l'occurrence d'un idiome intentionnel explicite comme « croit que » ou « sait que ». Par exemple, la phrase « Œdipe voulait épouser sa mère » est fausse si le point de vue est celui d'Œdipe, qui ne savait justement pas que Jocaste est sa mère, mais vraie si le point de vue est celui des dieux (ou des lecteurs), qui savent que Jocaste est sa mère. La question se complique encore si l'on introduit la distinction entre la mère biologique et la mère adoptive d'Œdipe.

savoir si Nicolas Bourbaki était cet être humain » (ce qui est également faux). En effet, l'écriture de cette œuvre dont le nom d'auteur est « Nicolas Bourbaki » fut le fait de plusieurs mathématiciens et Nicolas Bourbaki, difficulté supplémentaire pour Russell, est un non-existant[1]...

Pour finir, considérons l'exemple suivant : « Louis-Philippe Ier se demandait si Henri Beyle était Stendhal ». Cette phrase n'est pas équivalente à « Louis-Philippe Ier se demandait si Henri Beyle était Henri Beyle », et la théorie développée dans *On Denoting* aurait des difficultés à expliquer cette non-substituabilité. Notre théorie le peut aisément. « Henri Beyle » désigne un objet typal déterminé auquel correspond notamment l'objet conceptuel déterminé désigné par « le fils de Chérubin Beyle et d'Henriette Gagnon »[2] et « Stendhal » désigne l'objet typal déterminé auquel correspond notamment l'objet conceptuel déterminé désigné par : « L'auteur de *La Chartreuse de Parme* ». Ramener ces deux objets typaux en un objet typal unique est un processus analogue à celui de ramener Phosphorus (l'objet typal correspondant à l'objet conceptuel « l'étoile du matin ») et Hespérus (l'objet typal correspondant à l'objet conceptuel « l'étoile du soir ») à un objet typal céleste unique. Cela revient à constituer un type plus général dont les types précédents deviennent des sous-types[3].

À partir de ce dernier exemple, on peut imaginer que Georges IV connaisse un Scott, qui est son ami, et apprenne que l'auteur de *Waverley* s'appelle également Scott. Auquel cas, la phrase : « George IV se demandait si Scott était Scott » n'est plus une tautologie. Les deux Scott fonctionnent comme des objets typaux déterminés distincts auxquels correspondent deux objets conceptuels déterminés distincts, tout comme Phosphorus et Hespérus.

Dans le cas d'une description typale définie, c'est l'objet typal qui est directement visé. Se demander si le baobab (comme type) est l'arbre qui

1. Sur la question des objets non existants et les difficultés qu'elle pose à Russell, voir Recherche 2, chap. IX et chap. X.

2. Précisons ici que « le fils de Chérubin Beyle et d'Henriette Gagnon » peut fonctionner comme une description typale, si l'on considère que son identité personnelle réside dans sa filiation. Ce qui, en un sens, est vrai. Mais ce qu'aurait contesté Henri Beyle lui-même, qui haïssait son père, et a choisi comme nom de plume le nom d'une ville allemande (Stendal) où est né l'historien d'art Winckelmann... aux thèses sur la beauté duquel il s'est du reste vivement opposé... Comme description conceptuelle définie de Henri Beyle, on peut préférer « l'homme né en 1783 rue des Vieux-Jésuites à Grenoble et enterré au cimetière de Montmartre à Paris en 1842 ».

3. De même que l'occurrence d'un type peut être transformée en type, un type peut, si l'on découvre une identité jusque-là méconnue, être transformé en sous-type d'un type plus général.

possède un tronc de tel type, des feuilles de tel type, etc., c'est interroger là encore la possibilité d'identifier deux objets typaux.

Une description conceptuelle définie désigne conceptuellement un objet individuel construit par une visée intentionnelle typale. Le désigné conceptuel est alors associé à un désigné typal. Affirmer que « la tête de femme sur le bureau est la statue qui orne la pièce », ce n'est pas identifier les deux désignés conceptuels individualisant, qui restent sémantiquement distincts, mais inscrire les deux désignés conceptuels individualisant dans l'identité d'un désigné typal unique[1].

Ce dernier peut du reste ne pas toujours correspondre aux descriptions conceptuelles individualisantes. Ainsi, la statue blanche peut changer de place, et je peux décider un jour de la peindre, comme c'était le cas du reste des statues dans l'Antiquité. La place de la statue et sa couleur ne font dans ce cas pas partie de ses déterminations typales[2]. En revanche, modifier la disposition des couleurs du drapeau français, en les alignant verticalement en bandes horizontales et non plus horizontalement en bandes verticales, revient à en modifier radicalement le type. Il ne s'agit plus alors du drapeau français, mais du drapeau hollandais[3].

La matérialité de l'objet relève-t-elle de sa détermination typale? Kripke semble le penser puisqu'il prétend qu'il n'y a pas de monde possible dans lequel cette table existe en ayant une origine matérielle différente. Elle est nécessairement issue du bloc de bois dont elle provient dans le monde actuel. Toutefois, il pourrait en aller de cette table comme du bateau de Thésée évoqué par Plutarque[4]. On pourrait au cours du temps en avoir

1. Lequel unifie les deux désignés typaux auxquels mon interlocuteur associait initialement les deux descriptions conceptuelles, lorsqu'il croyait qu'elles engageaient deux objets individuels différents.

2. On peut toutefois imaginer un cas dans lequel elles le deviennent. Si la statue a été créée pour occuper une place particulière, par exemple, au centre du temple, derrière l'autel. Ou si sa couleur est considérée comme constitutive de son identité.

3. Ou plutôt d'une forme type du drapeau hollandais. Le drapeau hollandais présente la particularité d'être un type général susceptible de deux formes types particulières, selon que le rouge est remplacé ou non par l'orange. Comme cette dernière couleur désigne symboliquement la maison d'Orange, son absence ou sa présence revêt une dimension symbolique forte. Choisir l'un ou l'autre drapeau engage ainsi deux conceptions distinctes, et parfois conflictuelles, de l'identité nationale. Précisons également que les couleurs bleu, blanc et rouge du drapeau hollandais ne sont pas exactement du même type que celles du drapeau français. Négliger le type particulier de couleur en jeu, c'est considérer un drapeau selon une visée conceptuelle et non plus typale.

4. Voir *Vie des hommes illustres*, Paris, Gallimard, 1951, I, p. 21.

changé progressivement les éléments sans pour autant avoir remis en cause son identité[1].

Le fait que les éléments retirés aient pu servir à reconstruire un nouveau bateau, identique au précédent, comme le suggère Hobbes[2], n'est paradoxal qu'en apparence. Cela ne fait que souligner le sens typal de l'identité des individus particuliers. La production d'un objet industriel en série ne fait que rendre manifeste ce sens typal.

Naturellement, la position d'une telle objectivité typale parallèlement à l'objectivité conceptuelle demande à être complexifiée. Pour cela, nous allons considérer trois cas distincts à partir de l'exemple de l'eau.

1) L'eau est un type général, lié à des propriétés sensibles typales autorisant sa représentation sensible (visuelle, tactile, gustative, olfactive et auditive)[3]. La découverte de la composition chimique de l'eau en 1750 a mis au jour un autre type : chimique et non plus sensible, situé à une échelle physique différente. Au sens strict, une molécule H_2O et une goutte d'eau sont deux objets différents appartenant à des réalités physiques différentes. Si le lecteur moderne d'un roman ancien où il est question d'*eau*, n'est nullement perturbé par la découverte de 1750, c'est parce que la découverte de la composition chimique de l'eau n'a rien changé à l'objet sensible de sa visée typale. Toutefois, il faut reconnaître que sa propre visée typale a été modifiée par la découverte de 1750. Car, si une molécule H_2O et une goutte d'eau sont deux objets différents, ces derniers sont liés par un rapport d'émergence. Or, ce lien suffit pour conduire, *par métonymie*, à identifier les deux objets. En sorte que ces deux types distincts sont réunis sous un objet typal plus général, *l'eau*, simple corrélat indéterminé de la visée typale[4], qui correspond à une construction non rationnelle mais symbolique[5]. La visée typale du lecteur moderne est donc plus complexe que celle

1. Les organismes vivants, qui remplacent leurs cellules au cours de leur existence, sont sur ce point analogues au bateau de Thésée.

2. Voir *De Corpore*, III, 11 : « *Of identity and difference* ».

3. On estime toutefois être toujours de l'eau le liquide verdâtre, nauséabond et parfaitement imbuvable d'un marais putride. La détermination du type général est plus ou moins précise, tout comme pour celle d'une espèce biologique, une fois que l'on a découvert que tel animal, que l'on croyait toujours noir, peut aussi être blanc. Dons ce cas, on n'a plus un seul type général déterminé, mais deux types généraux déterminés, qui sont regroupés sous un type général déterminé plus large.

4. Si l'on accorde à un tel objet typal général indéterminé le statut, problématique, d'un *être en soi*, on obtient très précisément la *chose en soi* de Kant.

5. Sur le lien entre métonymie et pensée symbolique, voir *Définir l'art*, *op. cit.*, p. 152-153.

du lecteur ancien : à l'objet sensible de sa visée typale, qui n'a subi aucune modification, s'adjoint l'objet général d'une visée typale indéterminée, construit par métonymie.

2) Mais imaginons avec Hilary Putnam dans son article « Le sens du sens »[1], que sur deux planètes jumelles, Terre et Terre jumelle, le terme *eau* se réfère à un objet possédant les mêmes propriétés sensibles, et donc à un même type phénoménal. Or, après 1750, cet objet typal se révèle avoir pour composition chimique H_2O sur terre et XYZ sur Terre Jumelle. L'incompatibilité des types chimiques induirait un dédoublement des types phénoménaux. On chercherait alors à découvrir des propriétés sensibles typales, jusqu'alors tenues pour négligeables ou secondaires, permettant de différencier les deux individus phénoménaux. Dès lors, la visée typale sensible serait effectivement modifiée.

3) On peut découvrir que deux liquides, contenus dans des bouteilles de couleurs différentes, sont en fait tous les deux de l'eau. Auquel cas, les deux objets typaux particuliers, susceptibles de descriptions conceptuelles distinctes, sont réunis sous un même type général. Si cette découverte a lieu à l'échelle ordinaire, par exemple par dégustation, il s'agit d'un type sensible. Si elle a lieu à l'échelle moléculaire, il s'agit d'un type chimique. Les types généraux sont atteints ici par la pensée rationnelle et non par une simple métonymie. Ce sont des types généraux déterminés et non indéterminés.

Pour conclure sur notre distinction à quatre termes, considérons l'expérience visuelle proposée en 1900 par Joseph Jastrow dans son interprétation par Wittgenstein[2] : une figure que nous voyons *comme* un lapin avant soudain, par une mutation du regard, de la voir *comme* un canard. Wittgenstein considère à juste titre cette expérience comme décisive en théorie de la perception. Mais il continue à interpréter le *voir comme* en termes de logique conceptuelle, dans la continuité d'un Kant, qui pensait une détermination *a priori* de la perception par le concept[3].

Un dessin est un type et non pas un concept. La reconnaissance dans un dessin d'une tête de lapin ou d'une tête de canard est typale et non conceptuelle. À quoi reconnaît-on une tête de lapin ? Pas à ses yeux ni à la forme de

1. « *The meaning of "meaning"* », dans *Mind, Language and Reality : Philosophical Papers*, Cambridge, Cambridge UP, 1975, vol. 2, p. 215-271.

2. Voir *Investigations philosophiques*, *op. cit.*, partie II, § 11.

3. La synthèse de l'appréhension dans l'intuition présuppose ainsi ultimement une synthèse de la récognition dans le concept. Cette thèse est au cœur de la déduction transcendantale de la première édition (1781) de la *Critique de la raison pure*.

son crâne, mais à ses oreilles grandes et allongées d'un certain type. Il s'agit d'une détermination typale et non conceptuelle : un lapin n'est pas défini conceptuellement comme l'animal qui possède un certain type d'oreilles grandes et allongées. À quoi reconnaît-on une tête de canard ? Pas à ses yeux ni à la forme de son crâne, mais à son long bec plat d'un certain type. En fait, l'hésitation entre la tête de canard et la tête de lapin dans l'exemple de Wittgenstein repose plus précisément sur l'hésitation entre la saisie d'une même forme soit comme propriété typale caractéristique d'une tête de lapin, soit comme propriété typale caractéristique d'une tête de canard. Comme le reste du dessin est neutre : l'œil reste un œil et la face du lapin, si elle est légèrement esquissée, peut être assimilé à l'arrière d'un crâne de canard, la reconnaissance identitaire s'en trouve entièrement changée[1].

Qu'en est-il maintenant de l'ambiguïté objective entourant l'expérience décrite par Wittgenstein ? Ici les commentateurs hésitent : certains considèrent que nous avons affaire à deux descriptions différentes d'un même objet, comme dans l'exemple de Frege : l'étoile du matin est l'étoile du soir ; d'autres, à deux objets différents. Toutes ces affirmations témoignent de la confusion qui entoure la notion d'*objet*. Nous avons bien deux désignations typales distinctes et exclusives l'une de l'autre : c'est une image de tête de canard ou une image de tête de lapin. Il n'y a pas de perception neutre d'un même objet identique antérieurement à la reconnaissance comme lapin ou comme canard. Donc pas d'objet typal autre que nos deux objets typaux distincts. Mais tous les deux relèvent de la même description conceptuelle définie : « l'image dessinée sur la feuille de papier posée sur le bureau ».

En fait, l'exemple de Wittgenstein est inverse de celui de Frege. « L'étoile du soir » et « l'étoile du matin » sont deux descriptions définies distinctes d'un même objet identique, Vénus. Nous avons ainsi deux désignés conceptuels distincts – longtemps jugés inconciliables et liés à deux objets typaux distincts – qui ont été reliés à un même désigné typal. Alors que dans l'exemple de Wittgenstein, nous avons deux désignés typaux distincts et inconciliables (ou voit le dessin comme lapin *ou* comme canard, selon une disjonction exclusive) pour un même désigné conceptuel.

1. Il ne s'agit pas exactement de la confusion identitaire liée à la ressemblance (voir ci-dessus, Recherche 2, chap. v, p. 110-111). Un objet A ressemble à un objet B lorsque A possède parmi ses propriétés une des propriétés identitaires de B. La ressemblance est symétrique lorsque cette propriété est également une des propriétés identitaires de A. Ici, une forme peut être comprise soit comme propriété identitaire de A (lapin) soit comme propriété identitaire de B (canard), mais selon deux points de vue incompatibles.

CHAPITRE IX

OBJETS NON EXISTANTS

Nous pouvons désormais revenir à la question que nous avions posée au début de cette seconde partie. Peut-on identifier les deux définitions du signe que nous avons données?

1) Le signe comme signal (au sens générique) possédant comme propriété spécifique un signifié (typal ou conceptuel).
2) Le signe comme signal (au sens générique) possédant comme propriété spécifique un désigné (typal ou conceptuel).

S'il faut distinguer le sens et la désignation, ces deux définitions semblent différentes. Toutefois, dans la mesure où le sens nous est apparu comme condition de possibilité de la désignation, laquelle reste toujours relative au sens qui guide la visée intentionnelle subjective, constructrice de l'objet, ces deux définitions, bien que différentes, peuvent être considérées comme équivalentes. Un signal qui possède un sens désigne un objet, et un signal qui désigne un objet doit posséder un sens. Nos deux définitions successives peuvent être référées à deux efforts théoriques opposés : l'un pour penser le signe indépendamment de la référence (Saussure), l'autre pour penser le signe indépendamment du sens (béhaviorisme). La découverte de leur dimension réductionniste conduit à les articuler.

Ce lien entre sens et désignation conduit à deux emplois du terme *sémantique*. Au sens restreint, *sémantique* signifie ce qui se rapporte au sens. Mais on peut aussi penser un sens large, où le terme *sémantique* porte non seulement sur le sens, mais sur la désignation.

Au bout du compte, ne retrouvons-nous pas les définitions les plus classiques du signe? À savoir la distinction ternaire établie par saint

Augustin entre *vox articulata*, *dicibile* et *res*[1], ou la distinction ternaire de la philosophie post-cartésienne entre le son, l'idée et la chose : le son est un signal, doté d'un sens et désignant une chose.

Notre concept de signe, s'il reste effectivement compatible avec le concept ternaire de signe qui a prévalu au cours de l'histoire de la philosophie, s'en distingue toutefois sur au moins six points :

1) Dans notre modèle théorique, le signe est inscrit sous un terme générique, le signal, qui traditionnellement était compris comme une espèce de signe.
2) Le lien logique entre sens et désignation a été clarifié : le sens est condition de possibilité de la désignation, ce qui conduit à remettre en cause toute approche ontologique, contrairement au point de vue métaphysique.
3) Le sens est un terme générique dont le sens conceptuel n'est qu'une espèce, contrairement à l'identification traditionnelle entre sens et concept.
4) Le désigné est également un terme générique dont le désigné conceptuel n'est qu'une espèce.
5) Comme le signal implique information et signification, le statut générique du signal implique d'inscrire la structure ternaire du signe dans une structure plus profonde à quatre termes : l'information, la signification, le sens et la désignation, et même à cinq termes, si l'on prend en compte le contenu d'information du message.
6) Le statut générique du signal oblige à penser un primat de la signification sur le sens et la désignation, lesquels ne sont que des instruments pour la signification. Alors que la pensée traditionnelle accorde un primat au sens sur la signification.

Le résultat auquel nous parvenons, à savoir l'équivalence de nos deux définitions successives du signe : *signal doté de sens*, et *signal doté de désignation*, semble toutefois se heurter à une objection majeure. Que faire en effet des expressions comme « cercle carré » ? Si l'on considère qu'elles possèdent un sens mais pas de désignation, notre compréhension du sens comme condition de la désignation n'est-elle pas remise en cause, tout comme l'équivalence entre nos deux définitions distinctes du signe[2] ? Une

1. *De dialectica*, chap. V.

2. Nous précisons qu'il ne sera question dans ce chapitre que des énoncés qui semblent privés de sens ou de désignation. Ces cas ne sont pas à confondre avec la possibilité pour un énoncé doté de sens et de désignation d'être privé de signification. Par exemple, lorsqu'un

solution pourrait être de contester que l'expression « cercle carré » possède un sens. Mais ici l'argumentation d'Anton Marty[1], rappelée par Husserl, est forte :

> Si les mots n'avaient pas de sens, comment pourrions-nous savoir s'il existe une chose de ce genre et répondre par la négative ?[2].

Il semble alors que nous devrions en conclure, en reprenant la distinction de Frege entre sens et désignation[3], qu'une suite de mots sans syntaxe comme « vert est ou », est dépourvue de sens, alors que l'expression « cercle carré » est dotée de sens mais non de désignation.

Sommes-nous pour autant mis en difficulté ? Il suffit, pour conserver l'équivalence entre la définition du signe comme signal doté d'un signifié et sa définition comme signal doté d'un désigné, de dire que, dans le cas d'un sens contradictoire, la désignation est non pas absente, mais annulée, donc vide. Le sens permet la construction d'une classe de désignation objective. Mais une classe peut être vide. Le vide d'une classe ne remet pas en cause la procédure de classification, pas plus que l'ensemble vide ne constitue une difficulté pour la théorie des ensembles.

Cette solution a le mérite de la simplicité. Est-elle pour autant satisfaisante ? On peut tout d'abord objecter à Husserl que ses exemples de non-sens[4] sont douteux. La formule « *Abracadabra* », comme toute formule magique mystérieuse, semble difficilement réductible à un simple non-sens, ne serait-ce que parce que l'on suppose que le magicien, lui, en connaît le sens[5].

Quant à l'expression « vert est ou », si elle n'est effectivement pas bien formée, d'un point de vue syntaxique, là encore, il est trop rapide de la réduire à un non-sens. Dans le langage oral, de nombreux énoncés

individu prétend donner un ordre à un autre, sans posséder la légitimité requise. Pour toute réponse, on lui rit au nez. Si l'individu croyait toutefois posséder cette légitimité, il avait une signification *pour lui*, à défaut d'en avoir *pour les autres*. Nous reviendrons ultérieurement sur ces questions dans notre étude sur le symbolique. Contentons–nous ici de distinguer un énoncé privé de sens, un énoncé privé de désignation et un énoncé privé de signification.

1. Marty est d'accord avec Twardowski et Meinong sur la possibilité de penser des objets impossibles, ce que refusent à la fois Brentano, Husserl, Frege et Russell.

2. *Recherches logiques* I, Paris, PUF, 2002, t. 2, p. 62.

3. Ce que cherche à éviter Husserl dans les *Recherches logiques*.

4. *Recherches logiques* I, § 15.

5. Husserl est un peu rapide dans son traitement d'*Abracadabra* (*Recherche logiques* I, p. 61) lorsqu'il se contente d'affirmer que cette suite de phonèmes ne possède aucun sens. Nous reviendrons sur cet exemple dans notre analyse du symbolique.

incomplets ou syntaxiquement incorrects sont admis comme étant dotés de sens. On pourrait imaginer ainsi qu'une personne à qui l'on demande si « vert » est un type ou un concept réponde que le « vert est… ou… », exprimant ainsi son indécision. La transcription écrite d'une conversation orale autorise de telles expressions, qui du coup peuvent se voir dotées de sens. Le langage est plus souple que la logique, où seules les expressions bien formées sont admises.

En revanche, dans le cas d'un texte comme « *Ylyh Kxvvhuo* » le sens semble faire défaut. Mais là encore, il convient de ne pas être trop rapide : il est toujours possible d'avoir affaire à un sens codé comme César lui-même ne l'ignorait pas [1].

S'il n'y a pas de sens sans désignation, il n'y a pas de désignation sans objectivation. Si *cercle carré* a du sens, il est bien un objet de la visée intentionnelle [2]. Mais cette désignation, avons-nous dit, est vide. Que signifie un tel vide ? C'est un vide de réalité au sens de la réalité ordinaire. Il signifie qu'il n'y a pas – et même plus, qu'il ne peut y avoir – d'objet existant inscrit dans cette classe de désignation. Par conséquent, *cercle carré* est en fait un mode d'objet non existant. Prétendre toutefois tirer de la non-existence d'un objet sa non-objectivité, voire même son absence de sens, c'est se heurter à des difficultés épistémologiques insurmontables.

Ainsi le calorique a été tenu à la fin du XVIIIe siècle comme un objet physique réel. La remise en cause de sa réalité physique ne remet en cause ni son sens (une définition du calorique est toujours possible), ni son objectivité : on peut toujours le prendre comme objet de pensée, sinon actuel, du moins historique. Si l'on ajoute que bien des objets de la science contemporaine ont un statut hypothétique dont la réalité physique fait l'objet

1. Cette dernière remarque a naturellement valeur d'indice.

2. L'erreur de Frege est d'avoir manqué ce point, comme le remarque Jocelyn Benoist : « Mais chez Frege, la situation est beaucoup plus délicate, à partir du moment où le sens a été défini, au début de *Sens et dénotation*, comme la voie d'accès à la référence et son mode de donnée (en un sens tout comme chez Husserl, bien que sur un mode résolument non intentionaliste). Comment dès lors peut-il y avoir sens sans référence (et même pas avec une "référence manquante", ce qui, on va y revenir, est une tout autre chose), comme l'annonce, apparemment sans beaucoup de scrupules, la théorie des fictions formulée dans ce même article ? Il semble y avoir là un problème majeur quant à la cohérence de la théorie frégéenne du sens » (*Intentionalité et langage dans les* Recherches logiques *de Husserl*, Paris, PUF, 2001, p. 168). Nous allons voir, contre Frege, qu'il faut non seulement admettre des objets fictionnels, mais également une réalité fictionnelle.

de débats toujours non résolus, on conçoit l'importance de distinguer nettement entre le fait d'être un objet doté de sens et le fait d'être un objet existant.

En cela, nous sommes en désaccord avec Husserl, lorsqu'il affirme contre Twardowski : « quelque chose et quelque chose d'étant (*seiendes Etwas*) sont des concepts équivalents »[1]. À la suite de Twardowski, nous admettons au contraire des objets non existants, parmi lesquels figurent les objets impossibles comme, par exemple, les objets contradictoires (ou paraissant tels). Toutefois, cette considération des objets non existants doit intervenir en dehors d'une théorie de la représentation, dans la mesure où nous avons vu que le sens, et donc la désignation et l'objectivation, n'est pas réductible au représentable.

Le principe P selon lequel un nom désignant un individu n'a de sens que s'il a un désigné existant conduit à des conséquences problématiques. Imaginons ainsi qu'une théorie A présuppose l'existence d'un objet *a*, et qu'un partisan X de la théorie non-A parvienne un jour à réfuter A en montrant que l'hypothèse de l'existence de *a* conduit à une absurdité. La position des tenants de la théorie A semble compromise. Fort heureusement pour eux, X adhère au principe P. Aussi un défenseur Y de A peut lui faire l'objection suivante : « Vous dites que *a* n'existe pas, et que donc le terme *a* ne désigne rien. Donc, en vertu du principe P auquel vous adhérez, vous devez admettre que le terme *a* est vide de sens, et donc que tout énoncé dans lequel figure ce terme figure est vide de sens. Par conséquent, vous devez reconnaître que l'hypothèse de l'existence de *a* au début de votre raisonnement est vide de sens et que donc l'ensemble de votre argumentation est vide de sens. Je ne vois pas pourquoi je devrais écouter les arguments de quelqu'un dont lui-même reconnaît qu'ils sont vides de sens ». Grâce à P, Y peut donc prétendre maintenir sa théorie fausse.

Mais quoi ? En admettant une désignation non existante, ne risquons-nous pas de tomber sous l'accusation adressée par Russell à Meinong : encombrer l'ontologie de termes non existants ? Non, car nous avons renoncé au point de vue absolu de l'ontologie. Notre ontologie est et restera vide puisque nous avons reconnu l'importance de remplacer le terme, absolu, d'*être* par celui, générique cette fois et relatif, de *réalité*. Au sens

1. *Sur les objets intentionnels*, Paris, Vrin, 2002, § 10, p. 308.

large, générique, la réalité correspond au référentiel objectif[1] total permettant de valider ou d'invalider tout énoncé doté de sens[2].

La définition de la réalité est fondamentalement relative, pour au moins trois raisons. Premièrement, toute validation cognitive est relative, à un modèle donné, à une échelle donnée, etc. Deuxièmement, la totalité référentielle objective en jeu est généralement non fermée et statique, mais ouverte et évolutive. Troisièmement, les modes de validation sont hétérogènes. Nous écrivons en effet *valider* et *invalider*, et non *vérifier* ou *infirmer*. La vérification et l'infirmation ne sont que des modes de la validation et de l'invalidation, lorsque la signification (pragmatique) de la proposition est cognitive. Mais toute proposition n'a pas de signification cognitive. Un ordre par exemple ou une promesse ont une signification autre. Ils engagent pourtant une validation, qui ne se pense pas en termes de vérité ou d'erreur[3].

Considérons cet exemple de l'ordre. Il est en fait susceptible de plusieurs formes distinctes de validation. S'il transmet l'information contenue dans un ordre antérieur, il peut être jugé *correct* ou non d'un point de vue informationnel. D'un point de vue sémantique, il peut être jugé *cohérent* ou non. En fonction de son domaine objectif d'application (désignation), il peut être jugé *adapté* ou non. Enfin, si l'on considère son contexte social d'énonciation, il peut être jugé *légitime* ou non[4], ce qui conduit le récepteur à reconnaître ou non l'obligation de produire une

1. Au sens d'indépendant par rapport à un point de vue strictement singulier.

2. C'est un truisme depuis Aristote d'affirmer que le mot *être* est indéfinissable. Dans notre modèle théorique, il est au contraire définissable. Pour cela, il faut d'abord partir d'une définition de la réalité, comme celle que nous venons de proposer, puis lui accorder une dimension absolue : *l'être, c'est la réalité comprise absolument*. Ce qui n'est acceptable, comme nous le verrons, que si l'on se situe dans la pensée symbolique, puisque, d'un point de vue rationnel, toute réalité est relative. Encore une fois, lorsque nous utilisons le verbe *être* à titre de copule dans notre texte, ce n'est pas dans ce sens absolu. « A est b » signifie : « A possède la propriété b dans la réalité considérée ». De même, « A existe » désigne seulement l'appartenance effective de A à la réalité ordinaire.

3. Lorsque Husserl définit l'être comme le corrélat d'un jugement vrai (*Recherche Logique* I, § 31), il donne à la notion d'être un élargissement souhaitable par rapport à la seule existence, s'opposant du même coup au nominalisme, mais il manque à la fois la relativité de toute détermination de vérité, et la non-réduction d'un jugement valide à un jugement vrai.

4. La question de la légitimité de l'ordre (la personne qui l'énonce en a-t-elle l'autorité ?) se redouble par la question de l'authenticité de l'ordre : il peut s'agir d'une contrefaçon où la signature de la personne qui aurait la légitimité pour donner l'ordre est en fait un faux. De plus, l'autorité invoquée explicitement ou implicitement par l'ordre pour provoquer la réponse peut être l'identité personnelle de l'auteur (sa signature) ou sa fonction institutionnelle. Dans les deux cas, il s'agit d'une réalité idéelle.

réponse conforme à son contenu. Il y a donc au moins quatre réalités distinctes à prendre en compte si l'on s'interroge sur la validité d'un ordre : sa réalité informationnelle, sa réalité sémantique, sa réalité désignative, et sa réalité pragmatique. La question de la validité d'un ordre n'est pas réductible à sa seule adéquation avec une réalité désignative directement observable [1].

Les confusions entourant le terme de *réalité* viennent de sa réduction usuelle à la seule réalité ordinaire, identifiée à l'existence. Cette dernière peut être définie comme la réalité désignative commune – accessible (directement ou indirectement) à la perception humaine et conforme aux lois de la physique – permettant de valider ou d'invalider les propositions du langage ordinaire, et plus précisément de vérifier ou d'infirmer les propositions à signification cognitive.

Or, la perception peut évoluer, notamment avec les progrès techniques, tout comme les lois de la physique. Il faut donc admettre que la réalité ordinaire peut elle-même évoluer. Elle le peut tout d'abord dans les propriétés reconnues aux objets : la coloration ultraviolette ou infrarouge de certaines fleurs n'avait aucune existence jusqu'à ce que l'on puisse un jour l'observer. Mais aussi dans les objets eux-mêmes. Ainsi, les progrès de la science conduisent à découvrir de nouveaux objets autrefois inexistants mais aujourd'hui existants (lorsque l'on découvre une nouvelle planète, par exemple), ou à reconnaître comme inexistants des objets autrefois considérés comme existants (le calorique, par exemple). Parfois, il est malaisé de trancher. L'éther constitue ici un bon exemple. Il fait actuellement l'objet d'un rejet unanime suite à la critique qu'en a faite Einstein dans sa théorie de la relativité restreinte en 1905, en sorte qu'il semble devoir être mis sur le même pied que le calorique. C'est oublier toutefois que le même Einstein redonne une positivité théorique à l'éther – dans un sens toutefois différent de la notion d'éther qu'il critiquait en 1905 – en 1920, à Leyde, dans une conférence sur « L'Éther et la théorie de la relativité ». La relativité générale permet ainsi de penser une réalité physique de l'éther, qui était

1. Ce que manque la théorie sémantique de Carnap, inspirée par le positivisme d'Auguste Comte et le *Tractatus* de Wittgenstein : un énoncé n'aurait de sens que s'il décrit un état de choses directement observable, et donc susceptible d'être vérifié ou infirmé, ou si l'on peut en déduire d'autres énoncés décrivant de tels états de chose. Non qu'un ordre ne serait pas susceptible de vérité ou de fausseté, comme on le dit souvent, puisque les ordres faux (engageant une tromperie) existent. Mais son sens ne dépend pas simplement de son adéquation avec une réalité désignative directement observable.

remise en cause par la relativité restreinte. Mais curieusement, le mot *éther* est toujours « tabou » en physique.

L'existence se révèle ainsi être un concept relatif, tout comme le concept générique de réalité [1]. Elle dépend de la culture et de l'époque dans laquelle on s'inscrit. L'existence est d'autant plus relative que la prise en compte du magique, du mythique, du religieux remet en question l'homogénéité de l'existence au sein d'une même culture. Dans les cas les plus simples, on distingue deux modes d'existence : l'existence naturelle et l'existence surnaturelle, en sorte que l'on peut admettre qu'un terme n'a pas d'existence naturelle sans pour autant être dépourvu d'existence. Il s'agit donc d'un terme non existant par rapport à la réalité ordinaire, existant par rapport à une réalité extra-ordinaire, reconnue généralement comme plus élevée en dignité que la réalité ordinaire, et possédant une désignation non nulle. Il en va ainsi de la vie après la mort [2], admise dans la quasi-totalité des cultures humaines. Toutefois, les rapports entre objets mythiques et objet naturels peuvent être beaucoup plus complexes, en sorte qu'il n'est pas toujours possible de distinguer clairement ce qui, dans une culture, est dit relever de la réalité ordinaire ou ne pas en relever.

Enfin, même si l'on s'inscrivait dans l'unité isolée d'une culture que l'on imaginerait parfaitement homogène, avec une distinction nette entre l'existant et le non-existant [3], on rencontrerait encore un nouveau problème. Le langage ordinaire est rempli d'expressions comme « montagne d'or », ou « vertu verte », qui sont parfaitement dotées de sens, mais dont la désignation existentielle semble annulée en raison non d'une contradiction mais d'une incompatibilité sémantique. Pourtant, on peut aisément dire de quelqu'un de très riche qu'il possède « une montagne d'or » ou juger la vertu d'un nouveau converti un peu « verte ». Il est ainsi tout à fait possible de trouver une désignation existentielle pour ces expressions à condition toutefois d'y voir des métaphores.

Considérons ainsi la phrase célèbre opposée par Noam Chomsky à Burrhus Skinner : « *Colorless green ideas sleep furiously* », dans laquelle on voit souvent l'exemple d'une phrase grammaticalement correcte mais privée de sens. Indépendamment du fait qu'elle possède évidemment un

1. Nous passons ici sous silence le fait que la détermination de ce qui existe ou non ne dépend pas uniquement de la connaissance scientifique. Elle peut avoir également une origine culturelle. Chaque culture à tendance à développer sa propre ontologie.

2. Nous simplifions encore. Il faudrait ici évoquer l'être non existant de Dieu, l'*ek-sistence* étant une catégorie ontologique réservée aux seules créatures. Il est alors légitime d'affirmer en théologie que Dieu *n'existe pas*.

3. Ce qui correspond à un hypothèse fictive…

sens, sa désignation semble non existante. Il suffit pourtant de l'aborder d'un point de vue métaphorique, pour lui trouver une désignation existentielle satisfaisante. Elle peut ainsi désigner l'aptitude des idées trop neuves (« vertes ») et sans caractère (« sans couleur ») à plonger l'esprit dans un état passif de somnolence dont il refuse violemment de sortir. On pourrait même voir désigné ici, pour peu que l'on soit sensible au jeu des métaphores[1], ce que vise Platon dans son mythe de la caverne : la béatitude paresseuse des humains, contemplant un écran mural où défilent des images fictives toujours nouvelles, prisonniers de ce monde d'images, et s'en prenant violemment à ceux qui tentent de les en libérer[2]. Il faut donc distinguer désignation non existentielle et désignation métaphorique. Comme les mêmes problèmes interviennent avec la métonymie et l'antiphrase, il faudrait élargir le traitement de la désignation à la fonction rhétorique dans le discours.

À cela s'ajoute le fait que les énoncés du langage ordinaire ne se rapportent pas tous à la réalité ordinaire. Ils peuvent avoir un statut fictionnel. Or, les propositions portant sur les objets fictionnels, comme des personnages ou des événements intervenant dans un roman, peuvent très bien être validées ou invalidées. Il suffit pour cela de se référer à l'univers objectif construit par le roman. Il y a donc une réalité fictionnelle et c'est à tort que l'on oppose la fiction à la réalité *en général*. La *réalité* que l'on oppose à la fiction, c'est d'abord la réalité ordinaire, donc une réalité spécifique, et non la réalité comme genre[3]. Il est donc préférable de ne pas affirmer avec Husserl dans ses *Recherches logiques* que Wilhelm Meister n'est pas un objet : c'est un objet, et même un objet *réel*, sur lequel on peut

1. Évidemment, la question se pose de savoir si Chomsky a eu ou non l'intention de construire une telle désignation métaphorique. Mais ici un démenti de Chomsky ne suffirait pas pour clore le débat, car si l'intentionnalité n'est pas équivalente à la conscience (les animaux ont des désirs sans en être conscients), toute intention n'est pas consciente. En fait, on peut, jusqu'à preuve du contraire, se comporter ici de façon analogue au lecteur d'un texte au sens codé : supposer, si l'on trouve une désignation satisfaisante, que telle est la désignation visée, consciemment ou non, par le locuteur. Et ce, tant que l'on ne trouvera pas de solution plus satisfaisante.

2. Naturellement, toute ressemblance avec l'objet technique autour duquel communiait chaque soir la cellule familiale de la fin du XXe siècle est purement fortuite.

3. La théorie du sens de Carnap est là encore fautive. Non seulement il réduit illégitimement la signification d'un énoncé doté de sens à la seule signification cognitive, mais il réduit la réalité susceptible de vérifier ou d'infirmer un tel énoncé à la seule réalité existante observable.

tenir des énoncés vrais ou faux et que l'on peut représenter dans une image, mais pas au sens de la réalité ordinaire[1].

Il convient également de ne pas affirmer – à la suite notamment de Meinong et Ingarden – qu'un objet fictionnel serait un objet *incomplet* par opposition à un objet de la réalité ordinaire qui, lui, serait *complet*. Certes, un objet fictionnel romanesque ne possède qu'un nombre restreint de propriétés correspondant aux phrases le décrivant dans un roman, tandis qu'un objet de la réalité ordinaire semble un objet « complet » susceptible d'une infinité de propriétés. Toutefois, c'est oublier qu'un personnage fictionnel récurrent comme Sherlock Holmes, dont le personnage est repris dans des suites, des pastiches, etc., sans aucune limite *a priori*, possède un nombre indéfini de propriétés, avec pour seule contrainte de rester compatibles avec les propriétés énoncées dans les romans de Conan Doyle[2]. De plus, son incarnation cinématographique à deux dimensions, ou théâtrale à trois dimensions, engage un nombre infini de propriétés, sans que sa fictionalité soit remise en cause.

N'en concluons pas pour autant que tout objet, fictionnel ou non, serait complet. Un objet de la réalité ordinaire n'est qu'un individu typal pour lequel parler de « complétude » des propriétés ne peut avoir qu'un sens relatif. Prétendre qu'il ne serait « incomplet » qu'accidentellement et extérieurement, par simple incapacité de l'observateur à énoncer l'ensemble de toutes ses propriétés, dont la liste serait en soi complète, participe de l'illusion d'une identité absolue ontologique de l'objet individuel, que nous avons déjà dénoncée. Tout objet est « incomplet ».

Les mathématiques constituent une autre espèce de réalité qui n'a rien à voir avec l'existence ou réalité ordinaire[3]. Cette non-existence ne les réduit pas pour autant à de simples fictions, car elles jouent un rôle principiel pour

1. J. Benoist note que la section du cours de 1904-1905 consacré à théorie de l'imagination témoigne d'une réorientation de la phénoménologie en direction du caractère fictionnel et non seulement imagé de l'imagination et d'une objectualité des fictions, fût-ce sur le mode du « comme si » (*Intentionalité et langage*, *op. cit.*, p. 153-154). Une telle réorientation nous paraît toutefois insuffisante : les objets fictionnels sont des objets à part entière.

2. Contrainte toute relative du reste, car il est tout à fait légitime pour un auteur de contester les propriétés décrites par Conan Doyle, par exemple en affirmant que le vrai détective est Watson et que Sherlock Holmes n'est qu'un comparse obtus, mais à condition toutefois de partir des descriptions de Conan Doyle. Voir l'excellent *Without A Clue* (1988), de Thom Eberhardt.

3. Plus précisément, l'existence est la réalité ordinaire effective et non simplement possible. Nous simplifions ici l'analyse en considérant la réalité ordinaire et l'existence comme équivalentes. Nous travaillerons ailleurs cette distinction.

la connaissance physique des phénomènes existants. Ne nous laissons pas ici abuser par le terme d'*existence* utilisé en mathématiques. Pour un objet mathématique, *exister* signifie seulement : appartenir à la réalité mathématique. Ce qui implique que l'on puisse vérifier ou infirmer une proposition mathématique bien formée portant sur cet objet.

Cette distinction entre la réalité des objets mathématiques et la réalité ordinaire est un thème classique de l'ontologie depuis Platon [1]. Elle recoupe la distinction ontologique fondamentale entre essence et existence. C'est cette lecture ontologique qu'il convient de rejeter. Car la réalité mathématique est également relative. La démontrabilité d'une proposition mathématique dépend ainsi du modèle, au sens de l'ensemble muni de règles et de relations, auquel elle se réfère [2].

Notons que l'appartenance à la réalité est susceptible d'une approche modale : on peut en mesurer ainsi la possibilité et la nécessité [3]. Dès lors, si la réalité compte plusieurs espèces, on doit pouvoir définir plusieurs espèces de modalité, donc de possibilité et de nécessité. Or, c'est précisément le cas. Notamment, on peut distinguer la possibilité logique, qui correspond à la non-contradiction, la possibilité mathématique [4], qui correspond à la compatibilité avec le modèle mathématique choisi, et la possibilité physique, qui correspond à la compatibilité avec les conditions d'observation dans un cadre physique déterminé et dans un paradigme physique déterminé. La possibilité ordinaire est un mode de la possibilité physique, lorsque le cadre physique choisi est celui, phénoménologique, de l'échelle ordinaire. On peut penser également une possibilité et une nécessité fictionnelles, définies par la compatibilité avec la logique interne du récit fictionnel. Inversement, on peut distinguer une impossibilité logique,

1. Lequel, rappelons-le, découpe en *République* VI la ligne de l'être en segments distincts, les êtres mathématiques ne relevant nullement du segment des êtres sensibles. En clair, les êtres mathématiques n'« existent » pas pour Platon : leur mode d'être n'est pas celui de l'existence sensible.

2. L'étude de cette relativité de la réalité mathématique est l'objet de la théorie des modèles.

3. C'est l'objet de la théorie des possibilités, introduite en 1978 par L.A. Zadeh, dans le cadre de la logique floue. Elle traite de l'incertitude non probabiliste, mettant en jeu des nombres flous, c'est-à-dire des nombres réels qui ne sont connus qu'imprécisément. Du coup, toute addition en théorie des probabilités est transformée en maximum en théorie des possibilités, et tout produit en théorie des probabilités est transformé en minimum en théorie des possibilités.

4. Meinong se sert à juste titre de l'exemple des mathématiques pour remettre en cause le primat de la réalité existante, et montrer que « ce qui est destiné à être objet de connaissance n'a nullement pour nécessité d'exister » (*Théorie de l'objet*, Paris, Vrin, 1999, p. 71).

mathématique, physique, ordinaire ou fictionnelle. Par exemple, une contradiction correspond à une impossibilité logique; « la suite qui converge le plus lentement » à une impossibilité mathématique mais non logique; « la vitesse supérieure à la vitesse de la lumière », à une impossibilité physique, mais non logique ou mathématique; « l'homme courant le 100 mètres en 6 secondes » à une impossibilité ordinaire mais non logique, mathématique ou physique; « l'homme plus fort qu'Hercule » à une impossibilité fictionnelle, non logique, mathématique, physique ou ordinaire [1].

Admettre d'autres espèces de réalité que la réalité ordinaire permet de penser une désignation réelle objective en dehors de l'existence. L'affirmation de réalité d'un objet est toujours relative. Un objet réel dans un certain modèle, ne le sera pas forcément dans un autre. De même, un personnage fictionnel possède une réalité dans un univers fictionnel mais pas dans un autre. Il convient donc de distinguer la *non-existence* d'un objet de sa *non-réalité* (au sens de *contraire de la réalité* et non de *fictionnalité*, puisqu'il y a une réalité fictionnelle). Un objet mathématique est réel mais non existant. La non-réalité d'un objet, pour une réalité déterminée, correspond à l'impossibilité de valider ou d'invalider une proposition contenant cet objet par rapport à cette réalité; et s'il s'agit d'une proposition cognitive, de la vérifier ou de l'infirmer.

Précisons ici que cette *non-réalité* ne correspond pas pour autant à une *irréalité* : il y a *irréalité* lorsque l'on peut montrer une non-compatibilité de l'objet avec une réalité déterminée. L'irréalité est relative : un objet fictionnel est à la fois réel par rapport à sa réalité fictionnelle, et irréel par rapport à la réalité ordinaire. Il y a même des degrés dans l'irréalité : Sherlock Holmes est moins irréel par rapport à la réalité ordinaire qu'une licorne. Un objet mathématique est en un sens irréel par rapport à la réalité ordinaire, dans la mesure où cette dernière ne lui est pas pleinement adéquate, et en un autre non, dans la mesure où il permet la connaissance scientifique de la réalité ordinaire. Or, il y a également des degrés dans la non-réalité. Un objet physique inobservable mais compatible avec la réalité considérée, aura d'autant moins de non-réalité, et donc d'autant plus de réalité, qu'il sera susceptible de vérifications ou d'infirmations indirectes, sinon directes, dans cette réalité. Il y a des degrés de réalité, tout comme il y a des degrés de possibilité et de degrés de nécessité.

1. On pourrait ici objecter qu'il s'agit d'une impossibilité logique, Hercule étant défini comme « l'homme le plus fort ». Mais cette définition n'est qu'une traduction logique de l'impossibilité, au sein du mythe, de trouver un homme plus fort qu'Hercule.

Pour reprendre l'exemple du *cercle carré*, c'est non seulement un objet inexistant, mais un objet presque universellement non réel, et même irréel, à l'exception notable de la réalité linguistique qui fait l'objet d'une analyse métalinguistique. Il est toujours possible d'énoncer des propositions vraies (ou fausses) sur « cercle carré », par exemple qu'il est composé de onze lettres regroupées en deux mots, que « cercle » est un substantif et « carré » un attribut, que cette formule correspond à une contradiction, que rien d'existant ne peut lui correspondre, etc. Comme tout énoncé possède au moins une réalité linguistique, il n'existe aucun objet de discours qui soit absolument non réel. Il importe donc de distinguer *être un objet*, *être réel*, et *être existant*. Toute visée intentionnelle construit un objet. Mais tout objet n'est pas forcément réel et encore moins existant. La détermination du statut réel ou non d'un objet (en distinguant la non-réalité de l'irréalité) dépend de sa validation possible dans une réalité déterminée, et son existence dépend de sa validation possible au sein de la réalité ordinaire, dont la définition reste relative et non absolue.

On peut toutefois concevoir qu'un logicien puisse désirer refuser coûte que coûte de considérer un terme contradictoire comme doté de sens et d'objectivité. Mais le point de vue logique n'est pas celui du langage ordinaire. Ainsi, il est parfaitement possible d'affirmer qu'« un mortel est immortel ». La contradiction formelle est levée quant au contenu si « mortel » est pris dans un sens biologique, et « immortel » dans un sens culturel : on veut dire par là que l'identité idéelle d'un être humain, au demeurant mortel, restera immortelle à travers la transmission de ses œuvres ou du souvenir historique de ses actes. Souvent, c'est par sa mort même, héroïque, sacrificielle, qu'un être humain accède paradoxalement à l'immortalité. De même, l'énoncé : « le Roi n'est pas le Roi » n'est contradictoire que formellement, et non dans son contenu sémantique, si « Roi » dans sa première occurrence désigne le titre officiel, et le titre légitime, dans la seconde. L'auteur de l'énoncé veut dire par là que le titre officiel est usurpé, que le véritable Roi devrait être (ou même est) un autre individu. L'usage de la forme contradictoire est là pour manifester le caractère scandaleux du couronnement.

Dans *De l'autre côté du miroir* du logicien Lewis Carroll, la Reine Rouge répond à Alice, qui s'étonne de ne pas avoir vu le paysage changer alors que toutes deux n'ont pas cessé de courir : « Il faut courir de toute la vitesse de ses jambes pour simplement rester là où l'on est ». Faut-il y voir une contradiction absurde équivalente à : « il faut se déplacer pour ne pas se déplacer » ? C'est pourtant cette réponse qui a inspiré à Leigh Van Valen sa théorie de la Reine Rouge : pour conserver leur place, et ne pas disparaître, les organismes ne cessent de devoir s'adapter. C'est une intuition analogue qu'énonce Tancredi, le neveu du Prince Salina, dans *Le Guépard* de Lampedusa : « *Se vogliamo che tutto rimanga come è, bisogna che tutto cambi* ». Là encore, la contradiction n'est que formelle : elle disparaît si l'on considère que la course effrénée se fait sur un tapis roulant : celui du milieu qui ne cesse de se modifier, pour Van Valen, celui de l'histoire qui s'écoule, pour Lampedusa.

Ainsi, non seulement une proposition ayant une forme contradictoire n'est pas vide de sens, mais sa forme contradictoire peut être surmontée à condition de pouvoir enrichir le contenu de la sémantique. Ce qui est notamment le cas dans la réalité ordinaire. Mais peut-être y a-t-il des formes contradictoires qui ne peuvent être surmontées ? Reprenons notre exemple du « cercle carré », qui est un cas particulier du « cercle non circulaire », et dans lequel nous n'avons vu jusqu'à présent qu'un exemple de contradiction logique. La forme contradictoire n'est certes pas surmontée par la prise en compte du devenir biologique de l'évolution, ou du devenir humain de l'histoire, mais qu'en est-il du devenir mathématique ?

Du point de vue de la géométrie euclidienne, qui n'admet de transformations qu'isométriques, respectant les angles, les longueurs, les aires, les volumes, etc., le cercle et le carré sont des figures irréductiblement différentes. On ne peut transformer un carré en cercle à aire constante (la quadrature du cercle est impossible), en sorte que parler d'un cercle carré est inacceptable. Soit. Mais d'une part, ce n'est rien moins qu'évident : pour démontrer l'impossibilité de la quadrature du cercle, il a fallu démontrer la transcendance de π, ce qui n'a été fait qu'en 1882 par Ferdinand von Lindemann. La quadrature du cercle est ainsi un objet théorique analogue à celui du calorique, qui fut une première étape dans la constitution de la théorie thermodynamique.

D'autre part, il n'en va plus de même pour la topologie. On peut passer continûment d'un cercle à un carré sans rupture ni collage. Ces deux figures sont donc topologiquement équivalentes. Pour un topologue, un cercle ou un carré, c'est la même chose. En revanche, un cercle n'est pas équivalent topologiquement à un segment : car il faudrait le rompre pour former un segment. Un « cercle carré » est donc une notion possible en topologie, si par là on entend la transformation d'un cercle en carré ou d'un carré en cercle, ou si l'on désigne par là leur équivalence topologique. Or, le point de vue de la topologie prime sur celui de la géométrie euclidienne, qui n'en est qu'un cas particulier.

Prenons un autre exemple, qui va nous permettre de préciser notre critique de la prétention d'une application directe de la logique au langage ordinaire. Si, parlant d'une connaissance, j'affirme que « cet homme marié n'est pas marié », je désigne un objet typal existant par un objet conceptuel non existant selon une impossibilité logique. Il suffit toutefois d'entendre par là qu'il se comporte comme s'il n'était pas marié, ou qu'il ne mérite pas de l'être, ou encore qu'il l'est pour la loi seulement mais pas pour Dieu (son mariage a eu lieu à la mairie mais pas à l'Église), ou encore que son mariage civil ne nous paraît pas légal, etc., pour retrouver une possibilité très ordinaire.

Quine a sans aucun doute raison de douter de la synonymie de « célibataire » et « homme non marié »[1], contre la distinction, d'inspiration kantienne, opérée par Carnap entre énoncés analytiques et énoncé synthétique. Mais, il aurait dû aller plus loin dans sa critique. La possibilité de remettre en cause la synonymie entre « célibataire » et « homme non marié » vient de ce que, plus radicalement encore, on peut douter du fait que la même expression « homme non marié » soit toujours prise dans le même sens, y compris par le même locuteur. Quine distingue ainsi deux classes d'énoncés analytiques[2] :

> Ceux de la première classe, qu'on peut appeler *logiquement vrais*, sont du type suivant :
> (1) Aucun homme non marié n'est marié.
> Le trait pertinent de cet exemple vient de ce qu'il n'est pas simplement vrai tel quel, mais qu'il *reste vrai pour toute interprétation possible de « homme » et de « marié »*. [...]
> Mais il existe aussi une seconde classe d'énoncés analytiques, du type suivant :
> (2) Aucun célibataire n'est marié.
> Le trait caractéristique d'un tel énoncé, c'est qu'on peut le transformer en vérité logique, si l'on remplace les synonymes par des synonymes ; par exemple, (2) peut être transformé en (1) pour peu qu'on remplace « célibataire » par son synonyme « homme non marié ». Mais nous n'avons toujours pas de caractérisation satisfaisante de cette seconde classe d'énoncés analytiques, et donc pas non plus de l'analycité en général, dans la mesure où, dans le cas tout juste décrit, on a dû prendre appui sur une notion – la synonymie – qui manque tout autant de clarté que l'analycité.

1. Voir *Du point de vue logique*, *op. cit.*, chap. II, « Deux dogmes de l'empirisme », p. 52-54.
2. *Ibid.*, p. 52-53.

Si l'on y réfléchit, la critique de l'analycité opérée ici par Quine revient encore une fois à s'appuyer sur le principe de l'indiscernabilité des identiques (l'expression « non marié » est toujours prise par un même locuteur dans le même sens) pour rejeter l'identité entre deux choses (ici deux expressions) distinctes : « célibataire » et « homme non marié »[1]. Mais précisément, dans la réalité non logique, et notamment dans le langage ordinaire, le principe de l'indiscernabilité des identiques ne s'applique pas. Il n'y a pas d'énoncé apparemment tautologique ou contradictoire qui ne puisse, par un enrichissement sémantique, être transformé en un énoncé non tautologique ou non contradictoire. Aucun énoncé ne peut donc être dit absolument vrai ou faux. Dès lors, on ne peut dégager de classes d'énoncés purement analytiques. L'analycité n'est que relative. Elle est liée à un travail, relatif, de définition qui énonce les propriétés constitutives d'un concept. Il y a analycité si, dans un modèle définitionnel particulier, un énoncé associe un concept avec une des propriétés qui permet de le définir.

Par exemple, si l'on s'accorde pour définir un portrait comme *la représentation d'une personne*, affirmer qu'« un portrait est une représentation » est analytique. Mais il y a toujours d'autres définitions possibles, entre lesquelles on peut choisir notamment selon des critères pragmatiques, sachant qu'un même locuteur peut faire intervenir dans un même message plusieurs définitions distinctes. Quelqu'un peut ainsi affirmer sans contradiction que « ce portrait n'est pas un portrait », si par la première occurrence de portrait, il entend son sens usuel (la représentation d'une personne) et si par la seconde occurrence, un sens plus particulier (la représentation *ressemblante* d'une personne). Sa proposition apparemment contradictoire signifie alors qu'il n'a pas trouvé le portrait ressemblant. Pour le dire autrement, la proposition : « un portrait est une représentation ressemblante » est analytique selon la seconde définition, mais pas selon la première.

Grâce à un enrichissement adéquat du contenu sémantique, on peut surmonter dans un énoncé du langage ordinaire une forme logique contradictoire[2]. En fait, les cas où l'impossibilité logique correspond à une

1. Voir ci-dessus, notre critique de Quine sur la question de l'identité en Recherche 1, chap. II, p. 28-29, 32-33 et chap. VI, p. 63-65.

2. C'est pourquoi du reste, il est si difficile de réfuter un grand philosophe en prétendant mettre au jour une contradiction dans ce qu'il dit. Si sa pensée est suffisamment complexe et cohérente, ce qui est le cas des grands philosophes, il a généralement la possibilité, lui ou ses défenseurs vivants, d'enrichir sa sémantique en sorte de lever la forme contradictoire. À défaut toutefois d'être réfuté, son modèle perd en simplicité sémantique et pragmatique au fur et à mesure où interviennent de tels enrichissements sémantiques *ad hoc*, lesquels constituent en quelque sorte des épicycles conceptuels chargés de le sauver.

impossibilité ordinaire ne pourraient légitimement intervenir que si la réalité ordinaire était envisagée dans une visée compatible avec le formalisme logique : à savoir supposer que l'on a affaire exactement au même objet, selon le même point de vue, sans le moindre devenir, etc. Or, une telle compatibilité est forcément illusoire : car cette identité en jeu que l'on devrait ici faire intervenir est une identité logique, alors que dans la réalité ordinaire, comme nous l'avons vu, il n'y a qu'une identité typale. Nous n'avons jamais affaire exactement aux *mêmes* objets considérés exactement du *même* point de vue, auxquels on accorderait les *mêmes* propriétés, au sens de l'identité logique. En conséquence, nous devrions en conclure que le principe de non-contradiction ne s'applique qu'en logique et non dans la réalité ordinaire.

Une telle conclusion serait évidemment excessive. Certes, l'identité effective n'est pas l'identité logique mais une simple identité typale relative ; toute détermination identitaire est liée à une visée pragmatique en sorte qu'il n'est pas possible de distinguer nettement entre fait et valeur ; toute visée engage un point de vue particulier et relatif, indépendamment de toute hypothèse théologique concernant un « point de vue absolu ». Il n'en reste pas moins que la plupart des observations que nous pouvons faire dans la réalité ordinaire, par exemple, « le chat est sur la table » relève du principe de non-contradiction : il n'y a que deux possibilités – le chat est ou n'est pas sur la table – et pour vérifier laquelle est la bonne, il suffit de regarder. Pourquoi ? Parce que nous admettons consensuellement que l'identité en jeu est analogue à une identité logique, que l'individu est analogue à un individu complet dans ses propriétés, que le rôle de l'évaluation est négligeable, que les différences de point de vue sont négligeables, etc. Nous opérons donc une idéalisation de la réalité ordinaire, au sens où l'expérience scientifique est une idéalisation de la réalité ordinaire, en négligeant certaines variables qui, par ailleurs, peuvent devenir essentielles, comme le frottement pour l'étude du mouvement d'un corps sur un plan incliné. C'est en vertu de cette idéalisation que le principe de non-contradiction peut s'appliquer dans la réalité ordinaire, avec le succès que l'on sait.

Sans une telle idéalisation, nous ne pourrions construire un monde commun où l'action pourrait se développer efficacement. L'approche logique n'est pas première, elle ne commande pas la saisie de la réalité ordinaire. Elle est seconde et ne peut s'appliquer à la réalité ordinaire qu'à la suite d'une idéalisation pragmatique de cette dernière.

Il en va de même du principe de bivalence qui peut s'énoncer de la façon suivante : quelle que soit la proposition *p*, *p* est soit vraie, soit fausse. L'application de ce principe aux questions concernant le futur conduit directement à la querelle des futurs contingents : la proposition « l'événement E aura lieu à l'instant t_n futur » peut-elle déjà être considérée comme vraie ou fausse ?

Répondre oui à cette question suppose que l'on puisse établir une identité sémantique entre l'événement E à l'instant t_0 où la proposition est énoncée, et l'événement E' qui est jugé se produire à l'instant t_n. Ce qui est tout sauf évident. Imaginons le cas d'un conseiller de Louis XVI lui annonçant en 1786 qu'une révolte aura lieu en 1789. Sa proposition peut être jugée vraie si l'on estime que la Révolution de 1789 est un type de révolte, et fausse si l'on considère que la Révolution de 1789 n'a rien à voir avec une simple révolte [1].

Comme il n'est pas possible de garantir une identité sémantique absolue dans le temps, il n'est pas possible d'affirmer qu'une proposition portant sur l'avenir est d'emblée vraie ou fausse. Comme le principe de non-contradiction, le principe de bivalence n'est applicable à la réalité ordinaire (aussi bien qu'à toute réalité physique) que sur la base de son idéalisation.

Si notre théorie des objets non existants s'inscrit dans une claire filiation par rapport à la théorie de Meinong, elle en est toutefois très différente. Dans son essai de 1904, *La théorie de l'objet* (*Über Gegenstandtheorie*), Meinong prétend élargir l'ontologie en travaillant sur les objets *subsistants* comme les idéalités mathématiques. Notre projet repose au contraire sur un abandon radical en philosophie de toute approche ontologique. Lorsque Meinong théorise un objet pur au-delà de l'être, il retrouve le sens le plus profond du projet platonicien, tel qu'il se réalise dans le *Parménide* [2]. La pensée de l'un absolu au-delà de l'être est à la fois condition de toute ontologie sans pour autant en relever, de même que le soleil de *République* VI est principe invisible de toute vision [3].

1. Voir la réponse fameuse de François Alexandre Frédéric de La Rochefoucauld, duc de Liancourt, à Louis XVI, le 14 juillet 1789, au soir de la prise de la Bastille par les Parisiens : « – Mais, c'est une révolte ? – Non Sire, c'est une révolution ! ».

2. Du moins, selon l'interprétation que nous avons donnée de ce dialogue. Voir A. Séguy-Duclot, *Le* Parménide *de Platon ou le jeu des hypothèses*, Paris, Belin, 1998.

3. Lorsque Jocelyn Benoist, commentant Meinong, remarque que : « La notion d'objet est plus universelle que l'être [...] : elle est condition de l'ontologie, du partage de l'être et du non-être, mais extérieure à l'ontologie » (*Représentations sans objet*, Paris, PUF, 2001, p. 123), le parallèle avec l'un absolu du *Parménide* est frappant. Ce parallèle est accentué lorsqu'il ajoute que l'objet pur chez Meinong excède le point de vue logique (*ibid.*, p. 129). De

Le sens historique du passage d'une théorie de l'un absolu à une théorie de l'objet, nous semble correspondre au détachement de la philosophie par rapport à la perspective théologique d'une visée intentionnelle absolue. L'unité est désormais comprise comme unité d'une visée intentionnelle relative, donc d'un objet relatif pour un sujet relatif et fini. Or, ce même détachement conduit à remettre en cause la perspective ontologique, car la position absolue de l'être en soi continue à supposer une telle visée intentionnelle absolue. Si donc Meinong avait saisi le sens historique de son projet, il aurait dû, nous semble-t-il, renoncer à lui donner une forme ontologique.

Rejeter l'ontologie, cela veut dire reprendre le projet global de Meinong, c'est-à-dire la constitution d'une théorie générale de l'objet, mais indépendamment de toute finalité ontologique, donc dans une perspective relativiste et anontologique. Il semble alors que notre projet théorique soit de sortir enfin de la métaphysique, sortie à ce point douloureuse qu'elle ne cesse d'être différée depuis Kant[1], par un retour inéluctable de l'illusion ontologique à laquelle l'humain ne semble pas prêt à renoncer. En fait, ce n'est pas exactement le cas. Car les objets de la métaphysique : l'Être, l'Âme, le Monde, etc., sont des absolus. Or, la visée de l'absolu est constitutive de l'humain lui-même. En sorte que le contenu de la métaphysique devra être repris par la philosophie, mais dans un cadre anontologique et relatif.

même, l'Un absolu de la première hypothèse du *Parménide* est dit ne pas être un. La théorie de l'objet de Meinong occupe approximativement la place, dans le cadre d'une théorie moderne de la subjectivité, de l'hénologie dans la métaphysique platonicienne.

1. En distinguant entre la réalité empirique et la chose en soi, qui joue un rôle de référentiel ontologique absolu, la philosophie transcendantale de Kant prétend échapper à l'ontologie, et donc à la métaphysique, qui a pris historiquement le sens d'une théorie ontologique (donc absolue) de l'objet. L'enjeu kantien est de construire un réalisme empirique, « interne » dira Putnam, et non métaphysique, « externe ». Mais ce projet reste lié à la métaphysique, dans la mesure où l'objet reste articulé chez Kant à la chose en soi, et où l'effectivité (*Wirklichkeit*) conserve un sens ontologique. En ce sens, l'interprétation par Heidegger de l'objectivité de l'objet chez Kant comme *être de l'étant*, même si elle est difficilement acceptable d'un point de vue strictement kantien au sens où elle remet en cause la distinction entre l'approche transcendantale et l'approche ontologique, n'est pas sans légitimité.

CHAPITRE X

L'AFFAIRE SHERLOCK HOLMES

L'absence de distinction entre *réalité* et *existence* a pu conduire les logiciens à être troublés par certains énoncés parfaitement usuels, comme : « Sherlock Holmes [1] est anglais ». En affirmant cela, il semble en effet que nous admettions problématiquement l'existence de ce qui n'en a pas.

La distinction opérée par Frege entre sens et désignation [2] conduit à la solution suivante. Sherlock Holmes n'existant pas, sa désignation est vide. Dès lors, toute phrase où ce nom intervient a une désignation vide. Or, pour Frege, si le désigné d'un nom propre (au sens logique) est un objet, le désigné d'une phrase assertive est sa valeur de vérité. En conséquence, la phrase « Sherlock Holmes est anglais » n'a pas de valeur de vérité. Elle n'est ni vraie, ni fausse.

Mais Frege serait parvenu au même résultat avec la phrase : « Sherlock Holmes est français ». Il n'y a donc aucune raison d'affirmer l'une plutôt que l'autre. J'en conclus qu'il est donc aussi légitime de dire que Sherlock Holmes est français que de dire qu'il est anglais... Les Anglais apprécieront.

Le raisonnement de Frege peut surprendre. Pourquoi Frege fait-il de la valeur de vérité la désignation de la proposition ? Parce qu'il raisonne en

1. Les exemples en jeu faisant usage de noms propres linguistiques, nous sommes obligés ici de faire de même. Comme nous n'avons pas encore construit une théorie du nom propre linguistique, nous le réduirons à un simple type individuel. Ce qui n'est pas illégitime. Si tout type individuel n'a pas de nom propre linguistique, tout nom propre linguistique se rapporte à un type individuel.

2. Voir « Sens et désignation » (1892), dans *Écrits logiques*, *op. cit.*, p. 102-126.

logicien. Or, dans le calcul des propositions, les propositions *p* et *q* – dont la différence phonétique est l'indice d'une différence sémantique indéterminée – ne désignent que des événements logiques, c'est-à-dire des valeurs de vérité : Vrai ou Faux. On peut ici lui objecter que ce qui vaut pour la logique ne vaut pas pour le langage ordinaire. Le désigné d'une proposition est désormais un événement réel ou un état de choses et non une valeur de vérité.

Qu'est-ce donc que la vérité pour une proposition cognitive du langage ordinaire ? Ni son sens, ni sa désignation. Ce qui est impensable pour Frege qui en reste à cette distinction binaire. Mais pas pour nous qui distinguons le sens de la désignation et de la signification. Si « Jean mange une pomme » fonctionne comme une simple proposition cognitive, sa désignation est un événement, mais sa signification engage une valeur de vérité : la réaction visée par une proposition cognitive est une approbation[1]. Ce qui implique, soit dit en passant, une redéfinition pragmatique de la vérité[2].

Cette correction de l'analyse de Frege ne remet cependant pas en cause le principe de son raisonnement. Car la réalité en général, telle que nous l'avons redéfinie, est condition de possibilité de toute validation ou invalidation. Si donc une phrase n'a pas de désigné réel, elle ne peut avoir de valeur de vérité, du moins quant à la désignation.

La phrase « Sherlock Holmes est anglais » a-t-elle un désigné réel ? Frege pense manifestement que non. Sa position apparaît clairement dans son traitement de l'exemple d'Ulysse, déposé sur le sol d'Ithaque dans un

1. Seules les propositions cognitives, dont font partie les propositions descriptives, ont pour signification une valeur de vérité. Du coup, la confusion (illégitime et implicite) opérée par Frege entre la désignation d'une proposition réelle et la signification pragmatique d'une proposition descriptive, constative, le conduit à affirmer (*ibid.*, p. 114) que les subordonnées introduites par « que » après « ordonner », « prier » : n'ont pas de désignation, donc pas de valeur de vérité, mais seulement un sens. Ce qui n'est pas correct : si un ordre ne se raccordait à aucun désigné dans la réalité ordinaire, personne ne lui obéirait. Simplement, s'il a une signification, puisqu'il vise une réaction, cette signification n'est pas une valeur de vérité : que celui à qui l'on donne un ordre le reconnaisse ou non comme « vrai » est secondaire, ce qui compte, c'est qu'il l'exécute. Ajoutons qu'une même proposition, par exemple « Pierre est adroit », peut, selon le contexte, se voir attribuer des significations radicalement différentes. Elle peut être un simple constat objectif, une flatterie, une invitation à prendre Pierre pour modèle, une tentative de convaincre Pierre qu'il peut y arriver, une tentative d'humilier les autres, une antiphrase, etc. Affirmer que toute proposition de la forme « A est b » est équivalente à « il est vrai que A est b » ne vaut qu'en logique, mais pas dans le langage ordinaire.

2. Sur le sens pragmatique de la vérité et son rapport avec les autres concepts de vérité, notamment celui de vérité référentielle par adéquation, voir ci-dessous, Recherche 3, chap. IX.

profond sommeil[1]. Comme Ulysse a un sens, mais sans doute pas, selon Frege, de désignation (puisque c'est vraisemblablement un personnage fictionnel, donc non existant), Frege en conclut qu'il est douteux que la proposition entière ait une désignation. Le fait qu'elle n'ait pas de valeur de vérité correspond à son statut de fiction artistique.

D'une certaine façon, Frege a raison : cette proposition n'a pas de désignation dans la réalité ordinaire, et donc, du point de vue de l'existence, n'a pas de valeur de vérité. Mais Frege oublie qu'un commentaire de l'œuvre d'Homère est possible, et là, il n'est pas indifférent d'affirmer qu'Ulysse ou Palamède fut ou ne fut pas déposé sur le sol d'Ithaque ou de Crète, dans un profond sommeil ou éveillé. Car la désignation en jeu est cette fois fictionnelle, et la proposition est alors bel et bien susceptible de recevoir une valeur de vérité.

Il en va de même pour notre exemple. Il suffit de lire l'œuvre de Conan Doyle pour vérifier que Sherlock Holmes est bien anglais et non français. Il y a bien une réalité de Sherlock Holmes, fictionnelle et non ordinaire.

La solution de Frege doit donc être à nouveau rectifiée : il faut non seulement distinguer la désignation de la signification, et identifier la valeur de vérité d'une proposition du langage ordinaire à sa signification cognitive et non à sa désignation, mais distinguer entre ne pas avoir de réalité ordinaire (ou d'existence) et ne pas avoir de désignation réelle. Sherlock Holmes possédant une réalité, même s'il n'a pas d'existence, les propositions qui portent sur lui sont susceptibles de valeur de vérité. Non certes du point de vue de l'existence, mais du point de vue de la réalité fictionnelle en jeu, désignée par les phrases où intervient Sherlock Holmes.

Notre rectification de Frege nous fait toutefois tomber sous la critique de Russell :

> Le sens de la réalité est vital en logique ; celui qui jongle avec lui en soutenant que Hamlet a un autre genre de réalité rend un bien mauvais service à la pensée[2].

Admettre des objets inexistants, c'est en effet se heurter au paradoxe suivant : en affirmant que A n'existe pas, on présuppose en fait l'existence de A qui est celle d'un inexistant… Le cercle logique semble inévitable. Russell propose en 1905 une solution à ce paradoxe[3]. Appliquée à notre

1. « Sens et désignation », *op. cit.*, p. 108.
2. B. Russell, *Introduction à la philosophie mathématique*, Paris, Payot, 1991, p. 317.
3. Voir « On Denoting », *op. cit.*

exemple, elle consiste à remplacer « Sherlock Holmes est anglais » par « Il existe un individu qui porte le nom de Sherlock Holmes et qui est anglais ».

Considérons ces deux phrases. La première indique la nationalité d'un personnage fictionnel : il faut lire Conan Doyle pour la vérifier. Alors que la seconde peut être validée si, sans avoir lu Conan Doyle, nous découvrons un Anglais nommé Holmes qui, par le plus grand des hasards, ou à la suite d'un choix facétieux de ses parents (on a vu pire), s'est vu attribuer le prénom Sherlock. On ne peut donc substituer l'une à l'autre.

Ajoutons que si l'on opère la substitution proposée par Russell, et si, comme c'est probable, aucun Anglais actuel ne porte le nom de Sherlock Holmes, la phrase « Sherlock Holmes est anglais » devient fausse. De plus, sauf cas exceptionnel d'homonymie, cette fausseté pourrait être élargie à tous les énoncés portant sur des héros fictionnels ou des personnages de mythologie[1]… Cette solution est non seulement approximative, mais elle n'est vraiment pas raisonnable[2]. La reprendre rendrait précisément un bien mauvais service à la pensée…

Contrairement à ce que croit Russell, à la suite de Frege, il n'y a pas qu'un seul modèle de réalité permettant de valider ou d'invalider les énoncés du langage ordinaire. C'est précisément cette pluralité des espèces de réalité qui permet de lever le « paradoxe » des objets non existants : affirmer que A n'existe pas, ce n'est pas présupposer contradictoirement l'existence de A, mais seulement sa réalité, laquelle, dans le cas des objets impossibles, se réduit à leur réalité linguistique. Il n'y a de paradoxe que pour ceux qui se refusent à distinguer réalité et existence. Pour les autres, la proposition « Sherlock Holmes n'existe pas » ne fait qu'indiquer que *la*

1. Du moins pour les occurrences primaires du personnage et non pour ses occurrences secondaires, selon la distinction établie par Russell dans « On Denoting ». Mais cela ne change rien au problème : les occurrences primaires des personnages ou des héros mythologiques, figurant donc non dans une simple proposition constituante de la proposition examinée, mais dans cette proposition tout entière, abondent dans les ouvrages de critique littéraire ou de mythologie. Cela n'autorise en rien à leur refuser toute vérité.

2. La critique de Russell par Strawson dans « On Referring » (*Mind*, 1950) n'est pas ici satisfaisante. Strawson estime contre Russell qu'une proposition n'a pas de valeur de vérité hors contexte, et que lorsque, dans un contexte déterminé, le sujet de la proposition n'existe pas, cette dernière est non fausse comme le pense Russell, mais dépourvue de valeur de vérité, comme le pense Frege. On peut ici répondre à Strawson que la proposition considérée est certes dépourvue de valeur de vérité du point de vue de l'existence. Mais la réalité ne se réduit pas à l'existence. Si la proposition engage une réalité non existante, elle peut recevoir une valeur de vérité, et notamment elle peut être vraie. Nous reviendrons sur la question du contexte Recherche 3, chap. v, et sur la solution de Strawson en Recherche 3, chap. v, p. 231-232.

réalité de Sherlock Holmes n'est pas la réalité ordinaire ou existence. Ce qui est *vrai*, puisque sa réalité est fictionnelle.

Comprendre la pluralité des espèces de réalité oblige toutefois à obéir à une loi d'homogénéité de la réalité, pour ne pas conduire à des fautes de raisonnement. Par exemple, conclure de ce que « Toutes les fées sont des femmes » et « Toutes les fées sont non humaines », que « Certaines femmes sont non humaines ». Les prémisses n'étant vraies que dans une réalité fictionnelle, il n'est pas correct d'en tirer la vérité de la conclusion pour la réalité ordinaire [1].

Il semble que notre rejet de la solution de Russell nous conduise à rejeter pareillement la solution de Quine qui s'inscrit explicitement dans la continuité de celle de Russell. Quine proposerait en effet de remplacer « Sherlock Holmes est anglais » par « Il existe un individu qui Sherlock-Holmise [*c'est-à-dire qui possède les propriétés de Sherlock Holmes*] et qui est anglais » [2]. Cette seconde phrase semble fausse. Ce qui semble nous reconduire aux difficultés de la solution de Russell.

Mais la question est compliquée par l'usage du terme *Sherlock-Holmiser*. Que peut-il signifier ? Le personnage de Sherlock Holmes est un type particulier, susceptible d'une indéfinité d'occurrences identiques. Par conséquent, *Sherlock-Holmiser*, ce n'est pas, comme on pourrait le croire un peu rapidement, posséder toutes les propriétés que Sherlock Holmes peut se voir attribuer (avoir tel déguisement à la page tant de telle histoire, par exemple), mais seulement ses propriétés typales, permettant sa reconnaissance identitaire. À savoir, porter des vêtements de tel type, avoir une silhouette de tel type, etc. C'est ce sens typal que manque Quine lorsqu'il prétend ramener les noms propres à des descriptions définies au sens de Russell.

Or, sur une scène de théâtre ou sur un plateau de cinéma, on rencontre régulièrement des acteurs qui *Sherlock-Holmisent*. Tout comme les jeunes acteurs américains des années 1950 se sont mis à *Marlon-Brandoniser*, ou les jeunes actrices françaises des années 1960 à *Brigitte-Bardotiser*.

Qu'un objet existe ou non n'empêche nullement que, dans l'existence, on puisse rencontrer des individus qui reproduisent effectivement son

1. On évitera ici de confondre la non-humanité et l'inhumanité. Si l'humain ne peut être non humain, seul l'humain peut être inhumain, c'est-à-dire avoir un comportement indigne d'un être humain. Il n'y a ici nulle contradiction. Dans un cas, *humain* fonctionne comme un simple concept relatif (ou même un type biologique), dans l'autre, comme une idée, possédant donc une prétention à l'absoluité.

2. Voir « De ce qui est », dans *Du point de vue logique*, *op. cit.*, p. 34.

type. Ce qui conduit à une reconnaissance identitaire : « C'est Sherlock Holmes ! ». Si du moins l'imitation du type est satisfaisante. Parfois cette reconnaissance est irritante, ce qui conduit à des exclamations du genre : « Cesse de faire ton Sherlock Holmes ! ». Ce genre de phrases montre non seulement que l'on peut Sherlock-Holmiser, mais que les noms propres ont un sens, typal certes et non conceptuel.

Bien entendu, l'identité en jeu est typale, et ne correspond pas à l'identité au sens logique : *c'est* (du point de vue de l'identité typale) et *ce n'est pas* (du point de vue de l'identité logique[1]) Sherlock Holmes. De même, lorsque je montre une photo de Médor et que j'affirme « *c'est* Médor », il ne faut pas s'attendre à ce que la photo se mette à aboyer. Il s'agit d'une simple image de Médor. Une image, qui est une occurrence du modèle-type, *est* et *n'est pas* son modèle[2].

On peut donc adresser au moins quatre reproches à Quine :

1) La phrase « Sherlock Holmes est anglais » est vraie et non fausse.
2) L'identité en jeu étant typale et non logique, *Sherlock-Holmiser* a un sens typal et non conceptuel.
3) La phrase : « Il existe un individu qui Sherlock-Holmise et qui est anglais » peut être vraie. On peut en effet rencontrer un Anglais qui se déguise en Sherlock Holmes.
4) Cette vérité possible n'a rien à voir avec la vérité de « Sherlock Holmes est anglais », car ces deux phrases ne sont nullement équivalentes quant au sens et à la désignation[3].

Ces quatre reproches reposent en fait sur deux critiques plus générales. Dans son article « De ce qui est », Quine s'oppose à un personnage fictif

1. Précisons toutefois que si, lorsque nous évoquons l'identité individuelle totale, à laquelle la photo n'est pas adéquate, nous visons l'identité logique, en fait, dans la reconnaissance d'un type particulier, il s'agit *toujours* d'une identité typale. Lorsque je reconnais mon chien Médor dans l'existence, je ne parcours pas la totalité de ses propriétés – qui du reste n'est jamais complète – mais je reconnais son type individuel particulier. La différence entre l'identité typale de l'image visuelle et celle de la reconnaissance dans la réalité ordinaire est alors une différence entre deux types individuels, le second étant nettement plus complexe que le premier : Médor possède tel type d'aboiement, tel type de comportement, etc.

2. Ce qui permet de mieux comprendre le jeu de présence et d'absence au sein de la relation image-modèle. Voir ci-dessus, Recherche 2, chap. V, p. 109.

3. Plus précisément, dans la reformulation de Quine, « être anglais » est une propriété de l'occurrence du type Sherlock-Holmes, alors que dans la phrase « Sherlock-Holmes est anglais », c'est une propriété du type lui-même.

Wyman qui s'inscrit dans la lignée de Meinong [1]. Or, la critique de Wyman par Quine repose principalement sur deux principes : l'identification de la notion ontologique d'*existence* à la réalité authentique et le principe de l'indiscernabilité des identiques de Leibniz. Mais nous avons montré premièrement que ce principe de Leibniz ne vaut pas pour la réalité ordinaire et deuxièmement que l'existence, réduite à la simple réalité ordinaire, relative et désontologisée, n'est qu'une espèce de réalité, au même titre que la réalité fictionnelle.

Comment peut-on distinguer une chose qui n'existe pas d'une autre chose qui n'existe pas ? demande Quine, moqueur, aux tenants de la positivité de la non-existence. Mais très simplement, aurait pu lui répondre Wyman : en les référant à leur réalité propre. Ainsi, le texte de Conan Doyle permet de distinguer avec précision Sherlock Holmes du docteur Watson, en sorte que ceux qui veulent Sherlock-Holmiser ne se comporteront pas du tout de la même façon que ceux qui choisissent plutôt de Watsoniser.

Élémentaire, non ?

Pour conclure sur le débat qui nous a occupé depuis le début de cette deuxième partie centrée sur la sémiotique, notre théorie du sens et de la désignation nous a permis de montrer deux points, au prix d'un nombre important de distinctions conceptuelles. Premièrement, que le sens est toujours lié à une désignation, laquelle peut être ou non existante. Deuxièmement, qu'il y a bien équivalence entre la définition du signe comme signal doté de sens et comme signal doté de désignation. Nous pouvons donc maintenir notre définition du sens comme saisie abstraite des propriétés communes permettant de rassembler les objets, corrélats de la visée intentionnelle subjective, dans une classe de désignation selon l'identité (sens typal) ou la similarité (sens conceptuel). Notre distinction entre signal et signe est désormais légitimée.

1. Notons l'ironie consistant à renvoyer le tenant de la réalité du fictionnel à une simple fictionnalité.

RECHERCHE 3

SÉMIOLOGIE

CHAPITRE PREMIER

L'ANIMAL ET L'HUMAIN

Après avoir considéré les concepts principaux de la sémiotique, notamment ceux de signe, de sens et de désignation, nous pouvons concentrer notre étude sur les concepts permettant de penser la spécificité de la communication humaine, c'est-à-dire d'inscrire notre analyse dans cette espèce de la sémiotique qu'est la sémiologie[1].

Une objection toutefois se présente aussitôt. Pouvons-nous tracer une frontière nette entre l'humain et l'animal? Notre travail jusqu'à présent semble avoir remis en cause une telle possibilité. Nous avons vu en effet que la communication intercellulaire est un système de signaux comportant information, contenu d'information (la reconnaissance porte sur une structure chimique déterminée) et signification. Mais elle ne fait intervenir, ni intention, ni désignation, ni sens, ni représentation. En revanche, à partir d'un certain degré de complexité, les animaux à système nerveux central possèdent, avons-nous dit, pensée, intentionnalité, subjectivité, culture, langage doté de sens et de désignation (donc composé de signes et non de simples signaux), et même représentation. Reconnaître tant aux animaux semble indiquer que la question d'une frontière entre l'animal et l'humain est illusoire. La distinction entre communication animale et communication humaine, donc entre sémiotique et sémiologie, paraît alors inadéquate.

En fait, cette reconnaissance est paradoxalement la condition même d'une différenciation précise entre l'animal et l'humain. Il convient en effet d'éviter à la fois le vague de la confusion et la distinction trop tranchée d'un

1. Voir ci-dessus, Recherche 1, chap. V, p. 53.

Descartes. Ce dernier ne semble considérer que les extrêmes : les animaux dotés d'un système nerveux non centralisé et les humains, laissant dans l'ombre le nombre immense des espèces intermédiaires. Lorsque Heidegger retrouve, à partir d'une approche pourtant opposée à celle de Descartes, une distinction abyssale entre l'animal et l'humain[1], il se garde bien de travailler près de la frontière, en évoquant par exemple les chimpanzés ou les bonobos, pour ne considérer que des comportements animaux moins proches et plus simples, comme ceux de l'abeille[2].

Préciser le statut des espèces intermédiaires, c'est s'approcher de la frontière, afin d'en dégager le tracé. Si les animaux aux cerveaux les plus complexes possèdent une pensée intentionnelle, subjective et représentationnelle, s'ils sont dotés d'une culture et d'un langage, la différence spécifique entre l'animal et l'humain doit être redéfinie.

Notre analyse précédente semble ici nous fournir une réponse. L'être humain correspond à un niveau supérieur de complexité au sens où sa pensée intentionnelle est capable de réflexivité conceptuelle et de conscience. Cette réflexivité n'est pas équivalente au fait d'être un sujet – le fait de posséder une intentionnalité ne suppose pas qu'elle soit accompagnée de réflexivité – ni même d'avoir une reconnaissance typale de son identité individuelle comme dans la reconnaissance de son image (qui est une occurrence de son type corporel individuel) dans un miroir. Une telle réflexivité typale[3] dont les chimpanzés sont capables, n'est pas équivalente avec une réflexivité conceptuelle, sans quoi on ne pourrait rester conscient et perdre la compétence de se reconnaître dans un miroir, ce qui est le cas des patients atteints de prosopagnosie[4]. Le stade du miroir n'est pas équivalent à la conscience telle que je l'ai définie, c'est-à-dire non comme visée intentionnelle subjective mais comme conscience de soi[5]. L'accès à la conscience implique vraisemblablement un niveau supérieur de complexité neuronale, capable d'opérer une régulation du système nerveux central, et dont la structure reste encore à découvrir.

1. Voir *Les concepts fondamentaux de la métaphysique*, *op. cit.*, p. 263-404.

2. Voir A. Séguy-Duclot, « Humanisme et animalité », dans *Heidegger et la question de l'humanisme*, *op. cit.*, p. 329-342.

3. Voir A. Séguy-Duclot, *Culture et civilisation*, *op. cit.*, p. 79-80.

4. Voir M. Hauser, *À quoi pensent les animaux ?*, Paris, Odile Jacob, 2002, p. 124-127.

5. L'expérience du touchant-touché évoquée par Merleau-Ponty, qui est partagée par les chimpanzés, ne correspond pas plus que le stade du miroir à l'accès à la conscience de soi telle que nous l'avons définie.

La réflexivité conceptuelle étant caractéristique de l'humain, elle permet d'en donner une définition neurobiologique autre que la définition biologique typale par le phénotype et le génotype, utilisée pour l'ensemble des espèces vivantes. L'espèce *Homo sapiens*, dans la définition neurobiologique, est englobée dans le genre animal ; plus précisément, dans l'ensemble des animaux dont la pensée est intentionnelle, subjective et représentationnelle ; et plus précisément encore, dans le sous-ensemble des animaux dont la pensée est intentionnelle, subjective, représentationnelle et consciente[1], dont il est présentement la seule espèce survivante connue – les autres, comme l'*Homo neanderthalensis*, ayant disparu.

On pourrait toutefois nous objecter que les animaux semblent capables de reconnaître les intentions des autres animaux, et donc avoir une « théorie de l'esprit ». Nous pouvons ici répondre que ces deux capacités ne sont pas équivalentes. Une reconnaissance peut en effet être typale ou conceptuelle, alors qu'une « théorie de l'esprit » suppose une réflexivité conceptuelle, si du moins on donne au terme *théorie* le sens usuel qu'il a dans la littérature philosophique. Le fait qu'un animal soit capable d'anticiper sur l'action d'un autre animal implique sans doute qu'il soit capable de saisir, à certains signes indiciels typaux, l'intention de cet autre animal. Mais il ne s'agit que d'une reconnaissance typale d'une intention typale. Il n'est pas utile de supposer ici que l'animal ait conceptualisé l'intention en question, par réflexivité conceptuelle, et qu'il l'ait reconnue chez l'autre animal. D'autant que la possession d'une pensée conceptuelle est difficilement compatible avec les performances intellectuelles animales[2].

Daniel Dennett propose toutefois une compréhension contraire de l'intentionnalité animale[3]. Il distingue[4] en effet trois degrés fondamentaux de systèmes intentionnels. Dans les systèmes intentionnels de premier ordre, l'individu a des croyances et des désirs, mais n'a pas de croyance et de désir à propos de croyance et de désir, c'est-à-dire pas de réflexivité. La forme logique de ces systèmes est : « *x* croit que *p* », « *y* veut que *q* », où *p* et *q* sont des clauses qui ne contiennent aucun idiome intentionnel. Dans les systèmes intentionnels de deuxième ordre, l'individu a des croyances et des

1. Il existe naturellement d'autres critères permettant de penser des divisions supplémentaires, par exemple selon qu'un animal est capable ou non de reconnaître un individu (est capable de représentation individualisante), ou est capable ou non de se reconnaître dans un miroir (est doté de réflexivité typale).

2. Voir ci-dessus, Recherche 2, chap. VI, p. 129.

3. *La stratégie de l'interprète*, Paris, Gallimard, 1990.

4. *Ibid.*, p. 316.

désirs au sujet de ses croyances et de ses désirs. On passe donc d'une intentionnalité non réflexive (ordre 1) à une intentionnalité réflexive (ordre 2) capable de prendre en compte l'intentionnalité de l'autre. La forme logique de ces systèmes est : « *x* veut que *y* croie que *x* a faim », « *x* croit que *y* attend que *x* saute à gauche », « *x* craint que *y* découvre que *x* a une cache pour sa nourriture ». Dans les systèmes intentionnels de troisième ordre, la réflexivité se redouble, comme : « *x* veut que *y* croie que x croie qu'il est seul ». Naturellement on peut ensuite passer au quatrième ordre, au cinquième ordre, etc. par le jeu indéfini de la réflexivité. Selon Dennett, les singes ont une intentionnalité d'ordre 2. Mais il hésite à leur reconnaître une intentionnalité d'ordre 3[1].

L'enjeu premier de l'analyse de Dennett est de s'opposer au béhaviorisme en reconnaissant une intentionnalité aux animaux, et en distinguant l'intentionnalité simple et l'intentionnalité réflexive, ce en quoi nous sommes d'accord avec lui. Toutefois, si le béhaviorisme est possible, c'est-à-dire, si le comportement animal peut être envisagé d'un point de vue béhavioriste en termes de stimulus et de réponse[2], c'est que l'intentionnalité animale est compatible avec un comportement répétitif dans des conditions identiques, et n'engage en rien de recourir à la conceptualité. Ce qui indique que l'intentionnalité en jeu chez l'animal est en fait typale et non conceptuelle.

Pour justifier le fait que les singes ont accès à l'intentionnalité d'ordre 2 (réflexive), Dennett évoque le singe vervet qui trompe ses adversaires en imitant le cri signalant un léopard, ce qui les met en fuite[3]. Toutefois, une telle performance peut tout à fait être interprétée sans prendre en compte l'intention des autres animaux, c'est-à-dire sans avoir recours à une réflexivité typale, comme un simple raisonnement typal : le cri du léopard provoquant la fuite, le singe qui a l'intention de provoquer une fuite n'a qu'à imiter son cri.

Mais la difficulté principale de l'analyse de Dennett est ailleurs. Si la saisie réflexive de l'intentionnalité est conceptuelle, elle est délivrée de toute limitation identitaire, et peut se combiner indéfiniment. Si par

1. *La stratégie de l'interprète*, *op. cit.*, p. 317.

2. Comme le note Dennett lui-même (*ibid.*, p. 326), l'adversaire du béhaviorisme se heurte au dilemme suivant : ou bien il invoque un comportement isolé, non reproductible, mais il n'a pas alors de valeur scientifique; ou bien il est reproductible (et nous ajoutons ici, *à l'identique*, dans cette structure *typale* qu'est une expérience scientifique), mais le béhavioriste peut y voir alors un conditionnement.

3. *Ibid.*, p. 322.

exemple, je sais que je sais, alors je sais aussi que je sais que je sais, je sais que je sais que je sais que je sais[1], etc. Il suffit donc de se situer au niveau d'intentionnalité 2, réflexif, pour pouvoir se situer à tous les autres niveaux : distinguer les niveaux 2, 3, 4, 5 comme le fait Dennett, comme si chacun engageait le passage à un degré de complexité supérieur du cerveau, est fictif. Le fait même que Dennett admette que les animaux ne sont capables que d'une réflexivité d'ordre 2 mais sans doute pas d'ordre 3, et certainement pas d'ordre 4, 5, etc., montre que cette réflexivité n'est pas conceptuelle et doit donc reposer sur des images mentales types. Il en va de la reconnaissance typale d'une intention comme de la saisie typale d'un nombre : les performances des animaux sont réelles mais rencontrent vite leurs limites, du fait de la méthode qu'ils utilisent.

Il est d'usage actuellement de dénigrer les travaux des béhavioristes. Mais, tout en étant opposés au réductionnisme béhavioriste, nous pouvons reconnaître à son approche une légitimité méthodologique, du fait de la typalité de l'intentionnalité animale. Sa mise entre parenthèses des questions d'intentionnalité et de subjectivité, vu la confusion conceptuelle de ces notions, n'était pas sans sagesse.

Du reste, trop accorder aux singes a un prix : il faut alors tout retirer aux animaux n'ayant pas les mêmes performances intellectuelles. Faisant l'hypothèse d'une intentionnalité des abeilles, Dennett propose l'analyse suivante :

> Supposez, par exemple, que nous adoptions le point de vue intentionnel à l'égard des abeilles et que nous relevions avec étonnement qu'elles semblent *savoir* que les abeilles mortes posent un problème d'hygiène dans une ruche ; quand une abeille meurt ses sœurs *reconnaissent* qu'elle est morte, et croyant que les abeilles mortes font courir un risque à l'hygiène de la collectivité, et *voulant*, de manière suffisamment rationnelle, éviter les problèmes d'hygiène elles *décident* qu'elles doivent enlever l'abeille morte immédiatement[2].

Dennett prend alors prétexte du caractère improbable[3] de ce scénario pour les abeilles, lesquelles réagissent simplement à l'odeur de l'acide oléique, pour leur refuser l'intentionnalité, qu'il accorde au contraire aux singes. Une telle conclusion est douteuse. Les abeilles sont des animaux qui

1. Cette intuition se trouve déjà chez Spinoza, dans son *Traité de la réforme de l'entendement*, § 34, mais selon une tout autre visée démonstrative.

2. *La stratégie de l'interprète*, *op. cit.*, p. 332.

3. *Ibid.*, p. 332.

possèdent un système nerveux central, communiquent par signes (typaux) et ont donc affaire à une objectivité (typale). Reconnaître une intentionnalité aux animaux, c'est reconnaître une visée objectivante qui conduit l'animal à utiliser non de simples signaux dotés d'efficace pragmatique (de signification) mais des signes désignant un objet, donc dotés de sens et de désignation. Mais cela n'est nullement équivalent au fait de développer une pensée rationnelle, engageant des concepts[1] et des raisonnements complexes sur les risques liés à l'hygiène[2]. Le fait que le comportement des abeilles ne correspond pas au scénario d'une intentionnalité engageant une réflexion conceptuelle ne signifie pas que leur comportement n'engage aucune intentionnalité. Dennett commet ici une erreur analogue à celle de ses adversaires béhavioristes. Cette erreur montre qu'il a mal estimé la frontière entre l'animal et l'humain.

Notre définition de l'humain par la conscience réflexive, qui engage une réflexivité conceptuelle et non typale, est une définition conceptuelle et non typale de l'humain. Elle permet de penser une différence nette entre l'humain et l'animal. Mais en quoi est-elle novatrice ? Ne nous fait-elle pas revenir tout simplement à la définition traditionnelle de l'humain comme animal doué de raison, ou animal raisonnable[3] ? Certes l'accès à la réflexivité conceptuelle ouvre la voie au développement d'une rationalité conceptuelle et à l'avènement de la pensée logique. Mais d'une part, il n'est pas certain qu'elle n'ouvre que cette voie[4]. D'autre part, l'accès à la rationalité ne doit pas forcément être compris au sens du rationalisme.

Pour cette tradition philosophique, la raison n'est pas seulement une faculté cognitive, liée à la réflexivité : elle est également la faculté sur

1. Si le terme de *volonté* est pris au sens classique de *désir éclairé par la raison* (*conceptuelle*), on conçoit mal qu'un animal puisse « vouloir ». De plus, si la croyance est une adhésion subjective à une thèse cognitive conceptuelle, exprimée dans un jugement dont la formulation engage une syntaxe, on conçoit également mal qu'un animal ait une « croyance ». Faire usage de ces termes pour les animaux suppose, pour le moins, de pouvoir les redéfinir dans une sémantique typale.

2. Du reste, même dans les collectivités humaines, le fait de se débarrasser des corps des défunts n'a pas toujours été lié à la prise de conscience de problèmes d'hygiène. Les motifs ici sont plus symboliques que rationnels.

3. Précisons toutefois que la définition aristotélicienne de l'humain comme animal doué de *logos*, que cherche à traduire l'expression latine *animal rationalis*, possède un sens plus large, car le *logos* signifie aussi le langage, et pas seulement le langage rationnel. Si toutefois il importe de reconnaître le langage aux animaux, comme nous nous sommes efforcés de le montrer (voir ci-dessus, Recherche 2, chap. II), le sens large de la définition aristotélicienne de l'humain est caduc.

4. Comme nous l'avons déjà indiqué. Voir ci-dessus, Recherche 2, chap. VII, p. 137.

laquelle se fonde l'éthique. La définition traditionnelle de l'humain comme animal raisonnable recouvre ainsi deux dimensions distinctes. L'homme est compris à la fois comme animal logique, capable de science, et comme animal éthique. Or, on peut douter du lien direct entre ces deux déterminations. Contrairement à ce qu'ont pu croire au XVIIIe siècle les tenants des Lumières, le degré de moralité d'une société ou d'un individu ne croît pas proportionnellement à son usage de la rationalité logique. L'histoire du XXe siècle a ici fourni suffisamment de contre-exemples pour s'en convaincre.

L'humanité, dans son opposition à l'inhumanité, est une notion éthique. Or, l'humain engage ici une forme de transcendance par rapport à l'animalité, puisque l'animal est exclu de la hiérarchie éthique entre l'humain et l'inhumain : seul l'humain, comme nous l'avons vu[1], peut être qualifié d'inhumain. Cette transcendance n'est toutefois ni *biologique*, comme l'ont cru nombre de théoriciens pré-darwiniens – du point de vue de la biologie, l'humain n'est qu'une espèce animale parmi d'autres – ni *ontologique*, comme l'on cru les métaphysiciens ou certains de leurs adversaires, par exemple, Heidegger – nous avons rejeté le projet d'une ontologie, du moins en philosophie. Cette transcendance est seulement *éthique* : c'est pourquoi un comportement animal ne peut être qualifié d'*immoral*[2].

Une définition humaine de l'humain prenant en compte sa transcendance éthique nous paraît nécessaire. Mais une telle définition ne peut correspondre ni à la définition biologique typale de l'humain, ni à sa définition neurobiologique par la conscience réflexive, qui sont toutes deux des définitions relatives ne permettant pas de penser une transcendance de l'humain par rapport à l'animal. La définition neurobiologique que nous venons de donner de l'humain, en plus de sa définition typale, ne correspond donc pas la définition de l'humain dans son *humanité*, c'est-à-dire selon la transcendance éthique[3]. Dans la mesure où la définition de l'humain comme animal rationnel entend identifier la définition neurobiologique de l'humain et la définition de l'humain dans son humanité transcendante, elle correspond à une illusion de la pensée rationnelle.

Définir l'humain uniquement par la possession d'une conscience réflexive ne préjuge donc en rien de son sens éthique, et n'autorise aucune hiérarchisation au sein de l'humanité. Il importe de distinguer le fait de

1. Voir ci-dessus, Recherche 2, chap. X, p. 179-181.
2. Nous mettons ici entre parenthèses les usages métaphoriques.
3. Voir *Culture et civilisation*, *op. cit.*, chap. 10.

posséder une conscience réflexive ou conscience de soi, et le fait d'être une personne morale.

Pour nous résumer, il n'y a pas une, mais trois définitions possibles de l'humain. De plus, il n'y a pas lieu d'affirmer la supériorité de l'une sur l'autre, car chacune engage un point de vue théorique complètement différent.

Si l'on part d'une compréhension typale de l'humain, l'humain est distingué des autres animaux, mais pas de l'animalité en général. On pense sa spécificité comme on peut penser la spécificité du canard ou du lapin. Ce qui est parfaitement légitime d'un point de vue biologique.

Si l'on s'appuie sur la différence spécifique de la conscience de soi et de la construction de son univers objectif sous le primat de la conceptualité, l'humain est cette fois distingué de l'animalité. Mais cette définition ne suffit pas pour penser la transcendance éthique de l'humain.

Si enfin l'on définit l'humain d'un point de vue éthique, la distinction entre l'humain et l'animalité prend un sens absolu, quoique non ontologique, dans la mesure où la comparaison s'établit non plus entre l'animal et l'humain, mais au sein même de l'humanité, en fonction de degré d'humanité ou d'inhumanité d'un individu.

Naturellement, cette troisième définition n'est pas sans poser problème. Car de quel droit s'inscrire dans une différence absolue et placer l'animalité dans un extrinsèque radical ? Sur quoi se fonde la prétention à une telle absoluité qui ne serait pas ontologique ? La réponse à cette question engage une élucidation du mode de pensée qui prend l'absolu pour l'objet. Nous appelons *pensée symbolique* la pensée humaine qui prend l'absolu pour objet. La troisième définition de l'humain, dans sa transcendance éthique, peut être alors articulée à nouveau avec l'animalité, dans une nouvelle définition conceptuelle de l'humain : l'humain est *l'animal symbolique*, c'est-à-dire l'animal doté d'une pensée symbolique, capable de viser l'absolu. L'étude de la pensée symbolique et de l'éthique fera l'objet d'un ouvrage ultérieur. Dans la suite de cette Recherche 3 portant sur la sémiotique, nous ne considérerons l'humain que dans ses deux premières définitions : la définition typale, et surtout, puisqu'il s'agit précisément de penser la différence relative entre l'animalité et l'humain, indépendamment de toute considération éthique, la deuxième : la définition conceptuelle de l'humain comme animal doté de conscience réflexive.

CHAPITRE II

SIGNES ET CONCEPTS

Les cellules n'ont affaire qu'à des types chimiques. Les animaux dotés d'un système nerveux central ont affaire à des *types de types* : des faisceaux types de sensations types, unifiés dans une visée intentionnelle objectivante. Du coup, leurs objets sont également des types. En progressant en complexité, les animaux approfondissent la dimension typale en saisissant des types de plus en plus précis, engageant des classes d'identité de plus en plus restreintes. Au bout du compte, ils sont capables de reconnaître non seulement des types généraux (une proie type, un prédateur type), mais aussi des types particuliers (leurs parents). Certains sont même capables de réflexivité typale, par exemple en reconnaissant leur image dans un miroir, c'est-à-dire une occurrence de leur type particulier.

Comme l'émergence d'un niveau supérieur de complexité se construit à partir des niveaux précédents, on pourrait s'attendre à ce que l'apparition d'un système nerveux central doté de réflexivité conceptuelle chez l'humain corresponde à un approfondissement supplémentaire de la pensée typale.

Or, de façon surprenante, cela ne paraît pas être le cas. L'apparition de l'animal humain conduit à une sortie hors de la typalité. Même si la pensée typale demeure présente chez l'humain, et continue même à jouer un rôle capital puisqu'elle correspond notamment à la représentation, c'est désormais une démarche conceptuelle reposant sur un tout autre mode de classification objective qui domine.

Bien plus, il semble que la pensée humaine se construise dans une direction inverse de celle des animaux possédant un système nerveux central. Plus ces derniers progressent en complexité, avons-nous dit, plus ils sont capables de reconnaître des types restreints, en partant des individus généraux : *le* baobab, *le* lion, *le* lapin, qui ne sont pas des concepts mais des types[1], jusqu'à la reconnaissance de ces particularités universelles que sont les individus particuliers : *ce* baobab, *ce* lion, *ce* lapin, et même sa propre identité individuelle. L'objectivité construite par l'animalité est individuelle et universelle et elle progresse dans l'individuel vers l'appréhension du particulier.

Or, la pensée conceptuelle des humains semble partir au contraire des individus particuliers[2] pour s'élever à l'universalité du concept. D'où l'illusion naturelle à la conscience consistant à croire que les individus particuliers seraient absolument premiers – alors qu'ils sont derniers pour la pensée typale qui précède la pensée conceptuelle – et correspondraient à une absoluité ontologique. Comment articuler le sens émergent de la pensée conceptuelle par rapport à la pensée typale, qui devrait en faire une pensée typale plus complexe, et son opposition apparente à la pensée typale ?

Il importe de préciser le lien entre la pensée typale et la pensée conceptuelle, c'est-à-dire entre une classification selon l'identité et une classification selon la similarité, et donc entre l'identité et la similarité. Nous avons vu[3] que la similarité est différente de la ressemblance et de l'imitation. Il faut plus précisément distinguer :

1) L'*identité logique*, qui est réflexive, symétrique et transitive, et correspond donc à une relation d'équivalence.
2) L'*identité typale ou réelle*, qui est réflexive, symétrique, et non transitive (car A et B peuvent relever d'un type T_1, B et C, d'un type T_2, différent de T_1, mais A et C ne relever d'aucun type).
3) La *similarité*, qui est réflexive, symétrique et non transitive.
4) La *ressemblance*, qui est réflexive, non symétrique et non transitive.
5) L'*imitation*, qui est non réflexive, antisymétrique (au sens « fort ») et transitive et correspond donc à une relation d'ordre strict.

Ce qui conduit corrélativement à distinguer :

6) La *différence logique*, qui est non réflexive, symétrique et non transitive.

1. Auxquels le biologiste fait correspondre un génotype et un phénotype.

2. Ce qui est déjà illusoire, dans la mesure où elle part plutôt des individus généraux. Voir ci-dessus, chap. II, p. 101-102.

3. Voir ci-dessus, notamment Recherche 2, chap. V, p. 111-112.

7) La *différence*[1] *typale ou réelle*, qui est non réflexive, symétrique et non transitive.
8) La *dissimilarité*, qui est non réflexive, symétrique et non transitive.
9) La *dissemblance*, qui est non réflexive, non symétrique et non transitive.
10) La *non-imitation*, qui est réflexive, non symétrique et non transitive.

Or, l'analyse de cette liste conduit à une remarque qui peut paraître troublante : l'identité typale et la similarité d'une part, la différence typale et la dissimilarité d'autre part, présentent exactement les mêmes propriétés. Comment expliquer cela ?

Étant donné que l'identité typale ne correspond qu'à une identité relative, et non à une identité logique, elle reste partielle, d'où sa non-transitivité. Donc, *du point de vue de l'identité logique*, totale, elle ne correspond qu'à une identité partielle, et donc à une simple *similarité*. Inversement, la différence typale, *du point de vue de la différence logique*, correspond à une simple différence partielle, et donc à une *dissimilarité*. Ainsi, on passe très simplement d'une pensée typale à une pensée de la similarité. Il suffit que la rationalité logique se développe et pense le caractère partiel de l'identité typale, à partir du nouvel étalon de l'identité logique.

Soit. Mais le problème reste entier : comment la pensée rationnelle va-t-elle pouvoir se développer à partir de la pensée typale ? Notre scénario – qui est un modèle hypothétique explicatif et non une reconstitution historique – demande à être précisé.

Prenons un exemple. Considérons trois exemplaires de *La Chartreuse de Parme* de Stendhal. Ces trois exemplaires sont des occurrences identiques du même individu général. Mais parallèlement, chacun est un individu particulier différent des deux autres, au sens de type particulier reproductible à une indéfinité d'occurrences identiques dans le temps : à chaque fois qu'on le perçoit, on reconnaît le même exemplaire. Ils sont donc *les mêmes*, tout en n'étant pas *les mêmes*. Les exemplaires de *La Chartreuse de Parme* peuvent ainsi à la fois être pensés comme identiques et non identiques. Telle est la difficulté que rencontre la pensée dès qu'elle commence à réfléchir sur son mode d'opérativité, à savoir sur l'identité typale dans sa relativité, réflexion dont nous avons vu qu'elle n'est pas

1. J'utilise le terme de *différence*, car je me situe ici au niveau de complexité de la pensée conceptuelle. Dans le cadre de la pensée strictement typale, il vaut mieux parler de *non-identité*.

incompatible avec la pensée typale, puisque les animaux aux cerveaux les plus complexes ont accès à une réflexivité typale.

Pour lever cette difficulté (les exemplaires sont les mêmes et ne sont pas les mêmes), qui correspond à une contradiction formelle, il faut enrichir notre sémantique. Prendre donc conscience de la relativité de l'identité typale, et voir que ce qui est identique d'un point de vue peut être non identique de l'autre. Que la non-identité peut intervenir dans l'identité. Donc que l'identité peut être simplement partielle. Du même coup, émerge la notion d'identité totale, absolutisée par la pensée métaphysique, comme résultat asymptotique de la sommation indéfinie, supposée possible, des identités partielles. On passe alors du concept typal d'identité au concept logique d'identité – ou plutôt métaphysique en tant que l'identité totale est absolutisée. Il s'agit d'une mutation authentique et radicale de la pensée. Or, une fois ce concept d'identité logique atteint, la pensée logique, qui s'y établit, peut réduire l'identité partielle à une simple similarité.

Nous sommes ainsi passés, grâce au progrès de la réflexion, de la pensée binaire de l'identité et de la non-identité, déterminées relativement en-dehors de toute visée consciente, à la pensée plus complexe de la similarité (identité partielle) et de la dissimilarité (non-identité partielle) opposées à l'identité logique (absolue, totale) et à la non-identité logique (absolue, totale).

Mais, objecterez-vous, la pensée typale devrait alors avoir disparu. Une première réponse pourrait être de dire que ce serait le cas, si la pensée humaine n'était que consciente et logique. Ce qu'elle n'est pas. Mais la raison principale du maintien de l'identité typale se trouve dans son intérêt pragmatique pour la pensée.

Muni de la notion de similarité, l'humain peut comparer les différents individus particuliers relevant du même individu général, ainsi que les différents individus généraux. Il sort alors de l'opposition binaire de l'identité et de la non-identité pour penser la complexité des rapports de similarité et de dissimilarité entre termes distincts. Il peut alors penser positivement la non-identité. Ou encore penser la non-identité comme *différence*.

Dans son travail de comparaison, l'humain a la possibilité de remarquer que certains individus sont plus proches que d'autres : le lion est plus proche du lapin que de l'aigle, et plus proche de l'aigle que du chêne. Il peut alors dégager les points communs, les abstraire et formuler des concepts : par exemple d'animal, de mammifère, d'oiseau, d'arbre, de végétal, de vivant, etc. La question est toutefois de savoir si ces termes sont bien des concepts et s'ils ne peuvent être saisis comme des types généraux.

Ici, il faut insister sur le fait que la distinction entre *type* et *concept* reste relative, du fait de la très grande proximité entre identité typale et similarité. Il s'agit seulement d'une question de point de vue. Il est ainsi tout à fait possible de définir une similarité là où est posée une identité typale, en faisant apparaître une différence particulière occultée, ou de ressaisir une identité typale là où est posée une similarité, en mettant entre parenthèses les points de dissimilarité et en donnant à la propriété considérée un sens identitaire. Un type peut alors être redéfini comme un concept et un concept comme un type.

Par exemple, si en considérant le concept de voiture, j'affirme que deux voitures quelconques correspondent au *même* objet, je fais fonctionner le concept comme un type général. Si en revanche, à propos d'un type de voiture, par exemple la 2CV Citroën, j'insiste sur son évolution, en montrant qu'au cours du temps, on ne peut dégager qu'une similarité et non une identité totale entre les différents types de 2CV, je transforme le type en concept.

Ceci étant dit, si *animal* peut être pris comme un type, il fonctionne mieux comme concept. En effet, nous avons vu[1] qu'une représentation correspond à une image mentale et donc à un type sensible mental. Un type est donc représentable. En revanche, un concept n'est pas directement représentable : on ne peut le représenter que par un type. Or, l'animal, ou le végétal sont des termes trop abstraits pour que l'on puisse directement se les représenter. On n'y parvient qu'en se représentant des types généraux particularisant le concept : le lion, le lapin, etc. Mais là aussi, tout est relatif. Imaginons un zoologiste connaissant tous les types de lapins. Si on lui demande de se représenter le lapin, il nous dira que ce terme est trop abstrait pour lui : il ne peut que se représenter tel ou tel autre type de lapin. Le *lapin* a alors pour lui valeur de concept.

Le critère de distinction entre type et concept est opératoire. Si l'on est capable de se représenter une notion, d'en avoir une image mentale, on la fait fonctionner comme un type. Si l'on n'en est pas capable en raison de sa trop grande abstraction, on la fait fonctionner comme un concept. L'intérêt du maintien de l'identité typale dans la pensée humaine s'explique par le rôle indispensable qu'y joue la représentation. C'est une autre façon de dire que notre pensée n'est pas seulement logique, au sens de la logique rationnelle conceptuelle.

1. Voir ci-dessus, Recherche 2, chap. VII.

Notre distinction entre type et concept peut paraître proche de la distinction opérée par Strawson entre les universaux typants (*sortal*) et les universaux caractérisants :

> Un universel typant fournit un principe pour distinguer et compter les particuliers individuels qu'il rassemble. Il ne présuppose aucune méthode ou principe antécédents pour individuer les particuliers qu'il rassemble. Par contre les universaux caractérisants, s'ils fournissent des principes pour grouper, et même pour compter, les particuliers, les fournissent uniquement pour des particuliers que l'on distingue déjà ou que l'on peut distinguer par l'emploi d'une méthode ou d'un principe antécédent [1].

La distinction de Strawson repose en fait sur la distinction sujet-prédicat que Strawson maintient en s'efforçant de montrer, à la suite de Frege, que les particuliers ne peuvent fonctionner comme prédicats tandis que les universaux peuvent être soit sujets, soit prédicats. Il en tire qu'il faut distinguer les universaux qui fonctionnent comme sujet – les universaux typants – et les universaux fonctionnant comme prédicat (ou verbe) – les universaux caractérisants. Par exemple, *chien*, *animal*, *fox-terrier* sont des universels typants au sens de Strawson, alors que « est rouge », « est sage », « parle », « meurt », sont des universels caractérisants. Strawson pense le rapport entre les particuliers en termes de ressemblance (*resemblance*)[2], qu'ils soient rassemblés par un universel typant ou un universel caractérisant.

Comme nous avons vu que tout particulier est un universel, ce qui ne peut que conduire à admettre la relativité des fonctions sujet et prédicat[3], une telle distinction ne peut que poser problème. La distinction opératoire n'est pas entre universaux et particuliers, mais entre universaux de similitude (les concepts) et universaux d'identité (les types), et au sein de ces derniers, entre universaux généraux (les types généraux) et universaux particuliers (les types particuliers). De même, la distinction opératoire n'est pas entre terme universel sujet et terme universel prédicat, car tout terme universel peut fonctionner comme sujet ou comme prédicat.

La question fondamentale par rapport à la détermination « est rouge » est de savoir si rouge fonctionne comme un type de couleur (opposé au vert, au bleu, etc.) ou comme un concept de couleur, regroupant différents types : carmin, vermillon magenta, etc. Un universel caractérisant au sens de

1. Voir *Les Individus*, Paris, Seuil, 1973, p. 189.

2. *Ibid.*, p. 190-191. Voir p. 169-170 de l'édition anglaise (Londres, Methuen & Co Ltd, 1959).

3. Même un nom propre peut fonctionner comme prédicat.

Strawson peut donc être un type ou un concept, du fait de la relativité entre type et concept. Il en va de même pour un universel typant. Ainsi, pour reprendre l'exemple de Strawson[1], si l'on considère que Fido est *à la fois* « un animal, un chien et un fox-terrier », seul « fox-terrier » fonctionne comme un type, tandis qu'« animal » et « chien » fonctionnent comme des concepts.

Concernant l'accès au concept, tel que nous venons de le décrire, précisons qu'il n'a aucune validité ontologique. Nous n'avons pas dévoilé une origine absolue. Nous n'avons fait que dégager la possibilité de penser un signifié par abstraction de points communs, selon la pensée de la similarité, et donc d'atteindre un sens conceptuel. Tout en sachant que ces concepts peuvent toujours être redéfinis comme des types, même si, dans le langage ordinaire, *L'Œuvre au noir* fonctionne mieux comme un type[2], et *animal* comme un concept.

Historiquement, l'accès à la pensée de la similarité et à la pensée conceptuelle n'a vraisemblablement pas eu le sens d'une mutation, d'une révolution dans la pensée. Ce fut un non-événement, une découverte extraordinaire qui ne s'est à aucun moment pensée comme telle. Il y a plutôt eu confusion entre les deux modes de classification, en sorte que les mêmes termes devaient fonctionner tantôt comme des concepts, tantôt comme des types, sans que la distinction soit clairement établie entre ces deux usages[3]. Mais peu importe : de cette confusion se dégageait peu à peu une mode de pensée entièrement nouveau, appelé à devenir dominant : la pensée conceptuelle.

En travaillant sur la logique typale, nous avons reconnu l'erreur de la tradition philosophique lorsqu'elle pense le donné comme un chaos auquel la pensée humaine donnerait ordre et identité. C'est tout le contraire. La pensée humaine part de la construction animale du monde objectif, strictement organisée selon des relations binaires car subordonnée à la pensée binaire de l'identité typale. Et plus elle se complexifie, plus elle est en mesure de penser le non-identique et même le désordonné.

1. *Les Individus*, *op. cit.*, p. 190.

2. En revanche, pour un lecteur de Jean Potocki qui connaîtrait les deux versions (de 1804 et de 1810) du *Manuscrit trouvé à Saragosse* et se refuserait à privilégier l'une par rapport à l'autre, le *Manuscrit trouvé à Saragosse* pourrait fonctionner comme un concept.

3. Ce qui explique notamment que la philosophie ait si longtemps confondu la pensée conceptuelle et la représentation.

Nous pouvons désormais dénoncer une seconde erreur de la tradition philosophique : opposer la pensée de l'identité à celle de la différence. Il y a en fait deux possibilités. Ou bien l'on se situe dans la pensée typale, et il n'y a que de l'identité et de la non-identité. La notion de différence n'est pas opératoire. Ou bien l'on se situe dans la pensée conceptuelle. Mais ces deux termes sont alors des corrélatifs. Poser une identité, c'est poser une différence, et vice-versa : deux termes ne sont pensés comme différents que s'ils ont été d'abord posés dans leur identité à eux-mêmes.

Opposer à l'approche métaphysique, qui tend à absolutiser le concept d'identité, une compréhension absolue de la différence ne constitue pas une solution véritable. C'est toujours rester dans la métaphysique au moment même où l'on pense pouvoir la détruire – que cette métaphysique soit parménidienne ou héraclitéenne, conformément au conflit natif de la métaphysique dont la philosophie n'est pas encore parvenue à sortir. Il importe au contraire de ne penser l'identité effective que relative et partielle, et parallèlement, la différence effective que relative et partielle. À savoir, penser des types et des concepts, dans leur irréductible relativité, et donc les deux formes (relatives) du sens, en renonçant à la compréhension identitaire absolue du sens issue de la métaphysique classique[1].

1. Ce qui, encore une fois, ne veut pas dire pour autant renoncer à *toute* compréhension absolue de l'identité ou de la différence. Nous pouvons au contraire formuler la condition de validité d'une telle compréhension : n'autoriser qu'un sens *relatif* de l'absolu. C'est à ce prix, et à ce prix seulement, que le recours à l'absolu est valide, du moins en philosophie.

CHAPITRE III

COMPLEXITÉ DE LA PENSÉE CONCEPTUELLE

L'animal, inscrit dans la pensée typale, n'a affaire qu'à un nombre très restreint d'individus, organisés selon des relations binaires, par exemple : parent/non-parent, membre du groupe de vie/non-membre du groupe de vie, proie/non-proie, prédateur/non-prédateur, partenaire sexuel/non-partenaire sexuel, concurrent sexuel/non-concurrent sexuel, concurrent pour l'accès à la nourriture/non-concurrent pour l'accès à la nourriture, etc. Dès lors, sa communication se limite souvent à avertir de l'arrivée d'un prédateur, indiquer le lieu où la nourriture est abondante; appeler un partenaire sexuel; défier un concurrent sexuel; appeler les autres membres du groupe ou de sa famille pour rester en contact; indiquer aux étrangers qu'ils doivent respecter le territoire de reproduction ou de survie, etc.

Pour la plupart des espèces, un nombre très limité de signaux ou signes typaux suffit pour assurer l'ensemble de la communication. D'autant qu'un même signal ou un même signe typal peut changer de signification en fonction du contexte, ou porter plusieurs significations à la fois. Ainsi, le même chant d'un oiseau mâle peut, par exemple, avoir pour signification d'appeler les femelles et de menacer les mâles concurrents. Certes, avec la complexification du cerveau animal, qui permet la reconnaissance des individus particuliers et une diversification des comportements sociaux (avec notamment la distinction dominant/dominé et la mise en place de hiérarchies sociales plus ou moins complexes), ce nombre peut croître. Mais de façon limitée : au mieux, on décompte jusqu'à quelques dizaines de signaux ou signes typaux différents, voire jusqu'à cent ou deux cents chez les espèces aux cerveaux les plus complexes. Guère plus. Le langage de l'identité typale engage un lexique et un nombre de messages possibles très restreint.

Une fois que l'on est entré dans la pensée de la similarité, et donc dans la pensée conceptuelle, tout change. Pour comparer les similarités entre les objets individuels différents, il faut dégager analytiquement les points communs. Ces derniers peuvent être des parties, que l'on peut encore interpréter comme des objets individuels, mais aussi des propriétés abstraites, comme la forme ou la couleur, dont le nombre est indéfini. La multiplication de ces nouveaux objets se traduit ainsi par une multiplication des signes permettant de les désigner. La caractéristique première de l'accès à la pensée conceptuelle, c'est l'accroissement exponentiel du lexique.

Cet accroissement ne conduit pas seulement à introduire des signes pour désigner les différentes parties des individus ou leurs propriétés internes, mais aussi leurs relations. Les signes ne désignent ainsi plus seulement des objets universels ou individuels, mais des relations et des fonctions. En logique, cela correspond au passage de la logique des prédicats du premier ordre à la logique du second ordre.

Pierre et Jean sont similaires parce que « tous deux sont grands ». Qu'est-ce que cela veut dire, être *grand* ? La grandeur de Jean n'est pas une partie de Jean. Elle n'en est pas non plus une propriété comme la couleur, car si nous voyons Jean à distance, sans aucun point de repère proche de lui, nous ne pouvons déterminer s'il est grand ou petit. Cette propriété est relative et statistique. « Être grand » peut être défini par le fait d'« avoir une taille apparente supérieure à la taille apparente moyenne du groupe auquel l'observateur se réfère lorsqu'il se situe à distance égale de son objet ». La réflexion va isoler le concept de grandeur et utiliser un signe pour désigner cette propriété objective.

On pourrait objecter ici que des animaux peuvent réagir à des différences de grandeur. Certains animaux modifient ainsi leur taille réellement, ou seulement en apparence, pour tromper leurs assaillants. Mais ce qui est en jeu, chez l'assaillant berné, ce n'est pas la saisie abstraite du concept de grandeur. L'animal n'a nul besoin d'inventer un signe pour désigner la grandeur. Cette dernière n'intervient que comme composante du type individuel.

De fait, en modifiant sa taille, sa couleur, ou sa forme, l'animal attaqué s'est brusquement détaché du type auquel il semblait correspondre. D'une identité, on est passé à une non-identité, dans une logique qui reste totale et non partielle. Ce qui interrompt aussitôt l'attaque. Mieux, par sa métamorphose, la proie s'est peut-être rapprochée d'un type prédateur pour l'animal assaillant. Une nouvelle identité typale menaçante surgit. Le prédateur confondant sa proie avec un de ses propres prédateurs – confusion d'autant plus aisée que la reconnaissance repose sur un nombre réduit de propriétés typales – réagit alors en s'enfuyant. Le lapin, en quelque sorte, s'est changé non en canard mais en loup…

Dans les langages animaux, le contenu de l'information, c'est-à-dire son ordre, sa structure, est capital. Cette structure peut être très simple[1] et se réduire à la répétition parfaitement périodique d'un même signal. Ou plus complexe : l'émission se divise en séquences plus ou moins homogènes, plus ou moins périodiques, séparées par des intervalles de temps plus ou moins rapprochés. Par combinatoire, on peut trouver des messages relativement complexes, notamment dans le chant de certains oiseaux[2]. Mais cette complexité n'est en rien comparable à celle du langage humain.

Car le langage humain ne se contente pas de combiner les signaux ou les signes typaux par une simple juxtaposition. En isolant abstraitement des concepts relationnels, l'humain voit son univers objectif se démultiplier. Or, ces nouveaux objets dépendent manifestement des objets individuels particuliers qu'ils déterminent. L'usage réflexif de ces nouveaux signes implique un début de construction syntaxique, marqué notamment dans nombre de langues humaines par la mise en place de la prédication, qui articule les signes d'objets attributifs aux signes d'objets individuels qu'ils déterminent[3]. La distinction sujet/prédicat ne repose pas sur une distinction entre particulier et universel mais sur la distinction entre identité (typale) et similarité.

La prédication joue un rôle important dans la constitution du langage humain. En attribuant partiellement telle ou telle propriété à un individu, la pensée conceptuelle découvre non seulement que l'identité peut se trouver dans la non-identité et la non-identité dans l'identité, mais que l'unité individuelle peut être multiple, et que le multiple peut être un. La pensée perd ici sa structure binaire pour devenir de plus en plus complexe.

Faut-il faire, à la suite de Chomsky, l'hypothèse d'une grammaire universelle innée, dont l'origine serait génétique ? Il s'agit d'une hypothèse

1. Au sens de Kolmogorov. Voir ci-dessous, Recherche 3, chap. III, p. 208-209.

2. Ce dernier peut être encore complexifié par la sélection sexuelle, les femelles étant attirées par les mâles dont le chant compte le plus de séquences distinctes. Il en va alors de la richesse du chant comme de la richesse colorée des plumes d'un paon. La finalité de cette complexification étant séductrice, il est peu vraisemblable qu'elle soit liée à un enrichissement du lexique typal.

3. Notons ici que la prédication ne fait pas forcément usage du verbe *être*. Cette copule fait entièrement défaut dans certaines langues, comme le sémitique ancien. La mise en place de la prédication dans le langage ne correspond donc pas nécessairement à la construction d'une ontologie. Sur cette question, voir notamment Benveniste, *Problèmes de linguistique générale*, *op. cit.*, I, p. 187-207.

lourde dont il serait peut-être possible de faire l'économie si la capacité remarquable des enfants à reconnaître des régularités statistiques dans la parole se révélait suffisante pour l'apprentissage de la grammaire. Le seul déterminisme génétique requis serait alors celui qui permet l'émergence de la pensée réflexive conceptuelle chez l'humain.

La prédication correspond à la formulation d'un jugement attributif. Or, le jugement correspond au lieu privilégié où apparaissent les notions de vérité et de fausseté. La pensée humaine réflexive, en accédant à la similarité et au concept, peut désormais s'engager sur le chemin de la connaissance.

Une telle affirmation est loin d'être évidente. L'empirisme engage une intuition contraire, formulée notamment par Aristote :

> Il n'y a pas identité de la sensation et de l'intelligence, c'est l'évidence : l'une, en effet, est le partage de tous les animaux, l'autre, d'un petit nombre seulement. Mais la pensée, non plus (dans laquelle se trouvent comprises la pensée droite et la pensée erronée, la pensée droite étant intelligence, science et opinion vraie, et la pensée erronée, leurs contraires), cette pensée-là n'est pas non plus identique à la sensation : en effet la sensation des sensibles propres est toujours vraie, et elle appartient à tous les animaux, tandis que la pensée peut aussi bien être fausse, et elle n'appartient à aucun être qui n'ait aussi la raison en partage [1].

Que la vérité puisse intervenir dès la sensation, c'est ce que réfute par avance Platon, dans son *Théétète* [2] en insistant sur le fait que la vérité n'intervient que dans le jugement, et que donc la sensation se situe en deçà du vrai et du faux, ce qui explique également qu'elle soit irréfutable. La position de Platon dans ce texte n'est pas toutefois satisfaisante, puisqu'il ne conçoit la sensation que passive et particulière, et ne pense l'accès à l'universel que par l'activité de l'intellect. Nous avons vu au contraire que la sensation est loin d'être passive : elle engage une universalité typale. Reste que cette activité et cette universalité que nous avons reconnues à la sensation sont antérieures à tout jugement. Elles n'engagent aucune mise en œuvre d'un concept de vérité. Ici, Platon semble avoir raison contre les empiristes [3].

1. *De l'âme*, III, 427b, trad. fr. J. Tricot, Paris, Vrin, 2010, p. 190.

2. 186c-d. Voir A. Séguy-Duclot, *Dialogue sur le* Théétète *de Platon*, Paris, Belin, 2008, p. 147-149.

3. Précisons toutefois que la position empiriste peut être plus complexe. Épicure, par exemple, reconstruit sur un mode empiriste l'atomisme contre le rationalisme de Démocrite qui ne voit aucune vérité dans le témoignage des sens, en prenant notamment en compte les

On pourrait toutefois objecter que les animaux, auxquels nous avons reconnu une intentionnalité et une intelligence typales et non conceptuelles, semblent avoir accès à la vérité et à la fausseté dans la mesure où ils sont capables de ruse et de tromperie. Ils peuvent ainsi user de camouflages, de leurres pour proies ou prédateurs, ou de simulations.

La tromperie n'est toutefois pas à confondre avec le mensonge, à savoir affirmer comme vrai ce que l'on croit être faux [1]. De façon générale, les animaux trompent mais ne mentent pas. Car le mensonge engage une conscience de la vérité et de la fausseté en tant que concepts. Alors que la tromperie relève chez l'animal d'une approche simplement typale. L'individu se contente d'altérer la perception qu'un autre animal peut avoir de lui-même, afin de modifier son identification typale [2].

Il existe toutefois des exemples de tromperie chez les singes qui semblent relever du mensonge, par exemple lorsqu'un singe donne délibérément une mauvaise information à un soigneur qu'il n'apprécie pas, réservant les bonnes informations au soigneur qu'il apprécie. Le fait toutefois que cette capacité, comme celle de calculer, soit très limitée et ne conduise pas les singes à engager un rapport cognitif au monde, semble indiquer que leur approche ne suppose pas la saisie conceptuelle des notions de vérité et de fausseté, et relève encore d'une tromperie typale, selon un mode plus complexe. Il s'agit ici vraisemblablement d'une saisie réflexive typale, et non conceptuelle, de la vérité et de la fausseté, toujours liée donc à des images mentales déterminées, même si l'on ne peut écarter *a priori* la possibilité d'un début d'accès à la conceptualité.

Dans l'accès à la prédication se manifeste une nouvelle fonction linguistique, proprement cognitive, qu'il convient d'ajouter à la liste de

objections développées par Aristote contre Démocrite dans sa *Physique*. Ce qui interdit toute compréhension homogène de « l'Atomisme grec ». Or, s'il construit sa canonique sur la sensation, Épicure distingue entre l'évidence (*enargeia*) de la sensation et la vérité (*aletheia*) d'un jugement. La vérité est la propriété d'un jugement réfutable. Elle est le résultat d'un processus de confirmation. L'évidence caractérise l'irréfutable. En effet : « une sensation homogène ne peut réfuter une autre sensation homogène, car elles sont de puissance égale ; une sensation non homogène ne peut pas davantage réfuter une sensation non homogène, parce qu'elles ne concernent pas les mêmes objets ; la raison non plus car elle dépend entièrement des sensations ; enfin aucune sensation ne peut réfuter une autre sensation, car nous sommes attentifs à toutes » (Diogène Laërce, X, 32).

1. Et non affirmer comme vrai ce qui est faux : il y a eu mensonge, même si ce que l'on a dit être vrai et que l'on croyait être faux, se révèle finalement vrai.

2. Naturellement, on peut penser chez l'humain des formes plus élaborées de tromperie, non réductibles à une approche typale. Mais ce n'est pas mon objet.

Jakobson[1]. Cette fonction n'est pas la mise en forme des objets, car l'objectivité typale des animaux est déjà mise en forme, découpée, par leur langage. Il ne s'agit pas non plus d'une construction de l'univers objectif, car à une même langue peuvent correspondre un nombre indéfini de constructions différentes, parfois opposées, comme deux philosophies antagonistes écrites dans la même langue. Cette fonction est l'articulation combinatoire des objets ou désignés. Elle est remplie par la syntaxe, qui n'est donc pas indépendante de la sémantique. À chaque système d'articulation combinatoire de la désignation, donc à chaque syntaxe, correspond ainsi un ensemble défini de constructions possibles de l'univers objectif.

Bien que strictement relative, la construction de la réalité objective est soumise à des contraintes qui limitent le nombre des possibles. Ces contraintes sont d'abord syntaxiques, mais aussi pragmatiques : les modèles de réalité objective sont également soumis à une sélection naturelle qui favorise les plus efficaces pour la survie. Elles sont de plus historiques : le choix de tel modèle de réalité objective conditionne son devenir évolutif, avec des phénomènes d'arborescence dans la filiation. À cela s'ajoutent encore les phénomènes d'influence, d'imitation, etc. Ce qui conduit à une proximité des modèles en dépit de leur relativité, assez grande pour que, par le passé, cette relativité ait pu être niée au profit d'une compréhension ontologique absolue de la réalité objective. Le prix en fut toutefois une mise à l'écart des modèles trop différents.

Insistons sur la nécessité d'un tel travail de construction. Les animaux n'ont affaire qu'à un univers restreint, composé d'un nombre réduit d'objets individuels. Ils le maîtrisent sans grande difficulté. L'humain, lui, se trouve face à un univers composé de milliers, voire de dizaines de milliers d'individus (généraux et particuliers), entre lesquels il peut penser un nombre indéfini de relations possibles. Sans l'articulation combinatoire de la syntaxe, qui organise le jeu relationnel, la gestion d'un tel lexique serait impossible.

Mais la syntaxe ne suffit pas. Si elle permet de circuler dans la complexité, il reste encore à l'organiser, c'est-à-dire à la réduire. Dégager un ordre dans une série complexe, c'est ramener le complexe à du simple. Comment est-ce possible ? Comment peut-on à la fois viser une complexité croissante et tenter de ramener le complexe au simple ? Il convient ici de distinguer au moins trois concepts de complexité : la complexité au sens de

1. Voir ci-dessus, Recherche 2, chap. II, p. 75-76.

Kolmogorov; la complexité au sens de Descartes; et la complexité par émergence. J'appellerai cette dernière *complexité au sens de Platon*, car il a été le premier à faire une théorie de la supériorité éminente du tout par rapport à ses parties dans le *Parménide*. Ces différentes complexités peuvent être définies de la façon suivante :

1) La complexité au sens de Descartes (complexité D) caractérise une suite ordonnée linéairement du simple au complexe, en sorte que le complexe peut toujours être ramené à du simple : il est supposé *toujours compressible*.
2) La complexité au sens de Kolmogorov (complexité K) caractérise une suite linéaire, dont on ne suppose pas que le complexe puisse toujours être ramené à du simple. Plus une suite est aléatoire, plus le programme permettant de la construire est long et plus elle est dite *complexe*. Inversement, plus elle est structurée, plus son programme générateur est court et plus elle est dite *simple*.
3) La complexité au sens de Platon (complexité P) caractérise une suite dont on ne suppose pas la linéarité : l'accroissement de la complexité forme une hiérarchie de niveaux discontinus. Plus un terme appartient à un niveau élevé, plus il est dit complexe. Lorsque nous évoquons la complexité supérieure du langage humain par rapport au langage animal, c'est de cette complexité qu'il s'agit.

L'accroissement de la complexité P ne se traduit pas nécessairement par un accroissement de la complexité K. Certes, la complexification P des organismes au cours de l'évolution est liée à une augmentation de la taille des génomes, qui programment le développement animal. Ce qui correspond à une augmentation de la complexité K. Toutefois, alors que la complexité P du cerveau humain est largement supérieure à celle d'un chimpanzé, le génome d'un humain et celui d'un chimpanzé sont de taille comparable.

Avec l'accès à la pensée conceptuelle, le langage humain s'est accru considérablement en complexité P. Le risque, c'est que cet accroissement se traduise par une augmentation exponentielle de la complexité K de son univers, qui perdrait la forme bien ordonnée des univers objectifs animaux et sombrerait dans le chaos. L'organisation syntaxique de l'univers objectif, l'édification de modèles de construction de cet univers objectif (conformément aux règles syntaxique) permettent d'en réduire la complexité K et de donner à l'humain une maîtrise de son univers objectif *comparable à la maîtrise qu'un animal a de son propre univers objectif, lequel est considérablement plus réduit*[1].

Le problème est que plus les connaissances humaines s'étendent, et plus les syntaxes et les modèles de construction que l'humain utilise se multiplient, sans parvenir à rester homogènes entre eux. Une régulation de la connaissance devient alors nécessaire.

La connaissance présuppose un découpage perceptif de l'objectivité, qui est typal, puis conceptuel. Ensuite doit se mettre en place une articulation syntaxique de cette objectivité, qui possède une dimension rationnelle, mais sans s'y réduire, et qui, dans sa dimension rationnelle, ne relève pas d'une démarche simplement déductive. Une fois cette articulation syntaxique effectuée, reste encore à opérer un travail de construction de l'univers objectif, sachant que chaque système syntaxique est compatible avec une pluralité d'univers objectifs possibles. En dernier, vient la logique formelle déductive, dans sa fonction réflexive et régulatrice.

De par sa fonction régulatrice précisément, la logique formelle déductive tend à réinscrire sous sa norme l'ensemble des processus antérieurs : la construction de l'univers objectif, l'articulation syntaxique des objets et le découpage perceptif des objets eux-mêmes. Ainsi les progrès de la pensée logique ont conduit à remanier les modèles mythiques de construction de l'univers objectif en modèles rationnels, à corriger la syntaxe à partir d'un point de vue logique, et à remettre en cause l'existence d'objets qui étaient admis comme existants dans une culture non encore dominée par la pensée logique. La logique formelle déductive est donc à la fois dernière, d'un point de vue évolutif et constitutif, et première, d'un point de vue fonctionnel régulateur. Le fait que cette régulation repose, comme nous l'avons vu[2], sur un ensemble d'abstractions idéalisantes interdit de donner à la logique formelle déductive une primauté *a priori* dans la constitution de la connaissance en général[3].

1. Dans la continuité de la critique romantique du progrès des Lumières, on dénonce souvent la maîtrise que l'humain exerce sur la nature. Cette dénonciation est légitime dans la mesure où cette domination risque de se traduire par une nouvelle extinction massive des espèces laquelle, du reste, remettrait en cause la survie même de l'humain. Mais d'un autre côté, toute espèce vivante tend à transformer son milieu, et sans une telle maîtrise chez l'humain, et l'accroissement de celle-ci à mesure que son appréhension de la nature augmente en précision, l'humain ne pourrait survivre. L'enjeu n'est donc pas de renoncer à la maîtrise, mais plutôt de la réguler en sorte d'en corriger les effets négatifs.

2. Voir ci-dessus, notamment Recherche 2, chap. IX, p. 171-173.

3. Nous sommes donc d'accord avec Kant qui rejette un tel primat de la logique formelle. Mais il le fait pour penser un primat de la logique transcendantale. Or, un tel primat – qui

Précisons ici que notre modèle ne peut qu'entrer en opposition avec une sémantique inférentialiste, pour laquelle comprendre un sens, c'est maîtriser les inférences dans lesquelles il est impliqué. Et ce, pour deux raisons principales.

Premièrement, le sens n'est pas seulement conceptuel mais aussi typal. Or, le sens typal peut ne pas être lié à un jugement : les animaux ont affaire au sens sans avoir besoin de procéder pour autant à des inférences. Par exemple, ils peuvent avoir accès au sens typal du rouge sans avoir besoin de penser son inclusion dans le genre « couleur » ou son incompatibilité avec le vert.

Deuxièmement, le sens conceptuel, qui ouvre sur le jugement, peut être atteint en dehors d'une réelle maîtrise inférentielle : on peut très bien connaître le concept de poisson – à savoir inscrire correctement la quasi-totalité des animaux à l'intérieur ou à l'extérieur de la classe des poissons – et être globalement incompétent en ichtyologie. Le concept nous donne la classe considérée, par une série de traits similaires, ce qui est fondamental – loin de nous l'idée de dénigrer la démarche définitionnelle – car cela nous permet de rectifier nombre d'usages inadéquats. Mais il ne nous donne pas la totalité des déterminations possibles des éléments de cette classe et il n'est donc pas suffisant pour maîtriser les diverses relations d'inclusion ou d'intersection dans laquelle cette classe est inscrite. Il ne faut pas confondre le concept et la connaissance que l'on peut acquérir sur l'objet désigné par ce concept.

On ne peut donc dire que « saisir un concept, c'est en maîtriser l'usage ». *A fortiori*, on ne peut pas dire non plus, à la suite de R. Brandom, que « saisir un concept, c'est maîtriser l'usage d'un mot »[1]. Du reste, la différence entre un mot et un concept – un mot regroupe généralement plusieurs concepts hétérogènes[2] – suffit déjà pour falsifier cette proposition[3].

repose notamment sur une confusion entre subjectivité et conscience, entre sens et sens conceptuel, ne conçoit l'intuition que sur un mode passif et particulier, et continue à s'inscrire dans une perspective ontologique, à travers la position d'une chose en soi – ne nous paraît pas davantage acceptable.

1. R. Brandom, *L'articulation des raisons*, Pairs, Le Cerf, 2009, p. 34.

2. Sauf dans ce cas très particuliers des termes scientifiques comme « molybdène » où le mot n'est affecté qu'à un sens conceptuel unique. Le fait que R. Brandom prenne précisément « molybdène » pour exemple (*ibid.*, p. 37) ne relève peut-être pas du hasard. Prendre pour modèle le vocabulaire scientifique pour comprendre l'usage des mots dans le langage ordinaire est typique d'une approche rationaliste, et peu satisfaisant.

3. Pour une étude plus précise des rapports du sens à l'usage, voir ci-dessous, Recherche 3, chap. v.

Le jugement, et notamment le jugement logique, est dérivé et non premier. D'abord on a le sens, puis le sens conceptuel, lequel ouvre sur la possibilité du jugement. Une fois le jugement atteint, le sens conceptuel se déploie, de fait, dans un réseau inférentiel : on peut alors lier toute affirmation à un ensemble d'inférences implicites et chercher à les rendre explicites. Mais ce réseau inférentiel n'est pas constitutif du sens en tant que tel[1].

Précisons enfin que critiquer l'inférentialisme sémantique ne conduit pas à une conception représentationnelle du conceptuel, selon l'alternative théorisée par R. Brandom[2]. Car nous avons vu que le sens conceptuel n'est précisément pas représentationnel. De même, s'opposer au rationalisme[3] de l'inférentialisme sémantique ne conduit pas à défendre une thèse empiriste. Notre modèle théorique se construit par-delà le conflit entre rationalisme et empirisme.

1. Ce qui correspond à l'inférentialisme fort auquel adhère R. Brandom.

2. R. Brandom, *L'articulation des raisons*, *op. cit.*, p. 54.

3. Ce rationalisme conduit R. Brandom à affirmer : « Mon espoir est qu'en minimisant les similarités avec les animaux qui préoccupèrent Locke et Hume, et en mettant l'accent sur les possibilités d'offre et de demande de raisons, nous nous approcherons davantage d'une analyse de ce que veut dire être humain, qui rende justice aux sortes de conscience et de conscience de soi qui nous caractérisent en propre, en tant qu'êtres culturels, et pas seulement naturels » (*ibid.*, p. 43). Cette compréhension de l'humain fait retomber Brandom, tout comme McDowell (voir ci-dessus, Recherche 2, chap. v, p. 104), dans le modèle des Lumières dont nous avons montré la difficulté profonde dans *Culture et civilisation*. Contrairement à ce que semble penser R. Brandom qui assimile de façon très cartésienne un perroquet à un thermostat (*ibid.*, p. 172), les animaux ont accès au sens, au langage et à la culture. Quant à la culture humaine, elle ne repose pas sur la rationalité.

CHAPITRE IV

LES ARTICULATIONS DU LANGAGE

Notre analyse de la complexité linguistique chez l'humain est-elle satisfaisante ? Un saussurien orthodoxe formulerait sans doute ici trois objections. Premièrement, notre approche ne correspond pas à la compréhension traditionnelle de la syntaxe comme mise en relation des signes entre eux, indépendamment de tout rapport à la réalité. En sorte que la syntaxe articulerait non les désignés, comme nous venons de l'affirmer, mais les signifiés.

Deuxièmement, notre analyse semble insuffisante. La complexité du langage humain ne se réduit pas en effet à la syntaxe. La production du signifiant engage également une complexité remarquable. En sorte que, dans le langage humain, la complexité linguistique semble double. Depuis les travaux d'André Martinet[1], les linguistes s'accordent ainsi à reconnaître au langage humain une articulation à la fois sémantique et phonologique. On peut repérer dans la phrase une articulation d'unités de sens, appelées monèmes ou morphèmes, et construites par l'articulation d'unités de son : les phonèmes.

Troisièmement, de nombreux linguistes considèrent cette double articulation comme le trait caractéristique du langage en général. Mais qu'en est-il des animaux ? En étudiant le chant des oiseaux, on a certes pu dégager un début d'articulation sonore. Par exemple, le chant des corbeaux est composé d'un certain nombre d'unités phoniques distinctes. Mais on n'a pas trouvé de construction syntaxique des messages. De manière générale, la syntaxe semble absente des langages animaux. Il semble donc qu'il y ait au mieux une seule articulation dans la communication animale, et non

1. Voir *Éléments de linguistique générale*, Paris, Colin, 1960, p. 17.

deux comme dans le langage humain. Contrairement à ce que nous avons affirmé, seul le langage humain mériterait donc d'être considéré comme un authentique *langage*, contrairement aux prétendus « langages animaux ».

Considérons attentivement la théorie de la double articulation afin de répondre à ces trois objections. On peut tout d'abord lui adresser deux critiques.

Nous avons vu que les animaux, même s'ils n'ont pas accès au concept, et si donc leur communication ne relève pas d'une sémantique conceptuelle, ont accès au sens, plus précisément au sens typal. Par conséquent, même si les animaux combinent dans leur communication signaux et signes, et même si les signes n'ont qu'un signifié typal, on peut distinguer des unités de sens dans les langages animaux. Or, il n'y a aucune raison de penser que les animaux les plus complexes seraient incapables d'un minimum d'articulation de ces unités de sens ; et ce, même si cette articulation reste très limitée et n'est pas réglée syntaxiquement. Ne concevoir d'articulation sémantique que syntaxique, c'est faire preuve, à nouveau, d'anthropocentrisme[1].

De plus, on comprend mal pourquoi la seconde articulation devrait être cherchée uniquement dans des unités sonores[2]. On confond ici clairement un trait spécifique avec un trait générique. Cette confusion est d'autant moins acceptable qu'elle oublie qu'il y a un langage humain non oral, dont les unités de seconde articulation ne sont pas sonores : le langage visuel utilisé par les personnes atteintes de surdité. Au lieu d'articuler des phonèmes, ce langage présente une très grande complexité signifiante puisqu'il articule à la fois des modes de configuration de la main, des modes d'orientation de la paume de la main, des modes d'emplacement de la main par rapport au corps, des modes de mouvement et enfin des modes d'expression faciale. L'articulation des phonèmes ne peut donc être considérée comme une caractéristique essentielle du langage humain au sens générique[3].

La linguistique reste prisonnière de l'approche réductionniste de Saussure qui interprète le langage uniquement selon la distinction binaire

1. Voir ci-dessus, Recherche 2, chap. II, p. 77-78.

2. Benveniste prétend ainsi curieusement que le langage des abeilles n'est pas un langage car il n'est pas vocal or « il n'y a pas de langage sans voix » (*Problèmes de linguistique générale*, *op. cit.*, p. 60).

3. Comme le remarque Hjelmslev : « on peut remplacer la substance sonore-gesticulatoire et gestuelle habituelle par n'importe quelle autre substance appropriée, quand les circonstances modifiées s'y prêtent » (*Prolégomènes à une théorie du langage*, *op. cit.*, p. 131).

du signifiant et du signifié. Il n'y aurait donc que deux unités fondamentales dans le langage : une unité du signifiant et une unité du signifié, identifié au seul signifié conceptuel. Le langage pourrait donc être caractérisé par une double articulation : une articulation du signifiant et une articulation du signifié.

Une compréhension plus globale de la communication révèle l'insuffisance d'une telle approche binaire. Nous avons vu[1] que la communication en général, telle qu'elle peut intervenir par exemple entre deux cellules, ne met en jeu que des *informations* (au sens de Shannon), un *contenu d'information* (un ordre, une structure déterminée de l'information dans le message) et une *signification* (l'effet produit sur le récepteur). Elle ne fait intervenir ni *sens*, ni *désignation*. La question du sens, bien que centrale, reste seconde, dans la mesure où il n'intervient dans la communication que comme moyen pour la signification et non comme fin. La finalité d'un message n'est pas sémantique mais pragmatique. Il importe donc de distinguer dans le message cinq termes :

1) L'information.
2) Le contenu d'information.
3) Le sens (typal ou conceptuel).
4) La désignation (typale ou conceptuelle).
5) La signification.

La deuxième objection, selon laquelle notre analyse précédente de la complexité linguistique était insuffisante, est donc valide. Mais il en va de même pour la théorie de la double articulation. Il ne faut pas distinguer un, ou deux, mais cinq sortes fondamentales d'unités élémentaires participant à la construction de l'unité totale du message et susceptibles d'articulation : les unités d'information, les unités de contenu d'information, les unités de sens (typal ou conceptuel), les unités de désignation (typale ou conceptuelle) et les unités de signification. L'examen de ces cinq unités va nous permettre de répondre aux deux autres objections adressées à notre modèle.

Considérons tout d'abord les unités d'information. Elles peuvent être sonores, mais aussi visuelles ou chimiques. Dans la communication chimique, l'unité d'information (la structure moléculaire type) correspond également à la totalité du message transmis. Mais un message peut être composé de plusieurs unités d'information distinctes. Prenons l'exemple des abeilles. La forme de la danse, sa vitesse, son angle par

1. Voir ci-dessus, Recherche 1, chap. I et chap. III.

rapport à la lumière du soleil, sont des unités d'information distinctes dont l'articulation réglée entre dans la composition du message.

Dans le langage oral humain, quelles sont les unités d'information? La réponse semble être: les phonèmes. Mais ce n'est pas aussi évident. Car chaque phonème est lui-même composé de traits sonores substituables. Jakobson, qui est l'un des premiers théoriciens à avoir reconnu la nécessité d'articuler la linguistique à la théorie de l'information, insiste sur ce point dans ses *Essais de linguistique générale*. Après avoir noté que Shannon et Weaver trouvent dans le langage parlé, physiquement continu, une situation « considérablement plus compliquée » que ce n'était le cas pour l'ensemble fini d'éléments discrets que présentait le langage écrit [1], Jakobson ajoute:

> L'analyse linguistique, cependant, est arrivée à résoudre le discours oral en une série finie d'unités d'information élémentaires. Ces unités discrètes ultimes, dites traits distinctifs, sont groupées en « faisceaux » simultanés, appelés phonèmes, qui à leur tour s'enchaînent pour former des séquences [2].

Jakobson choisit ainsi le trait distinctif comme unité d'information, plutôt que le phonème. Plus loin, il oppose les unités minimales de sens et les traits distinctifs, unités d'information [3].

Jakobson justifie son identification des traits distinctifs [4] aux unités d'information en notant qu'ils relèvent d'un choix binaire:

> Tout message parlé présente à l'auditeur deux séries complémentaires d'information: d'une part, la chaîne des phonèmes fournit une information codée sous forme de séquences, d'autres part chaque phonème est composé de plusieurs traits distinctifs. La totalité de ces traits est égale au nombre minimum de choix binaires nécessaires à la spécification du phonème. En réduisant l'information phonématique contenue dans la séquence au plus petit nombre d'alternatives, nous trouvons la solution la plus économique et donc la meilleure [5].

Martinet estime contre Jakobson que les traits distinctifs peuvent relever d'un choix ternaire ou même quaternaire. En admettant que cela soit le cas, cela n'a toutefois pas valeur d'objection pour le choix des traits distinctifs comme unités d'information. L'information transmise par une

1. *Essais de linguistique générale*, *op. cit.*, p. 87.
2. *Ibid.*, p. 87-88.
3. *Ibid.*, p. 104.
4. La liste de ces traits distinctifs est présentée par Jakobson, *ibid.*, p. 128-130.
5. *Ibid.*, p. 143.

unité d'information, par exemple les lettres du langage écrit, n'a pas nécessairement à être égale à 1 *bit*, qui n'est que l'unité de mesure de l'information correspondant à un choix binaire.

En fait, pas plus qu'il n'y a d'unité physique absolue (les atomes sont divisibles), il n'y a d'unité d'information absolue. On peut donc prendre tout aussi bien les traits distinctifs composant les phonèmes, ou les phonèmes eux-mêmes, comme unités d'information. De même, dans le langage écrit, on considère que les unités d'informations sont les lettres. Telle est bien l'approche de Shannon et celle de Jakobson. Mais on peut tout aussi bien utiliser l'écriture scripte, qui analyse les lettres en unités graphiques élémentaires : par exemple o = o; l = l; b = l + o, d = o + l; etc. Les 26 lettres de l'alphabet peuvent être construites ainsi au moyen de 12 formes graphiques élémentaires. Ce qui représente une économie non négligeable.

Précisons ici la différence entre l'oral et l'écrit : les phonèmes sont de simples signaux types, qui servent de composants matériels des signes oraux : ils possèdent une information, mais pas de sens ni de désignation. Les lettres sont, généralement [1], des signes à part entière, plus précisément des signes typaux, désignant un phonème et possédant un signifié typal. L'écriture alphabétique est donc un système de signes (typaux) composant par combinatoire des signes (typaux ou conceptuels) d'une complexité linguistique supérieure au langage oral.

Comme le désigné est construit par le signifié, il ne faut pas supposer que les phonèmes préexistaient absolument en eux-mêmes avant que les lettres ne les retranscrivent. Les lettres découpent la réalité phonétique tout comme les mots découpent la réalité objective ordinaire. L'idée selon laquelle l'écriture ne serait qu'une médiation neutre servant à transcrire le langage oral est une fiction métaphysique, justement dénoncée par Derrida [2]. Le langage oral est remodelé par l'écriture chargée de le transcrire.

Cette analyse se limite aux seules écritures alphabétiques, où le signe élémentaire, la lettre, désigne une unité d'information. Dans les écritures syllabiques, les signes élémentaires désignent une unité de contenu d'information. Ils sont donc plus nombreux que dans les écritures alphabétiques. Quant aux écritures idéogrammatiques, elles sont mixtes : les idéogrammes peuvent désigner une unité d'information, une unité de sens ou une unité de désignation. Leurs signes élémentaires sont donc nettement plus nombreux

1. Il y a des exceptions, comme la lettre *h* en français.

2. Mais cela n'implique pas pour autant, comme le croit Derrida, que « l'écriture ne serait plus une espèce de communication » (*Marges*, Paris, Minuit, 1972, p. 374). L'écriture reste un système de signes.

que dans les écritures syllabiques et alphabétiques[1]. Le remodelage du langage oral diffère complètement selon le type d'écriture adopté.

Restons dans le cadre d'un langage oral lié à une écriture alphabétique. Si l'on considère que les unités d'information du langage oral sont les traits distinctifs, l'unité de contenu d'information, c'est-à-dire l'unité structurelle minimale du message, est le phonème. Si en revanche on préfère considérer que les unités d'information sont les phonèmes, l'unité de contenu d'information est la syllabe.

Or, toute structure, qu'elle soit phonématique ou syllabique, n'est pas possible au sein d'une langue déterminée. Par exemple, en français, entre *k* et *k* on ne peut trouver qu'une voyelle. Alors qu'en serbo-croate, on peut trouver la structure *krk*. Prendre en compte le contenu d'information permet donc d'augmenter la probabilité de survenue de l'unité d'information. Ce qui équivaut à une réduction de l'information qu'elle délivre. Du fait de cette réduction de l'information liée à l'ordre, un texte dans lequel manquent des lettres peut être déchiffré sans trop de peine par un lecteur attentif[2]. L'ordre remplit ainsi une fonction importante de redondance permettant de préserver l'information contre les risques liés au bruit.

Dans la communication intercellulaire, l'unité d'information, qui est la structure type de la molécule, est équivalente à l'unité de contenu d'information, elle-même équivalente à la totalité du message. En revanche, si l'on considère des chants d'oiseaux formés d'une suite de séquences complexes et distinctes, l'unité d'information (la note) est distincte de l'unité de contenu d'information (la séquence), elle même distincte de la totalité du message (le chant).

Les unités de sens n'interviennent que dans les langages, c'est-à-dire les systèmes généraux de signes possédant sens et désignation, regroupant des langues particulières, liées chacune à une population déterminée. Dans le cas des langages animaux, les unités de sens sont des types[3]. En général,

1. Les écritures alphabétiques ont généralement moins de 40 signes élémentaires; les écritures syllabiques, entre 60 et 120; et les idéogrammatiques, au moins plusieurs centaines. Repérer le nombre de signes élémentaires et leur fréquence d'utilisation constitue une étape essentielle dans le déchiffrement d'une écriture.

2. Naturellement, la prise en compte du sens joue également un rôle décisif dans un tel déchiffrement.

3. Éventuellement aussi des concepts, mais de façon exceptionnelle, et sans que cela ait été encore établi avec certitude.

l'unité de sens correspond à la totalité du sens du message. Mais plusieurs unités de sens peuvent également être articulées dans un même message. Dans le cas du langage des abeilles décrit par Karl von Frisch, le message total est composé de plusieurs unités de sens correspondant chacune à une unité de désignation et indiquant dans quelle direction type aller, à quelle distance type, pour trouver quel type de nourriture. Le sens typal global du message est atteint par articulation des unités de sens. Parallèlement, l'unité totale de l'objet typal visé (telle nourriture) est atteinte par articulation des unités de désignation.

Or, une unité de sens, par exemple la distance, peut engager plusieurs unités d'informations : la forme de la danse (en rond ou en 8), le nombre de 8 parcourus, la vitesse du trajet, etc. On peut donc distinguer dans la danse des abeilles une articulation des unités de sens et une articulation des unités d'information. L'idée que la double articulation des unités de sens et des unités d'information serait caractéristique du langage humain rencontre donc un contre-exemple avec le langage des abeilles. Ce qui lève la troisième objection.

Dans le langage humain, de nombreux termes sont produits par combinaison d'éléments sémantiques. Hjelmslev remarque ainsi :

> Les mots se laissent analyser en parties qui sont tout autant porteur de sens : radicaux, suffixes de dérivation et désinences flexionnelles. [...] Ainsi on peut constater que dans un mot français comme *in-dé-com-pos-able-s* : on peut distinguer six grandeurs portant chacune un sens, c'est-à-dire six signes [1].

Ces six unités de sens permettent de former un sens complexe, auquel correspond une visée objective complexe, laquelle se subdivise en unités de désignation correspondant aux unités de sens. *Indécomposables* n'est ni unité de sens ni unité de désignation : il possède une désignation complexe, construite par son sens complexe.

Considérons cette complexité sémantique à l'aide d'un autre exemple : le mot *imprenable*. Le terme central *-pren-* possède une unité de sens conceptuel à laquelle s'ajoutent deux unités de sens : *im-* et *-able* qui désignent des opérations mentales types (reproductibles à l'identique) : nier et rendre possible. Le sens conceptuel global de ce mot est ainsi constitué d'unités de sens parmi lesquelles figurent des unités de sens typal auxquels correspondent donc des désignés typaux et non conceptuels. Il

1. *Prolégomènes à une théorie du langage*, *op. cit.*, p. 61. Pour plus de clarté, j'écris *sens* au lieu de *signification*.

apparaît ainsi que le sens typal est au cœur du sens conceptuel, de même que l'objectivité typale est au cœur de l'objectivité conceptuelle. Une remarque analogue peut être faite au niveau de la phrase : les termes syncatégorématiques, dont le sens et la désignation sont typales et non conceptuelles[1], jouent dans la constitution de la phrase un rôle analogue aux préfixes et aux suffixes typaux qui se rajoutent au radical conceptuel pour construire un mot. Les locuteurs accordent spontanément au mot le statut d'unité linguistique fondamentale et croient qu'un objet est un élément de réalité désigné par un mot. Ce n'est pas le cas, même si un élément de réalité désigné par un mot est un objet. Il est rare qu'un mot corresponde à une unité de sens et de désignation. En revanche, il possède bien une spécificité linguistique remarquable : c'est le plus petit terme auquel peut se réduire une phrase.

Nous pouvons ainsi répondre à la première objection. Comme le sens est condition de possibilité de la désignation, aux unités de sens on peut faire correspondre des unités de désignation et réciproquement. L'articulation des unités de sens est parallèle à l'articulation des unités de désignation. Il est tout aussi réducteur de prétendre que la syntaxe n'articule que des unités de sens ou que des unités de désignation. Elle opère sur les deux articulations.

Reste l'unité de signification. Elle représente l'unité élémentaire de niveau supérieur permettant de construire l'unité totale du message. Dans la communication intercellulaire, l'unité d'information est égale à la fois à l'unité de contenu d'information et à l'unité totale du message. Dans le langage des abeilles, l'unité de signification correspond à l'ensemble du message : à savoir la danse plus l'odeur de la butineuse. Dans le langage humain, l'unité de signification correspond à la phrase. Car c'est le niveau élémentaire visant une réaction, c'est-à-dire l'unité pragmatique intentionnelle. Elle n'est pas nécessairement équivalente à l'unité totale du message, lequel peut se composer de plusieurs phrases. Notons ici que le fait d'identifier le mot au plus petit terme auquel peut se réduire une phrase revient à le définir comme le plus petit terme susceptible de recevoir une signification[2].

Les théoriciens distinguent parfois à la suite de Strawson la *phrase* de l'*énoncé*, en affirmant que la phrase ne serait qu'un phénomène de sens, alors que la dimension pragmatique n'interviendrait qu'au niveau de

1. Voir ci-dessus, Recherche 2, chap. VI, p. 125.

2. Du moins pour le langage ordinaire. Un énoncé métalinguistique peut doter un phonème ou une lettre de signification.

l'énoncé, qui est la phrase en situation effective d'énonciation. Cette distinction nous semble devoir être nuancée. Point n'est besoin en effet de se référer au contexte pragmatique pour dire par exemple que la phrase « vous êtes une infâme crapule et je n'éprouve que mépris pour vous » a très vraisemblablement une signification insultante, encore qu'un usage antiphrastique soit toujours possible. De même, la phrase « le requin est un poisson à squelette cartilagineux doté d'une remarquable capacité de régénération des dents » a très vraisemblablement une signification cognitive, même si d'autres significations sont possibles, par exemple dans un message codé. Concédons toutefois que la signification d'une phrase est rarement aussi faiblement ambiguë. En général, seule l'inscription effective de la phrase dans son contexte pragmatique, donc en tant qu'énoncé, permet effectivement de dégager clairement sa signification.

En conclusion, la théorie de la double articulation semble non fausse mais incomplète. Le langage humain engage effectivement une articulation des unités de sens et une articulation des phonèmes, lesquels peuvent être considérés comme des unités d'information ou des unités de contenu d'information. Mais distinguer seulement deux modes d'articulations ne suffit pas pour rendre compte de la complexité articulatoire du langage humain. En fait, il faut distinguer cinq articulations fondamentales du langage humain correspondant aux cinq sortes fondamentales d'unités élémentaires.

Ce chiffre cinq n'est en rien définitif. Il est possible de dégager de nouvelles articulations du langage. Par exemple, si l'on identifie les unités d'information aux traits distinctifs, le phonème devient unité de contenu d'information. La syllabe apparaît alors comme une unité d'articulation de niveau supérieur au sein du contenu d'information. On peut ainsi multiplier les niveaux d'articulation du langage : certains théoriciens vont même jusqu'à en compter une dizaine, voire plus encore. Mais ces niveaux supérieurs restent des subdivisions des cinq niveaux premiers, que nous avons construits par l'analyse générale de la fonction de communication.

La distinction de ces cinq niveaux fondamentaux permet de préciser la différence entre les systèmes de signaux et les systèmes de signes. Les systèmes de signaux ne comprennent que trois unités : unité d'information, unité de contenu d'information et unité de signification. Ces unités peuvent être confondues, mais ce n'est pas toujours le cas. Par exemple, si 245A est le code d'ouverture d'une porte, il faut ici distinguer les unités d'information de l'unité de contenu d'information, laquelle est égale à l'unité de signification et à l'unité totale du message. Imaginons maintenant un code qui serait une suite composée de deux suites élémentaires de quatre chiffres séparées par un intervalle : 2364 7645, l'unité de signification serait alors composée de deux unités de contenu d'information, chacune composée de plusieurs unités d'information. Les trois sortes d'unités seraient alors distinctes. Quant aux systèmes de signes, ou langages, ils possèdent en plus des unités de sens et des unités de désignation.

La spécificité exceptionnelle du langage humain réside d'une part, dans son accès au sens conceptuel et non simplement typal, ce qui entraîne une explosion du sens et de la désignation. Et d'autre part, dans sa capacité à distinguer unité d'information, unité de contenu d'information, unité de sens, unité de désignation, unité de signification et unité totale du message, lesquels sont plus ou moins confondus dans les langages animaux. L'utilisation systématique des possibilités combinatoires offertes par l'articulation de toutes ces unités permet ainsi de construire des messages d'une très grande complexité à partir d'un nombre très réduit d'unités d'information.

Affirmer que le langage humain a la capacité de distinguer toutes ces unités ne signifie pas toutefois qu'elles sont toujours distinctes en lui. Un message peut ainsi se réduire à une phrase, et une phrase, à un mot, dont le signifié peut de plus ne pas être composé. Auquel cas, le mot correspond à l'unité de sens, de désignation et de signification. Enfin, sa structure phonologique peut être très simple et se réduire à une unité de contenu d'information, voire même à une unité d'information, dans le cas où le mot se réduit à un phonème et où l'on considère le phonème comme unité d'information. Le phonème peut alors jouer le rôle de toutes les unités linguistiques. C'est le cas par exemple de « *I* », la deuxième personne du singulier du verbe latin *eo*, à l'impératif présent, que l'on traduit par « Va » en français. Il y a ici identité à la fois de l'unité d'information, de l'unité de contenu d'information, de l'unité de sens, de l'unité de désignation, de l'unité de signification et de l'unité totale du message.

CHAPITRE V

SENS ET USAGE

Reconnaître la dimension seconde du sens dans un cadre communicationnel ne doit toutefois pas nous conduire à délaisser la question du sens. Elle reste centrale pour toute théorie du langage, puisque les langages correspondent à une communication possédant à la fois sens et désignation, et puisque le sens préside à la construction de la désignation. D'où l'importance de la démarche définitionnelle qui s'efforce de clarifier le sens des termes en jeu dans un énoncé, démarche qui, lorsqu'elle s'applique aux concepts les plus généraux de la pensée humaine, est l'activité première de la philosophie.

On peut toutefois énoncer ici une objection. L'identification opérée par Wittgenstein entre la *Bedeutung* et l'usage, dans la mesure où ce dernier est correct d'un point de vue grammatical[1], ainsi que sa reconnaissance du caractère multiforme et variable de l'usage, ont pour conséquence la remise en cause de la possibilité du travail définitionnel. D'où la formulation par Wittgenstein de la théorie de la *Familienähnlichkeit* que nous traduirons provisoirement par « ressemblance de famille »[2]. Un concept comme celui de *jeu* est indéfinissable selon Wittgenstein, car si l'on peut dégager des

1. L'identification entre *Bedeutung* et *Gebrauch* ne peut donc être totale : « Pour une *large* classe de cas où l'on emploie le mot « *Bedeutung* » – sinon pour *tous* les cas de son emploi – on peut expliquer ce mot de la façon suivante : La *Bedeutung* d'un mot est son usage (*Gebrauch*) dans le langage » (*Investigations philosophiques*, Paris, Gallimard, Tel, 1961, § 43, p. 135). Ainsi, selon Wittgenstein, certains usages non corrects sont privés de *Bedeutung*. Ce qui est discutable, car ni le sens, ni la désignation au sein d'un langage ne se réduisent au grammaticalement correct. Sans compter que toutes les règles grammaticales n'ont pas la même valeur normative.

2. Nous reviendrons au chapitre suivant sur les problèmes liés à la traduction de ce terme.

relations d'*Ähnlichkeit* entre ses multiples usages, il est impossible de trouver un point commun à tous que l'on puisse abstraire.

L'analyse de Wittgenstein semble pouvoir être généralisée. Ce qui vaut pour le concept de *jeu* doit valoir très vraisemblablement pour d'autres concepts. Par exemple, certains théoriciens, à la suite notamment de Paul Ziff[1], ont tenté de montrer qu'il en irait du mot *art* comme du mot *jeu* : en l'absence de points communs, il serait indéfinissable[2]. En sorte que l'activité définitionnelle constitutive de la dialectique depuis Socrate se révélerait n'avoir été qu'une vaste illusion. On pourrait en faire table rase pour repartir sur des bases, sinon plus solides, puisque sans définition claire il n'y a plus de base solide pour l'analyse, du moins plus lucides.

Que penser de l'identification posée par Wittgenstein entre *Bedeutung* et *Gebrauch* (dans les limites d'un usage correct d'un point de vue grammatical) ? Si par *Bedeutung* on entend la *désignation*, et si, comme nous l'avons vu, la désignation est construite par le sens, identifier la désignation à l'usage revient à identifier le sens (*Sinn*) à l'usage. Du reste, c'est bien ainsi que le propos de Wittgenstein a été généralement compris. Or, peut-on identifier le sens à l'usage ? Cela paraît légitime. Le sens d'un mot étant généralement indéterminé, c'est le contexte qui permet effectivement de déterminer son sens.

Mais ici, on peut faire deux remarques. Premièrement, affirmer que le sens d'un mot est déterminé par son contexte, ce n'est pas toutefois affirmer qu'il est *construit* par l'usage. Ce qui est indéterminé, c'est le sens du mot et non celui du concept. À un mot correspondent plusieurs concepts, recensés (de façon plus ou moins complète) et définis (de façon plus ou moins précise et opératoire) dans les articles d'un dictionnaire. En fonction de tel ou tel contexte, on comprend qu'il s'agit de tel ou tel concept. C'est cela, déterminer le sens en fonction du contexte : choisir le bon concept en jeu. Mais le sens du concept n'est *construit* ni par le contexte ni par l'usage.

Deuxièmement, l'identification entre le sens et l'usage renvoie au principe de contextualité énoncé par Frege en 1884 dans ses *Fondements de l'arithmétique*, alors qu'il ne distinguait pas encore clairement entre *Sinn* et *Bedeutung*[3] : « Les mots n'ont de sens (*Bedeutung*) qu'au sein d'une proposition » (§ 62). Il n'y a donc pas à chercher le sens d'un mot isolé. Ce principe est valide en linguistique si d'une part, l'on entend par là qu'un

1. Voir « The Task of Defining a Work of Art », *The Philosophical Review*, LXII (1953).

2. Voir A. Séguy-Duclot, *Définir l'art*, *op. cit.*, p. 52-53.

3. Ce qui n'a ici aucune importance, car c'est à la fois le sens *et* la désignation d'un mot qui sont déterminés par le contexte référentiel.

mot n'a pas de sens *déterminé* en dehors d'une proposition ou d'une phrase; et d'autre part, si on ne lui donne qu'une portée générale mais pas universelle. Certes, la plupart des mots pouvant recevoir plusieurs sens distincts, la *détermination* de leur sens n'est possible qu'en référence à la proposition ou à la phrase auxquels ils appartiennent. Il n'en va plus de même si l'on considère le cas particulier des termes scientifiques ou techniques comme *bactériophage*, *duetto*, *anticonstitutionnel*, *pouzzolane*, etc., dont on peut énoncer le sens déterminé indépendamment de toute inscription dans une proposition ou une phrase. Cela vient de ce que, étant des termes techniques, leur contexte est déjà déterminé et un seul concept leur correspond. Le principe de contextualité est ici inopérant.

En revanche, il est vrai de dire que les mots n'ont pas de *signification* en dehors de leur usage. Mais par ce terme de signification, il faut entendre alors la signification pragmatique telle que nous l'avons définie, en la distinguant nettement à la fois du sens et de la désignation. Ce que Wittgenstein ne fait pas[1].

On pourrait toutefois objecter, à propos de notre distinction entre la détermination du sens d'un mot et la construction du sens d'un concept, que le travail des dictionnaires, qui recensent les différents sens d'un mot, engage une analyse de l'usage. En sorte que l'usage permet non seulement la détermination du sens d'un mot, mais aussi la construction du sens d'un concept.

Que la construction du sens d'un concept puisse s'appuyer sur l'usage, c'est évident. Mais cela ne permet pas pour autant d'identifier le sens à l'usage (correct grammaticalement). Sans quoi, on comprendrait mal la possibilité des révolutions théoriques qui ont opéré, contre l'usage dominant, un changement profond du sens des concepts, ou qui ont forgé de toutes pièces de nouveaux concepts auxquels ne correspondait encore aucun usage. Dans ce dernier cas, il est de bonne méthode pour le théoricien de commencer par présenter la nouvelle définition qu'il donne à tel terme, plutôt que de laisser au lecteur le soin de dégager, à partir de l'usage nouveau qu'il fait de ce terme, le concept nouveau qui rend cet usage compréhensible.

1. Que l'on ne nous dise pas que Wittgenstein n'a « évidemment » en tête que la signification pragmatique. Car lorsqu'il s'interroge sur la définition du mot *jeu* (§ 66-72), il pense en termes de points communs et de limites, donc de sens et de désignation, et non de signification pragmatique. Par ailleurs, si sa théorie revenait quand même à réduire le sens à la seule signification pragmatique, elle tomberait sous la critique que nous avons déjà opérée de cette réduction.

De plus, si le sens devait se régler sur l'usage, il faudrait partir de l'usage d'un mot dans son ensemble et la question du sens porterait sur la définition du sens d'un mot. Ce qui correspond à une confusion entre mot et concept que nous avons déjà dénoncée. En revanche, c'est précisément le fait de distinguer différents concepts d'un même mot qui permet de distinguer des usages d'un même mot qui pourraient paraître identiques, ou de rectifier certains usages incorrects.

Loin de se soumettre à l'usage, le travail d'élucidation des concepts a pour fonction de guider l'usage, et de déterminer à quelle condition et pourquoi un usage, même s'il est grammaticalement correct et bien établi, peut ne pas être adéquat. C'est pourquoi dans une théorie scientifique, les définitions conceptuelles n'interviennent généralement pas à la fin, mais au début. Elles ne sont pas tirées inductivement de tout ce qui a été dit, mais elles permettent de donner sens à ce qui va être dit. Un nouveau modèle théorique, opérant de nouvelles définitions, conduit donc à une reconfiguration de l'usage.

Concédons toutefois que lorsqu'un auteur n'a pas fait, dans son travail théorique, cet effort définitionnel, c'est au lecteur de le faire, et pour cela, il n'a d'autre aide que l'usage. De plus, toute apparition d'un concept nouveau n'est pas le résultat d'une décision théorique. La sémantique d'une langue subit une évolution, laquelle, comme pour toute réalité vivante, procède par mutation. Ce sont souvent des dérives, d'origine généralement métonymique ou métaphorique, qui conduisent à l'émergence d'un concept nouveau qui va imposer un nouvel usage. Pour dégager ce nouveau concept et l'élucider, les théoriciens devront s'appuyer sur l'usage. Soit. Mais si l'importance du lien entre sens et usage est manifeste, leur identification n'en est pas légitimée pour autant.

Cette critique de l'identification du sens et de l'usage reste cependant profondément insatisfaisante, car nous avons raisonné avec des concepts trop vagues. L'identification entre sens et usage repose principalement sur le principe de contextualité de Frege. Or, ce principe, indépendamment de la critique que nous en avons faite, est trop ambigu. En linguistique, la proposition est inscrite dans le cadre plus large de la phrase. Or, l'on doit penser non un, mais au moins *quatre* [1] contextes d'une phrase, que j'appellerai son contexte informationnel, son contexte sémantique, son contexte

1. Pour simplifier. Car si l'on prend en compte la distinction entre information et contenu d'information, on peut distinguer entre contexte informationnel et contexte de contenu (ou d'ordre) informationnel.

référentiel et son contexte pragmatique. Cette quadripartition vient de la nécessité non seulement de distinguer le sens (*Sinn*) de la désignation (*Bedeutung*), comme le fait Frege en 1892, mais aussi de l'information et de la signification pragmatique, c'est-à-dire l'effet visé par le message. Cette dernière ne s'atteint véritablement qu'au niveau de la phrase, qui est l'unité de signification[1].

Par *contexte informationnel*, j'entends l'ensemble des informations du message, qui nous donne des indices sur l'identité des phonèmes qui le constituent et qui nous permet de tester la *correction* du message[2]. Par *contexte sémantique*, j'entends le champ sémantique du message, qui nous donne des indices sur le sens des termes en jeu et nous permet de tester la *cohérence* du message. Par *contexte référentiel*, j'entends le système référentiel objectif du message, qui nous donne des indices sur son désigné et nous permet de tester l'*adéquation objective* du message. Par *contexte pragmatique*, j'entends la situation d'énonciation du message, qui nous donne des indices sur sa signification et nous permet de tester l'*efficace* du message. Par *énoncé*, j'entends une *phrase contextualisée pragmatiquement*.

Nous avons dit que « le contexte détermine le sens ». Même si, comme nous l'avons fait, on précise que *déterminer* ne signifie pas *construire*; même si l'on distingue nettement le *sens* de la *désignation* et de la *signification*; même si l'on prévient que le sens en question est celui du *mot* et non du *concept*, en sorte que *déterminer le sens* veut dire *indiquer selon quel concept particulier un mot intervient dans une phrase*, cette affirmation reste toujours ambiguë. Car elle ne dit pas quel est le contexte qui opère cette détermination : s'agit-il du contexte informationnel, sémantique, référentiel ou pragmatique ? Telle est la question à laquelle il importe de pouvoir répondre.

Considérons l'exemple des dictionnaires. Pour traiter la question du sens, les auteurs de dictionnaires se contentent de nous donner des exemples de phrases, lesquelles mettent en place un référent global, mais ne nous donnent aucune indication sur le contexte pragmatique. Pour comprendre que dans la phrase : « Pierre engagea son véhicule dans le mauvais sens », le concept en jeu dans le mot « sens » est celui que l'on peut rendre par *direction*, nul besoin de recourir à une situation particulière d'énonciation.

1. Voir ci-dessus, Recherche 3, chap. IV, p. 220-221.

2. Par exemple, la série /*prp*/ n'est pas correcte en français : entre deux /*p*/ il faut une voyelle.

Le contexte sémantique de la phrase nous donne, en fonction d'une exigence de cohérence, des indices pour une détermination minimale du sens permettant de construire le contexte référentiel global, lequel en retour, en fonction d'une exigence d'adéquation objective, achève de déterminer le sens des concepts en jeu. La réduction des possibles sémantiques s'accélère ainsi à mesure que la phrase se complexifie. L'anticipation sur le référent global, guidée par tous les indices sémantiques qui sont en notre possession, nous permet de choisir pour chaque mot le sens le plus probable. Quitte éventuellement à nous corriger lorsque la fin de la proposition ne correspond pas à notre hypothèse initiale, ce qui oblige à une réinterprétation globale de la phrase dans un nouveau sens[1]. Les contextes sémantiques et référentiels suffisent généralement à déterminer le sens des mots. Plus précisément une proposition, qui est l'unité minimale permettant de construire un contexte référentiel, suffit généralement pour déterminer le sens d'un mot.

Notons toutefois des cas particuliers où le contexte sémantique et le contexte référentiel ne suffisent pas. Ainsi la phrase « le canard est sorti à l'aube » reste ambiguë selon le sens et la désignation. Livrée seule en dehors d'un message permettant de construire un contexte sémantique ou référentiel plus précis, son sens reste indéterminé. Seul le recours au contexte pragmatique d'énonciation permet alors de trancher : le locuteur porte-t-il ou non un fusil, est-il près d'un métro ou en train de faire le guet dans un marais ? Précisons également que cette phrase, utilisée comme signal dans un code, possède alors une signification sans avoir besoin de passer par son sens, lequel peut du même coup rester indéterminé.

Afin de préciser le rôle du « contexte » dans la détermination du sens, considérons l'exemple de Wittgenstein : le cri « *Platte !* »[2]. Il s'agit d'une phrase dotée de signification, contrairement au simple mot « dalle ». Wittgenstein souligne à juste titre l'ambiguïté de sens (*Sinn*) de cette exclamation. Mais en quoi réside-t-elle ? Est-ce dans le fait de se demander si elle est équivalente à « *Bring mir eine Platte !* », « *Reich mir eine Platte zu* », « *Bring ihm eine Platte* », ou encore « *Bring zwei Platten* » comme se le demande Wittgenstein, qui aurait pu penser aussi à « *Achtung ! Ich bringe dir eine Platte !* » ou « *Achtung ! Sie bringen ihm zwei Platten !* », etc.

1. Ces effets de méprise sémantique sont à l'origine de bien des plaisanteries. L'un des ressorts les plus efficaces du rire est, au tout dernier moment, de faire sombrer une phrase, dont le sens semblait jusqu'alors parfaitement sérieux, dans l'obscène et le graveleux.

2. *Investigations philosophiques*, *op. cit.*, § 19-20.

Non. L'ambiguïté de sens, au sens strict, est celle que rencontre par exemple un traducteur français, lequel doit se demander si le mot *Platte* signifie dans le texte allemand des *Philosophische Untersuchungen* de Wittgenstein une planche, un carreau, une dalle, etc. Or, seuls les contextes sémantique et référentiel, construits par les autres phrases du texte, car le cri évoqué est trop elliptique, permettent de trancher. Si le traducteur français Pierre Klossowski choisit d'écrire «*Dalle!*» tandis que la traductrice anglaise Elizabeth Anscombe écrit: «*Slab!*», c'est parce que, plus loin dans le paragraphe, Wittgenstein établit une équivalence sémantique entre *Platte* et *Baustein*. En l'occurrence, c'est le recours ici au contexte sémantique qui permet de trancher.

L'ambiguïté dont traite Wittgenstein dans ses exemples n'est pas, comme il le croit, une ambiguïté de sens mais une ambiguïté de signification pragmatique: le même énoncé peut être associé à des réactions différentes. Supposons ainsi que «*Platte!*» soit équivalent à «*Bring mir eine Platte!*»: l'équivalence n'est pas sémantique, mais pragmatique. Contrairement à ce qu'affirme Wittgenstein, ces deux phrases n'ont pas le même sens (*Sinn*)[1] : le sens de la seconde phrase est plus complexe que le sens de la première. Mais elles ont la même signification pragmatique: le cri «*Platte!*» a pour fonction de prévenir du besoin d'une dalle, tout comme «*Bring mir eine Platte!*», et cherche donc à provoquer la même réaction[2]. L'implicite du premier cri, ce n'est pas son sens mais sa signification. Une telle abréviation n'intervient que lorsque la signification est rendue évidente par le contexte pragmatique. En revanche, lorsque le contexte pragmatique est ambigu, il faut préciser le sens de la phrase, en sorte que ses contextes sémantiques et référentiels fournissent des indices sur son contexte pragmatique, et permettent à l'interlocuteur de déterminer sa signification.

Lorsque Wittgenstein se demande si l'identité de sens des deux phrases ne vient pas de l'identité de leur emploi, il est doublement imprécis. Premièrement, il ne dit pas qu'il s'agit non d'une identité de sens ou de désignation, mais de signification. Deuxièmement, il ne dit pas de quel usage il s'agit: de l'usage sémantique, référentiel, ou de l'usage d'un énoncé dans un contexte pragmatique, ce que nous appelons son usage pragmatique? Affirmer que la détermination de la signification (pragmatique)

1. Ce qui le conduit à écrire à la fin du § 20: «*Aber besteht der gleiche Sinn der Sätze nicht in ihrer gleichen* Verwendung?».

2. Cet exemple est différent de celui de Putnam (voir ci-dessus, p. 123-124). «*Bring mir eine Platte*» développe non le sens du mot «*Platte*» dans la phrase, mais la signification visée par l'énoncé «*Platte!*». Un développement de sens se fait par un processus définitionnel.

d'un énoncé dépend généralement de son usage pragmatique dans la réalité[1] est différent du fait d'affirmer, conformément au principe de contextualité de Frege, que la détermination du sens (ou de la désignation) d'un terme dépend généralement de son contexte (référentiel *et* sémantique) dans la phrase. Ou encore d'affirmer que la détermination du sens (ou de la désignation) d'une phrase dépend généralement de son contexte (référentiel *et* sémantique) dans le message.

Ces difficultés ne sont pas sans conséquences chez les lecteurs de Wittgenstein. Ainsi Robert Brandom, dans la première de ses *John Locke Lectures* de 2005-2006, évoque la « pragmatique wittgensteinienne » dont le fondement serait le déplacement du questionnement sémantique sur l'étude de l'usage, tout en entendant par là l'usage d'un terme dans une phrase : « *under the banner "Don't look to the meaning, look to the use", Wittgenstein further radicalizes the pragmatist critique of semantics* ». Or, l'usage d'un terme dans une phrase n'est pas équivalent à l'usage pragmatique. Il ne prend pas directement en compte la signification du message. Parler ici de *pragmatique* ne peut qu'obscurcir le sens du projet pragmatique en tant que tel. Évidemment, il y a des cas particuliers, par exemple lorsque les énoncés sont des instructions de traduction – Brandom prend notamment pour objet d'analyse la traduction automatique – où la signification (pragmatique) d'un message est de fait l'usage d'un terme dans une phrase. Mais il ne s'agit précisément que d'un cas particulier, qui n'a aucune valeur paradigmatique.

Plus précisément lorsqu'il traite de l'exemple pris par Wittgenstein, Brandom prétend dans sa deuxième conférence que « *Slab!* » ne constitue pas un ordre mais un simple signal, car cet énoncé ne précise pas les conditions de réalisation. Mais si le contexte pragmatique est clair, cette précision est inutile. « *Slab!* » est un énoncé doté de sens et de désignation, ce n'est donc pas un simple signal[2]. C'est un ordre dont la signification est implicite. À « *Slab!* », Brandom oppose « *Shut the door!* » qui serait, selon lui un ordre véritable. Mais « *Shut the door!* » ne précise pas si cette opération doit se faire rapidement ou non, en douceur ou non, si la porte doit être fermée à clé ou non, etc., sans compter qu'un tel énoncé peut être ironique ou métaphorique. Tout comme dans « *Slab!* », la signification reste implicite. C'est le contexte pragmatique qui permet de trancher. Parfois l'énoncé « La porte ! » peut suffire pour formuler l'ordre. En revanche, si le mot

1. Ce qui n'est pas toujours le cas, lorsque notamment le sens suffit à déterminer la signification. Voir ci-dessus, Recherche 3, chap. IV, p. 220-221.

2. Voir ci-dessus, Recherche 1, chap. I, p. 25-26.

« *slab* » intervient dans un message codé sans que son sens ne soit pris en compte, il fonctionne comme simple signal. Mais ce signal peut quand même, en fonction du code et du contexte pragmatique, correspondre à un ordre.

On trouve une confusion analogue à celle de Wittgenstein entre contexte référentiel et contexte pragmatique dans l'article *On Referring*[1], par lequel Strawson entend réfuter la solution russellienne au problème des objets inexistants.

Qu'une réfutation de la solution de Russell soit légitime, nous l'avons reconnu[2]. Strawson note à juste titre que le contexte d'une phrase comme « L'actuel roi de France est chauve » est indéterminé, ce qui interdit de traiter la question de la valeur de vérité de cette phrase. Or, le terme « actuel » désigne le contexte temporel de l'énonciation, en sorte que le contexte temporel référentiel et le contexte temporel d'énonciation sont ici confondus. Strawson peut donc en conclure que l'indétermination porte sur le contexte d'énonciation de la phrase. Ce qui, dans ce cas particulier, est correct. Son erreur vient de ce qu'il généralise à partir de ce cas particulier pour opposer la phrase (*sentence*) à l'énoncé (*statement*). La phrase n'aurait selon lui qu'un sens, et elle ne pourrait acquérir une valeur de vérité qu'à titre d'énoncé, lorsqu'elle est inscrite dans un contexte d'énonciation déterminé.

Mais pour déterminer la valeur de vérité d'une phrase comme « le roi de France en 850 est chauve », point n'est besoin de connaître son contexte d'énonciation. Cette phrase possède une valeur de vérité[3] simplement par détermination de son contexte temporel référentiel, quel que soit son contexte temporel d'énonciation, qui peut être identique ou non au contexte temporel référentiel. Pour prendre un autre exemple, « le roi de France en 1850 est chauve » est une phrase désignant un terme non existant : elle est donc dépourvue de valeur de vérité, du moins du point de vue de l'exis-

1. *Mind*, 1950.

2. Voir ci-dessus, Recherche 2, chap. x, p. 179-181.

3. En l'occurrence, elle est fausse, car, comme chacun sait, *Charles II le Chauve n'était pas chauve*. Ce surnom lui a simplement été donné pour s'être rasé le crâne en 877, par signe de soumission à l'Église, alors que la coutume franque voulait qu'un roi ait les cheveux longs. Il s'agit d'un nouvel exemple de contradiction formelle levé par la prise en compte du contenu sémantique (en l'occurrence, un lien métaphorique entre rasé et chauve). Dans son analyse de cet exemple, Russell n'envisage pas la possibilité d'une compréhension tropique de « roi de France » et de « chauve », pas plus qu'il n'envisage la possibilité d'un traitement tropique (antiphrastique) de la phrase.

tence[1]. C'est donc bien au niveau de la phrase, et non de l'énoncé, que la question de sa vérité ou fausseté éventuelle peut être résolue.

Notons toutefois, pour limiter notre critique de Strawson, que le contexte référentiel peut rester ambigu en sorte qu'il soit nécessaire, pour le déterminer et pouvoir traiter la question de la valeur de vérité de la phrase, de recourir au contexte pragmatique d'énonciation. Par exemple, la phrase « le roi de France en 1792 est chauve » est dépourvue de valeur de vérité, quant à l'existence du moins, si elle est énoncée par un locuteur adoptant le point de vue révolutionnaire, Louis XVI ayant perdu le 13 septembre 1791 son titre de « roi de France » et n'étant plus que le « roi des Français ». En revanche, elle possède une valeur de vérité s'il adopte le point de vue royaliste qui voit toujours dans la personne de Louis XVI le « roi de France », c'est-à-dire un souverain de droit divin, alors que le titre de « roi des Français » ne vient que du peuple. Louis XVI continua ainsi à se considérer comme « roi de France » jusqu'à son exécution le 21 janvier 1793, même après que la royauté ait été abolie en France le 21 septembre 1792[2].

Les analyses de Wittgenstein ont pour défaut de s'appuyer sur des concepts trop vagues. Dans un premier temps, l'usage d'un concept vague[3] peut avoir une positivité heuristique. Mais à terme, il conduit à des confusions. Wittgenstein confond ainsi définition d'un mot et définition d'un concept; il ne distingue pas clairement le sens, la désignation et la signification; il ne distingue pas les contextes sémantique, référentiel et pragmatique d'une phrase ni les usages référentiels et pragmatiques d'un terme, etc. Il est toutefois difficile de reprocher un tel vague à Wittgenstein, dans la mesure où il le revendique : « l'image floue n'est-elle pas souvent ce dont nous avons le plus besoin ? »[4] et où il est cohérent avec sa remise en cause de la légitimité du travail définitionnel opérée dans sa théorie de la *Familienähnlichkeit*. Mais cette remise en cause est-elle valide ? C'est ce qu'il convient maintenant d'examiner.

1. Elle peut avoir une valeur de vérité dans un ouvrage de fiction historique décrivant la royaume de France en 1850.

2. On pourrait ici objecter que le choix de l'un ou l'autre point de vue relève toujours de la seule désignation et non de la signification. Cela vaut sans doute pour le choix du point de vue révolutionnaire, devenu standard et donc neutre. En revanche, choisir le point de vue royaliste a clairement une dimension pragmatique.

3. Voir *Investigations philosophiques*, *op. cit.*, § 71 : « *ein verschwommerer Begriff* ».

4. *Ibid.*

CHAPITRE VI

IMPORTANCE DU TRAVAIL DÉFINITIONNEL

Quel est le sens d'*Ähnlichkeit* dans *Familienähnlichkeit*? Wittgenstein entend-il par ce terme une *similarité*, une *ressemblance* ou une *imitation*? Considérons le texte. Cette théorie de la *Familienähnlichkeit* est introduite dans le cadre d'une analyse du sens du mot *jeu*[1]. Le sens ici considéré est le sens conceptuel, que Wittgenstein ne distingue pas du sens typal. Wittgenstein s'interroge sur la présence ou non d'un point commun (*gemeinsam*) entre les différentes sortes de jeux permettant de dégager le concept de jeu. Sa réponse est qu'il n'y en a pas :

> Car si vous le considérez, vous ne verrez sans doute pas ce qui leur est commun (*gemeinsam*) à tous, mais vous verrez des similarités (*Ähnlichkeiten*), des affinités, et vous en verrez toute une série.

Comme il n'y a pas de similarité commune à tous les jeux, on ne peut définir le concept de *jeu*. *Ähnlichkeit* semble donc pouvoir être traduit par *similarité*. La critique de Wittgenstein repose – même s'il ne s'explique pas clairement sur ce point faute d'une analyse précise de l'*Ähnlichkeit* – sur la non-transitivité de la relation de similarité. De ce que les jeux particuliers sont tous liés par des relations partielles de similarité, il ne s'ensuit pas qu'il existe une similarité unique, engageant un point commun global entre tous les jeux.

Pour évoquer ces relations internes partielles de similarités qui ne permettent pas de dégager un point commun (correspondant à une similarité unique globale), Wittgenstein propose donc le terme de

1. *Investigations philosophiques*, *op. cit.*, § 66.

Familienähnlichkeit, que l'on devrait ainsi pouvoir traduire par « *similarité de famille* » :

> Je ne puis caractériser mieux ces similarités (*Ähnlichkeiten*) que par le mot : « similarités de famille » (*Familienähnlichkeit*) : car c'est de la sorte que s'entrecroisent et que s'enveloppent les une sur les autres les différentes similarités (*Ähnlichkeiten*) qui existent entre les différents membres d'une famille : la taille, les traits du visage, la couleur des yeux, la démarche, le tempérament, etc. – Et je dirai : les jeux constituent une famille[1].

La question se pose alors de savoir pourquoi E. Anscombe traduit *Familienähnlichkeit* en anglais par «*family resemblance*» et non par «*family similarity*»[2] et pourquoi P. Klossowski traduit *Familienähnlichkeit* en français par « *ressemblance de famille* » et non par « *similarité de famille* »[3]. Cela vient-il de ce qu'ils ont choisi de traduire *Ähnlichkeit* par *resemblance* chez E. Anscombe et *ressemblance* chez Klossowski ? Nullement : Anscombe commence par traduire *Ähnlichkeit* par « *similarity* » au § 66 et au début du § 67, tandis que Klossowski choisit de le traduire par «*analogie*»[4]. Ce qui a pour conséquence de les conduire à traduire *Ähnlichkeit* par deux termes distincts au § 67, selon que le terme est pris isolément ou inséré dans l'expression *Familienähnlichkeit*.

Notre question devient donc : pourquoi introduire ici une dualité sémantique dans la traduction d'*Ähnlichkeit*, alors que rien dans l'usage de Wittgenstein ne semble l'y autoriser ?

Une première réponse pourrait être : parce que les notions de «*family similarity*» et de « *similarité de famille* » choquent. Soit, mais pourquoi ? Parce qu'une famille définit non une simple similarité mais une identité, ce qui se traduit notamment par le fait que les membres d'une même famille portent *le même nom*[5].

Une identité familiale est un mode d'identité typale. Elle ne relève pas d'une approche conceptuelle. Les propriétés identitaires évoquées par

1. *Investigations philosophiques*, *op. cit.*, § 67, trad. Klossowski modifiée.

2. Oxford, Basil Blackwell, 1953, p. 32.

3. Paris, Gallimard, 1995, p. 148.

4. Ce qui est malheureux, car une analogie correspond non à la présence d'un point commun mais à une identité de rapport. Il s'agit encore d'une autre relation. Ce choix malheureux me paraît l'indice d'une gêne sémantique de Klossowski. En revanche, la traduction de *Ähnlichkeit* par « *similarity* » chez Anscombe est judicieuse.

5. Nous reviendrons dans notre théorie du symbolique sur le sens de cette identité, qui est idéelle, tout comme l'identité personnelle.

Wittgenstein : les traits du visage, la couleur des yeux, la démarche, le tempérament, etc. sont ici des propriétés typales et non conceptuelles. Si l'on se dit qu'un individu, que l'on ne connaît pas, est vraisemblablement un membre de telle famille, que l'on connaît, c'est parce que l'on reconnaît (ou croit reconnaître) en lui une ou plusieurs propriétés identitaires de ce type familial.

Or, cette *identité familiale* n'est pas équivalente à la relation de ressemblance. Deux frères peuvent posséder une identité familiale, sans pour autant se ressembler entre eux, et ce pour deux raisons. Premièrement, l'identité en jeu est celle du type familial et non du type personnel de chacun. Deuxièmement, il n'est nul besoin que tous les membres de la famille aient toutes les mêmes propriétés identitaires : l'un aura tel comportement type ; l'autre, telle silhouette type, etc. *A fortiori*, l'identité familiale n'est pas équivalente non plus à la similarité. On peut donc reconnaître l'appartenance de deux individus à *une même* famille, sans les juger similaires ni même ressemblants.

Pourquoi alors parler de « ressemblance de famille » ? Parce qu'il est possible que les individus que l'on considère possèdent tous la même propriété caractéristique de l'identité familiale. Si de plus ces individus sont considérés moins pour leur identité personnelle (qui leur donne un prénom) que pour leur identité familiale (qui leur donne un nom), une confusion identitaire pourra s'établir entre eux sur la base de cette propriété identitaire commune. On pourra alors les dire ressemblants, d'une ressemblance de famille. Mais cette ressemblance de famille ne s'établira pas de façon transitive entre tous les membres d'une même famille.

Revenons à Wittgenstein. Son recours à l'expression *Familienähnlichkeit* est malheureux à plus d'un titre. Il engage une confusion d'une part entre concept et type, puisque sa problématique est conceptuelle et que la notion de ressemblance de famille est typale, et d'autre part entre identité, ressemblance et similarité.

Son problème étant conceptuel, il aurait dû en rester là. Ce qui aurait eu deux conséquences. Premièrement, plutôt que de parler de « ressemblance de famille », et entrer ainsi dans des questions d'identité typale qui le détournent de son objet d'analyse, il aurait dû parler de « classes de similarité partielle », au sens de classes constitués d'éléments tous liés entre eux par des relations partielles de similarités. Et il aurait dû les distinguer des « classes de similarité totale », au sens de classes constitués d'éléments tous liés entre eux par une même relation de similarité.

Deuxièmement, il aurait dû se contenter de remarquer que la relation de similarité n'est pas transitive. Il aurait pu alors en conclure que la possibilité de relier tous les jeux par des relations partielles de similarité n'autorise pas pour autant à parler d'une similarité unique entre tous les jeux, et donc à dégager un point commun en sorte de pouvoir définir le concept de jeu. Ou, pour le dire autrement, si l'on peut effectivement faire correspondre un sens conceptuel aux classes de similarité totale, ce n'est *pas toujours* possible pour les classes de similarité partielle.

Cette dernière remarque permet de réfuter légitimement un argument qui chercherait à conclure sur l'existence d'un point commun unique à partir de l'existence de similarités partielles entre les différents jeux. Mais il ne suffit certainement pas pour montrer qu'un tel point commun n'existe pas. Car la non-transitivité de la similarité ne signifie pas que si A est similaire à B et B similaire à C, A n'est pas similaire à C, mais que si A est similaire à B et B similaire à C, alors A n'est pas nécessairement similaire à C. Ici, Wittgenstein conclut un peu vite de la non-validité de quelques candidats possibles au rôle de point commun à l'impossibilité de trouver un point commun. Qu'une classe de similarité partielle ne soit pas toujours liée à un sens conceptuel ne signifie pas qu'elle ne lui soit jamais liée.

Renford Bambrough[1] donne un bon exemple de ce que nous appelons une *classe de similarité partielle* (qu'il appelle « ressemblance de famille » à la suite de Wittgenstein). Soient les objets *e* (ABCD), *d* (ABCE), *c* (ABDE), *b* (ACDE) et *a* (BCDE). Ils sont tous liés par des relations de similarité, mais on ne peut dégager un élément commun à tous ces termes, en sorte d'inscrire *e*, *d*, *c*, *b* et *a* dans une classe de similarité totale, et donc, d'un point de vue intensionnel, définir un concept. L'opération de conceptualisation est-elle toutefois mise en défaut, comme le croit Bambrough ?

Certainement pas. Il est clair que nous pouvons opérer des regroupements différents et faire apparaître des concepts parfaitement définis : par exemple, {*e*, *d*, *c*, *b*} nous donnent le point commun A ; {*e*, *d*, *c*, *a*}, le point commun B ; {*e*, *d*, *b*, *a*}, C ; et {*d*, *c*, *b*, *a*}, E.

Ajoutons que, même au niveau de la classe de similarité partielle, un concept peut être dégagé. Le fait qu'il n'y ait pas d'élément commun ne signifie pas en effet qu'il n'y ait pas de propriété commune. En l'occurrence, cette classe regroupe les cinq séries de quatre lettres ayant pour propriété commune d'être ordonnées alphabétiquement *et* comprises entre

1. Voir R. Bambrough « Universals and family resemblances », *Proceedings of the Aristotelian Society*, 61, 1960-1961, p. 210.

A et E. On peut alors donner au concept ainsi dégagé le nom que l'on désire, par exemple un *tétragramme ordonné A-E*, ou encore un *Toae*. Quelle est son utilité, me direz-vous ? Je l'ignore, mais peut-être en aura-t-il une un jour dans un modèle théorique quelconque. En tout cas, il en a déjà une dans cette page que vous êtes en train de lire…

Cet exemple nous montre combien il convient d'être prudent lorsque l'on affirme qu'il n'y a pas de concept lié à une classe. En fait, si l'on a dégagé une classe dans son unité, et si une telle unification n'est pas totalement arbitraire, il est généralement possible de la définir en intension, même si une telle définition n'apparaît pas immédiatement. Souvent, le théoricien se trouve plutôt face à un excès de définitions, plus ou moins judicieuses et opératoires, qu'à un défaut de définition.

Mais considérons attentivement l'exemple proposé par Wittgenstein lui-même[1]. Certes, on peut concéder à Wittgenstein que les jeux sont très différents et qu'ils n'ont pas d'« élément » commun. Mais n'ont-ils pour autant aucune propriété commune ? Wittgenstein passe en revue plusieurs candidats pour les écarter. Attardons-nous sur l'un de ces candidats : l'*Unterhaltung*, que Klossowski traduit en français par « divertissement » et Anscombe en anglais par « *amusement* ».

Pour se convaincre que l'*Unterhaltung* n'est pas une propriété commune à tous les jeux, Wittgenstein suggère au lecteur de comparer le jeu des échecs avec le *Mühlfahren* :

> *Sind sie alle « unterhaltend » ? Vergleiche Schach mit dem Mühlfahren.*

Mühlfahren est le terme autrichien pour l'allemand *Mühlespiel*, lequel correspond à un jeu de stratégie à deux joueurs avec des pions qui remonte à l'Antiquité égyptienne et est encore très populaire en Autriche. En français, sa traduction exacte est le *Jeu du moulin*. La traduction française de Klossowski par *marelle* n'est pas inexacte, mais prête à confusion. Car la marelle désigne d'abord dans l'esprit du lecteur le jeu pratiqué par les enfants dans les cours de récréation, alors que ce terme désigne également un jeu de société à deux joueurs sur un tablier en forme de figure géométrique régulière sur lequel on pose des pions aux intersections des lignes et dont la version plus évoluée est effectivement le *jeu du moulin*. Quant à la traduction d'Anscombe par *noughts and crosses*, ce qui correspond en français au *jeu de morpion*, elle n'est pas exacte. Le jeu de morpion est

1. *Investigations philosophiques*, *op. cit.*, § 66.

aussi un jeu de stratégie, mais différent du jeu du moulin. Une traduction satisfaisante de *Mühlfahren* en anglais aurait été *Mill game* ou *Morris game*.

La question maintenant se pose de savoir en quoi la comparaison de deux des plus célèbres jeux de stratégie à deux joueurs, dans lesquels le hasard n'intervient pas contrairement à la plupart des jeux, devrait nous convaincre que l'*Unterhaltung* n'est pas une propriété commune aux jeux. En quoi ces deux jeux se différencient-ils ? Principalement par leur complexité. Aux échecs, le nombre des positions théoriquement possibles est de $2{,}28 \times 10^{46}$, alors qu'au jeu du moulin, il est « seulement » de $1{,}8 \times 10^{10}$. Le jeu du moulin engage une réflexion stratégique moins poussée. D'où l'interprétation suivante : les deux jeux se différencient dans la mesure où le premier exigerait un réel sérieux, un effort réflexif considérable, contrairement au second.

Cette interprétation est manifestement celle d'Anscombe. Ce qui explique son choix de traduire d'*Unterhaltung* par « *amusement* », en manifestant ainsi l'opposition entre sérieux et non sérieux, et en substituant un jeu de stratégie encore plus simple, *noughts and crosses*, au *Morris game*. La traduction d'Anscombe, par cette inexactitude, éclaire ainsi le texte de Wittgenstein. Klossowski parvient au même résultat par l'ambiguïté du mot *marelle* : le lecteur français l'identifie immédiatement, et fautivement, au jeu d'enfant qu'il oppose au jeu d'adulte, les échecs.

Naturellement, on pourrait objecter à Wittgenstein qu'il n'est pas sûr que les échecs et le jeu du moulin n'engagent pas un sérieux comparable : il existe des maîtres du jeu du moulin tout comme au jeu des échecs. De plus, les échecs n'obligent pas à une pratique « sérieuse » : des enfants peuvent tout aussi bien jouer aux échecs sans y consacrer un effort intellectuel intense. Mais on peut aussi lui adresser une objection beaucoup plus forte.

Si la traduction d'Anscombe est pleinement cohérente, celle de Klossowski l'est moins. Car en français, « divertissement » possède une richesse sémantique plus grande qu'« amusement ». Le lecteur peut penser notamment au divertissement pascalien, qui regroupe toutes les activités humaines nous évitant de réfléchir sur nous-mêmes et de découvrir notre misère sans Dieu[1]. Or ici, le raisonnement de Wittgenstein rencontre une objection de taille : car *tous* les jeux sont divertissants au sens pascalien. Ils ont donc bel et bien un point commun.

Nous nous retrouvons alors avec un problème inverse par rapport à celui de Wittgenstein. Pour ce dernier, le terme de jeu est une classe vague,

1. Voir Pascal, *Pensées*, Paris, Gallimard, 1954, notamment B 139 et B 168.

indéterminée, car on ne peut définir que des types de jeu, mais il n'y a aucun point commun à tous les jeux. Désormais, nous avons un point commun à tous les jeux, mais il excède largement le cadre des jeux, car chez Pascal, les jeux ne sont qu'une espèce de divertissement : la guerre, le travail, la politique, etc., en sont d'autres espèces. Nous n'avons donc plus affaire à des espèces déterminées appartenant à un genre indéterminé, mais à un genre déterminé regroupant des espèces indéterminées. Notre problème devient alors de définir plus précisément l'espèce *jeu*.

Redéfinissons tout d'abord le divertissement en le délivrant de toute visée apologétique : appelons *divertissante* toute activité en tant qu'elle nous détourne de l'ennui, lequel nous laisse seuls face à nous-mêmes et à nos angoisses les plus profondes. Ce concept peut être rendu en allemand par *Unterhaltung* et en anglais par *Untertainment*, mais non par *Vergnügen* ou *amusement*. Un divertissement ne se traduit pas forcément par des rires et n'est pas forcément équivalent à une partie de plaisir. Il présente une parenté avec les drogues, et les anxiolytiques en général. Du reste, le jeu peut devenir un objet d'addiction. Ajoutons que ce caractère divertissant peut s'accompagner d'un profond sérieux et engager une énergie considérable, comme le savent bien les enfants et les grands joueurs. On peut alors distinguer entre deux types de divertissement :

1) *Les divertissements réels et non constitutifs*. Ces activités opèrent pleinement dans la réalité ordinaire. Leur finalité divertissante n'est pas constitutive : on peut certes les pratiquer pour se divertir, pour échapper à l'ennui, surmonter l'angoisse, etc., mais ce n'est pas la finalité principale de ces activités. Le travail, la politique, la guerre, en sont des espèces.
2) *Les divertissements non réels et constitutifs*. Ces activités ont pour finalité principale le divertissement qu'elles obtiennent directement au moyen d'une mise entre parenthèses de la réalité ordinaire, laquelle peut aller jusqu'à une détermination stricte de son espace et de son temps propre. Le *jeu* et l'*art* en sont deux espèces.

Pour définir le jeu, il ne reste plus alors qu'à le distinguer de l'art. Ce qui est possible si l'on prend en compte le fait que l'art, contrairement au jeu, cherche d'abord à produire une œuvre [1]. En termes aristotéliciens, le jeu est

1. Laquelle peut être durable ou éphémère. Dans ce dernier cas, à mesure que la durée de l'œuvre tend à se réduire à la durée de son élaboration, la distinction entre l'art et le jeu tend à disparaître. Ajoutons qu'une œuvre d'art se caractérise plus précisément par le fait d'être une totalité symbolique et d'avoir une finalité esthétique. Voir A. Séguy-Duclot, *Définir l'art*, *op. cit.*

une *praxis* et non une *poiêsis*, comme l'art : sa finalité première est interne et non externe. Le jeu peut alors se définir comme un divertissement non réel, constitutif et pratique, alors que l'art est un divertissement non réel, constitutif et poiétique. L'artiste interprète, qui ne produit pas d'œuvre, mais dont l'activité se déploie dans l'espace-temps d'une œuvre, se situe à l'intersection même de l'art et du jeu. C'est pourquoi l'on parle avec raison du *jeu* d'un interprète [1].

Nous avons ainsi produit une définition du jeu (et de l'art) qui demanderait sans doute à être complexifiée [2], mais qui, comme telle, est déjà opératoire, et possède une fécondité largement supérieure au fait de reconnaître dans la classe des jeux une simple classe de similarité partielle sans chercher à aller plus loin.

L'analyse de Wittgenstein aurait été plus pertinente s'il avait évoqué la pluralité des sens que peut prendre le mot *jeu*. Ainsi en français, on distingue le jeu comme divertissement, le jeu comme mouvement régulier d'un objet (« le jeu d'un ressort ») ou le jeu comme défaut d'articulation dans un mécanisme : une pièce qui « a du jeu ».

Gadamer a ainsi tenté de définir le mot *jeu* dans son « essence propre » [3], en dégageant un point commun à la multiplicité de ses emplois métaphoriques : « le jeu de la lumière, le jeu des vagues, le jeu des parties d'une machine dans un roulement à billes, le jeu conjugué des membres, le jeu des forces, le jeu des moucherons, sans oublier le jeu de mots » [4]. Le point commun est le suivant selon Gadamer : « tous ces usages impliquent l'idée de va-et-vient d'un mouvement qui n'est rattaché à aucun but où il trouverait son terme » [5].

Un tel projet n'est pas totalement illégitime ni dépourvu de fécondité sémantique : ces différents usages sont en effet liés par des relations métonymiques et métaphoriques. Ils n'en sont pas moins des concepts distincts qu'il semble difficile d'unifier. Le concept de « mouvement de va-et-vient qui n'est rattaché à aucun but où il trouverait son terme » rend bien compte du jeu de lumière, du jeu des vagues, et d'autres emplois du mot *jeu*. Mais il

1. On peut aussi choisir d'identifier le jeu, comme nous l'avons fait dans *Définir l'art*, au genre *divertissement non réel et constitutif*, et considérer l'art tout entier comme une espèce de jeu. Ce qui revient à prendre *jeu* au sens large, et non au sens restreint en le distinguant de l'art, comme nous le faisons ici. Les deux démarches définitionnelles sont possibles.

2. Notamment en comprenant comment, par-delà leur fonction divertissante, le jeu et l'art nous reconduisent à nos objets d'angoisse, mais sur un mode déréalisé et symbolique.

3. Voir *Vérité et méthode*, *op. cit.*, p. 28.

4. *Ibid.*, p. 29.

5. *Ibid.*

cadre mal avec la plupart des jeux humains, notamment les jeux de stratégie comme les échecs, où il y a un but déterminé – mettre le roi de l'adversaire échec et mat – qui correspond au terme du jeu. En sorte que la prétention de Gadamer de produire un concept de jeu qui donnerait « l'essence propre » du mot semble finalement échouer.

Wittgenstein note à juste titre que nous ne pouvons embrasser dans son ensemble l'usage global de nos mots[1], notre grammaire manquant de caractère global. On ne peut définir un mot. C'est pourquoi il est généralement impossible de faire correspondre un concept unique à un mot, sauf dans le cas particulier des termes scientifiques et techniques. C'est pourquoi également on a généralement besoin du contexte référentiel pour déterminer le sens d'un mot. Mais lorsqu'il ajoute que comprendre un mot serait pouvoir saisir d'un seul coup toutes ses acceptions[2], il commet une confusion manifeste entre *mot* et *concept*, analogue à celle de Gadamer. Qui tenterait, pour comprendre le mot *baleine*, de saisir d'un seul coup d'œil le cétacé bien connu et une baleine de parapluie ne verrait guère sa compréhension du mot se préciser, même s'il y a un lien métonymique entre ces deux concepts[3]. Comprendre un mot, c'est plutôt découvrir quel concept est à l'œuvre dans un usage référentiel particulier, sachant qu'il n'est généralement pas possible de rapporter tous les usages référentiels d'un même mot à un seul concept.

La confusion dont est victime Wittgenstein est toutefois compréhensible. Elle vient de ce qu'il s'oppose à la tradition métaphysique qui pense depuis Platon la définition comme la découverte du sens essentiel propre à chaque mot, tradition à laquelle Gadamer continue à appartenir. On ne peut ici qu'être d'accord avec Wittgenstein : la prétention philosophique d'atteindre le sens *essentiel* d'un mot, en s'aidant au besoin de son étymologie qui nous permettrait d'atteindre le sens « propre », est bel et bien une illusion théorique[4], vu qu'un mot compte presque toujours une pluralité de sens radicalement distincts, et qu'il en acquiert de nouveaux au cours du temps, tandis qu'il peut inversement en perdre certains. Mais Wittgenstein maintient, dans sa critique légitime de la tradition, la confusion traditionnelle entre mot et concept.

1. *Investigations philosophiques*, *op. cit.*, § 122.

2. *Ibid.*, § 197.

3. Les baleines de parapluie, à l'origine faites avec des fanons de baleine, sont désormais en métal, en sorte que le rapport au cétacé ne fait plus partie de ce nouveau concept de *baleine*.

4. Seul en effet le sens de termes scientifiques très spécialisés peut être trouvé par l'étymologie. Encore convient-il d'être prudent. Par exemple, les atomes ne sont plus considérés comme des *a-tomes*, c'est-à-dire des indivisibles.

Reconnaître avec Wittgenstein qu'il n'y a pas de sens essentiel lié à un mot et qu'il est généralement impossible de définir un mot ne conduit donc pas à abandonner le travail définitionnel en philosophie. Car de ce que l'on ne peut généralement pas définir un mot, il ne s'ensuit nullement que l'on ne puisse définir un concept. Or, la philosophie a pour objet premier non les mots mais les concepts.

Affirmer, contre Wittgenstein, la possibilité de définir un concept, ce n'est donc pas pour autant revenir à la sémantique ontologique de Socrate. Toute définition conceptuelle est irréductiblement relative. Elle n'a aucune dimension « essentielle » et une définition de concept n'équivaut pas à une définition de mot. Seule la clarification des différents concepts qui sont liés à un mot peut constituer un travail légitime pour le philosophe.

De plus, cette clarté ne sera jamais absolue. Car pour définir un concept nous utilisons d'autres concepts qu'il nous faudrait à nouveau définir, etc. Mais peu importe. La clarté conceptuelle est atteinte lorsque la définition permet aux locuteurs de construire une classe référentielle suffisamment précise pour un usage correct. La clarté n'a donc pas un sens ontologique, absolu, mais pragmatique, relatif : elle conditionne le caractère opératoire d'une définition.

Que par ailleurs il y ait des cas ambigus, c'est inévitable. Dès que l'on trace une frontière, on laisse la possibilité pour des termes d'appartenir à la frontière. Il n'en reste pas moins que plus la définition est performante, plus le nombre des cas ambigus est restreint. Les définitions sont plurielles et relatives, certes, mais toutes ne se valent pas pour autant. Le nihilisme n'est pas le destin du relativisme.

Si Wittgenstein avait pu saisir le travail définitionnel comme définition du concept et non du mot, il aurait sans doute été conduit à une plus grande prudence théorique dans son propre usage du terme de *jeu*. Ainsi, il ne cesse de parler de « jeu de langage ». Mais on ne voit pas à quel concept se réfère un tel usage. En tout cas, il ne peut se référer au concept qui permet de regrouper les exemples de jeu que donne Wittgenstein, c'est-à-dire le jeu comme divertissement. Si en effet on peut jouer en ce sens avec le langage, notamment en faisant des jeux de mots, le langage n'est pas toujours un jeu. Car la finalité principale de la communication en général, dont le langage humain n'est qu'une espèce, c'est de produire une réaction dans la réalité ordinaire, sans qu'une déréalisation n'intervienne.

Quant au jeu, il peut certes être une forme de langage. Ainsi, une partie d'échec peut être comprise comme un dialogue : chaque coup a valeur de message, dont la finalité mime la survie animale : éliminer son concurrent pour survivre. Mais tout jeu ne remplit pas une fonction de communication. On peut ainsi jouer seul avec des cartes, en faisant une patience par exemple, sans donner à son jeu une signification particulière.

Plutôt que de « jeux de langage », il nous semble préférable de parler des *principales sortes d'énoncés en fonction des modes hétérogènes de signification*: un ordre, une promesse, un énoncé cognitif, etc. Ici, il faut reconnaître avec Wittgenstein l'insuffisance de la philosophie classique qui semble ne considérer que les énoncés descriptifs et représentatifs – c'est-à-dire ceux dont la signification est une valeur de vérité, ce qui n'est pas le cas des énoncés performatifs. Mais cela n'implique pas que l'on ne puisse définir ces « jeux de langage ». Pour cela, il suffit de produire une définition précise de la « signification », en la distinguant notamment du sens et de la désignation. Ce que Wittgenstein ne fait pas.

Attardons-nous sur cette analogie maintes fois répétée par Wittgenstein entre le jeu d'échec et le langage humain, dont il s'inspire largement pour construire sa sémantique. Si l'on précise que les échecs sont soumis à des règles, tout comme le langage humain est soumis à une régulation grammaticale, l'analogie semble forte. Ce qui explique que l'on retrouve cette analogie chez de nombreux auteurs, comme Saussure ou Husserl. Il ne s'agit toutefois que d'une analogie. Or, même si le raisonnement par analogie est courant, y compris en science où il possède une valeur heuristique réelle, il n'est pas sans risque, tant du moins que l'on n'a pas clarifié les différences entre les termes considérés.

Pour ce faire, notons tout d'abord que les échecs possèdent un espace et un temps propres, construits par les règles du jeu. Ni l'espace ni le temps n'y sont homogènes : l'espace, parce qu'il a une structure en damier; le temps, parce qu'il est soumis à une alternance régulière de temps d'action et de temps d'attente de la réaction adverse pour chaque joueur. La réalité du jeu n'est donc pas celle de la réalité ordinaire. Elle est entièrement construite par les règles du jeu, tout comme la réalité d'une fiction est entièrement construite par son récit. À la différence toutefois d'une fiction artistique, la finalité esthétique dans le jeu, même si elle y est présente, n'est pas première mais seconde : ce qui importe avant tout, c'est de battre son adversaire.

Les pièces peuvent être comprises comme des signes. Dans un jeu d'échec, les pièces désignent en effet des types de mobilité. Ce sont donc des signes typaux et non conceptuels : tous les rois se déplacent identiquement, de même que toutes les tours, etc. Or, ce sens typal est entièrement déterminé par les règles du jeu. En nommant les pièces (roi, tour, cavalier, etc.) et en désignant par des verbes les différents types d'opération qu'on leur fait effectuer (le sens des verbes est également typal) on peut construire le désigné de l'énoncé[1]. Par exemple « la reine blanche prend le fou noir en D4 » possède un désigné global : un évènement type particulier dans l'espace-temps échiquéen. Cette proposition possède de plus une signification. Plus précisément, nous devons ici distinguer sa signification intentionnelle : la réaction visée par l'auteur du message, et sa signification effective : la réaction qui a été induite chez d'adversaire.

Cette analyse permet de dégager clairement la différence entre le jeu d'échec et le langage humain. Il s'agit d'un langage typal et non conceptuel (ou plutôt à dominante conceptuelle dans le cas du langage humain). Comme la réalité échiquéenne est entièrement construite par les règles du jeu, ces mêmes règles permettent de construire sans la moindre ambiguïté le sens typal des signes et leur désignation typale. Inutile ici de faire appel au contexte référentiel d'une proposition pour comprendre en quel sens doit être pris le mot « reine », « prendre » ou « blanche ». Le sens typal des pièces repose donc non sur l'usage mais sur sa régulation, qui détermine entièrement le contexte sémantique. En revanche, on ne peut saisir la signification d'un coup en dehors de son usage pragmatique.

On voit dès lors la difficulté qu'il y aurait à prendre trop au sérieux l'analogie entre le langage humain et le jeu d'échec. On pourrait en tirer en effet que le sens (et la désignation) des mots serait construit par les règles grammaticales. Ce qui évidemment est intenable, puisque, dans le cadre d'un même système grammatical, le sens des mots est généralement pluriel. En fait, l'analogie ne fonctionne à peu près que pour les signes linguistiques typaux comme les conjonctions, les prépositions, etc., encore qu'elles soient susceptibles d'une certaine ambiguïté sémantique, et que le contexte référentiel soit souvent décisif pour déterminer leur sens. Mais dès que l'on a affaire aux signes conceptuels, il n'est plus possible d'importer le modèle échiquéen.

Au moment de conclure sur la nécessaire distinction entre sens et usage et sur la possibilité de définir un concept, on pourrait toutefois nous objecter la raison la plus profonde qui a conduit Wittgenstein à mettre en doute cette possibilité. À savoir l'intuition qui l'a amené à rejeter sa

1. Ce qui conduit, si l'on y réfléchit, à une compréhension typale de la syntaxe logique, à mettre en parallèle avec notre compréhension typale de l'expérience scientifique. Penser, comme l'a fait la tradition rationaliste, la rationalité sous le primat du conceptuel est éminemment douteux.

première philosophie, exposée dans le *Tractatus philosophicus*, pour entrer dans l'écriture des *Investigations philosophiques* : on ne peut sortir du langage. Qu'en est-il de la validité de cette intuition, qui retrouve le sens profond de la troisième partie du *Traité du Non-être* de Gorgias, c'est-à-dire du texte fondateur de la critique de l'ontologie ?

On ne peut que suivre Wittgenstein lorsqu'il renonce à une compréhension transcendantale de la logique qui le conduisait dans le *Tractatus* à tenter de dégager les règles supposées régir la structure logique du langage. Ou lorsqu'il dénonce l'illusion d'une conception « augustinienne » du signe qui pense l'extériorité radicale de l'objet par rapport au signe qui le désigne de manière ostensive. Mais il pense pouvoir en conclure que nous ne pouvons sortir du langage humain, et donc le considérer dans sa totalité objective. Ce qui rendrait indéfinissables ses concepts fondamentaux, et notamment le concept de langage lui-même :

> Au lieu d'indiquer quelque chose qui est commun à tout ce que nous nommons langage, je dis que pas une chose n'est commune à ces phénomènes, qui nous permette d'user du même mot – mais qu'ils sont apparentés les uns aux autres de différentes manières. Et c'est à cause de cet apparentement ou de ces affinités que nous les nommons des « langages »[1].

A fortiori, la notion de « jeu de langage » devient indéfinissable, puisque le concept de *jeu* est également indéfinissable aux yeux de Wittgenstein. La langue n'est plus générée selon des règles intégralement définissables, mais n'est qu'un ensemble de structures reliées entre elles par de simples « ressemblances de famille ».

Or, nous avons pu, au cours de notre réflexion précédente, définir tour à tour les concepts de langage et même de jeu de langage. Comment cela a-t-il été possible ? Parce que nous avons eu accès à une « réalité extra-linguistique » ? Non : toute réalité objective est construite par des visées typales et conceptuelles et engage un langage. Il n'y a pas à poser un monde extérieur qui ferait face à l'esprit[2].

En conclure que l'on serait toujours dans le langage ne correspond toutefois qu'à une compréhension partielle du problème. Car la constitution de l'objectivité n'est pas seulement conceptuelle, mais aussi typale. Une approche plus complète inscrit le langage humain dans le langage

1. *Investigations philosophiques*, *op. cit.*, § 65.

2. Ou plutôt, la position d'un tel monde ne relève pas de la pensée rationnelle mais de la pensée symbolique. Mais c'est le point de vue de la pensée rationnelle que nous considérons ici.

(en général), et pour être tout à fait complète, dans les systèmes de communication en général.

Il ne s'agit donc pas de penser un troisième terme *entre* le langage humain et « la réalité », et de tenter d'occuper sa place. C'est effectivement impossible : nous avons suffisamment insisté sur le caractère illusoire d'une réalité en soi indépendante du langage humain. Il s'agit d'approfondir le sens du lien entre le langage humain et les réalités qu'il construit en inscrivant le langage humain dans le genre qui l'englobe, c'est-à-dire la théorie de la communication en général, dont le langage humain n'est qu'une espèce. Ce qui permet de saisir le langage humain dans les limites de cette spécificité et d'en définir les principaux concepts [1], en dehors de toute visée essentialiste, c'est-à-dire dans la relativité assumée d'un modèle théorique.

Affirmer toutefois comme nous venons de le faire que « toute réalité objective est construite par des visées typales et conceptuelles et engage un langage », et qu'« il n'y a pas à poser un monde extérieur qui ferait face à l'esprit », n'est-ce pas se condamner à l'idéalisme ? Une telle « accusation » serait malvenue pour deux raisons.

Tout d'abord, l'opposition entre *réalisme* et *idéalisme*, c'est-à-dire le fait de considérer que *la réalité* est indépendante ou non de l'esprit qui la pense, est ontologique – tout comme du reste l'opposition entre *réalisme* (pris en un autre sens) et *nominalisme*. Elle repose sur une idée absolue de « *La réalité* ». Or, l'idée de *réalité absolue*, tout comme l'idée de *monde* ou celle d'*être*, sont des productions de la pensée symbolique, et non de la pensée rationnelle. Elles n'ont pas leur place en philosophie en tant que démarche rationnelle. Il convient de sortir du vieux débat entre « réalisme » et « idéalisme ». Il n'y a pas une réalité absolue, mais des réalités, relatives, hétérogènes et évolutives, et chacune est construite.

Cette construction suppose certes un matériau. Mais ce matériau n'est pas le matériau sensible, car la sensibilité, nous l'avons vu, relève d'une visée typale. Il s'agit d'un terme infra-sensible que nous devons poser – sans quoi toute réalité reposerait sur du vide – en reconnaissant tout aussitôt l'illégitimité de cette position. Car cette position tend à lui conférer une unité et une identité à laquelle il ne peut prétendre. Elle tend même à

1. Frege commet une erreur analogue lorsque, au début de « Concept et objet », il renonce à définir *concept*, car ce serait un élément simple et le simple ne serait pas définissable. *Concept* peut être défini à condition d'être opposé au type et inscrit dans son genre : le sens. Quant au sens lui-même, il peut être défini s'il est articulé à la désignation et réinscrit dans le processus global de communication, à titre d'instrument entre information et signification.

envisager ce matériau en dehors de toute construction humaine ou autre, c'est-à-dire sous le regard absolu de Dieu dont nous ne sommes pas tenus de faire l'hypothèse dans le cadre strict de la philosophie.

Penser ce *terme* – même cela est inadéquat, car nous continuons à lui accorder une unité et une identité objective – engage donc un embarras théorique analogue à celui de Platon évoquant le réceptacle (*khôra*)[1], c'est-à-dire le fondement indéterminé de toute détermination. À ceci près toutefois que Platon ne conçoit de détermination que par les idées, et qu'il envisage la *khôra* à partir d'un point de vue ontologique absolu qui n'est justement pas le nôtre. C'est pourquoi de ce terme, indicible et impensable, il n'y a strictement rien à dire[2] et surtout pas à le penser comme un « en soi ».

Précisons également que le fait de dire que toute réalité est construite par la pensée n'implique nullement qu'elle soit malléable à volonté et qu'elle ne puisse présenter une forme d'*extériorité* (ou de « transcendance », mais dans un sens relatif et non ontologique) authentique par rapport à nos modèles théoriques, en sorte de pouvoir notamment les réfuter. Cette *extériorité* de l'expérience réelle a plusieurs sources :

1) Il y a bien un « quelque chose » qui apparaît dans l'apparaître mais auquel nous devons tout aussitôt refuser non seulement l'unité et l'identité du « quelque chose », mais toute position absolue, « en soi ».
2) Le contenu de l'expérience correspond à un « donné » dans la mesure où ces constructions typales et conceptuelles ne sont qu'exceptionnellement le fait de la conscience individuelle : elles relèvent très largement soit de mécanismes cérébraux dont l'origine est génétique, soit de constructions culturelles « libres », mais collectives et non conscientes.
3) Les constructions typales et conceptuelles de toute réalité objectives sont elles-mêmes plurielles, hétérogènes, relatives et évolutives, en sorte que tout effort d'homogénéisation d'une réalité objective déterminée dans un modèle théorique est limité et repose sur des idéalisations qui entrent inévitablement en conflit avec le riche contenu de son objet.
4) Plus précisément, les modèles théoriques que nous pouvons construire présentent quatre limites fondamentales. D'un point de vue informationnel, le contenu de l'expérience est potentiellement illimité, alors que tout modèle théorique est limité. D'un point de vue sémantique, le contenu de l'expérience est fondamentalement typal et non

1. *Timée*, 51a-b.
2. Voir ci-dessus, Recherche 1, chap. VI, p. 61.

réflexif, alors qu'un modèle théorique est d'abord conceptuel et réflexif. D'un point de vue référentiel, le contenu de l'expérience engage des découpages hétérogènes, alors qu'un modèle théorique cherche une homogénéité. D'un point de vue pragmatique, le contenu de l'expérience est le fruit de visées hétérogènes, alors qu'un modèle théorique est construit en fonction d'une visée pragmatique homogène.

Putnam se demande dans *Raison, vérité et histoire* s'il est possible de disqualifier l'hypothèse selon laquelle nous ne serions que des cerveaux dans une cuve. Mais, au risque de choquer mon lecteur, ce n'est pas une simple hypothèse : le corps humain est de fait analogue à un cerveau dans une cuve. L'image est d'autant plus adéquate que le corps d'un adulte est constitué d'environ 65% d'eau[1]. Un organisme terrestre est une sorte de cuve ou de marais interne[2], mobile ou non, qui doit s'efforcer de préserver ses réserves d'eau, la vie sur Terre étant impossible sans eau. Quant à s'en inquiéter, c'est possible. Mais à condition d'admettre un regard absolu sur « la réalité », celui du Malin Génie de Descartes dont la figure correspond à un dieu trompeur (le savant fou de Putnam en est un équivalent) ou de Dieu, ce qui n'est possible que dans un cadre ontologique. Donc de sortir des limites de l'investigation philosophique. Reconnaître cela ne constitue un énoncé sceptique ou idéaliste que pour un tenant de l'ontologie. Pour les autres, c'est le préalable à toute compréhension non sceptique de la connaissance scientifique.

Concluons cette défense du travail définitionnel par un dernier exemple critique. Au début de sa communication « Signature, événement, contexte »[3], prononcée en 1971 dans un colloque sur le thème « La communication », Derrida s'interroge, avec le sens de la mise en abyme qui le caractérise, sur le sens du mot *communication* :

> Est-il assuré qu'au mot de *communication* corresponde un concept unique, univoque, rigoureusement maîtrisable et transmissible, communicable ?[4].

Il remarque tout aussitôt que la définition usuelle de la communication comme transmission d'un sens n'est pas compatible avec d'autres usages du même mot dans le langage ordinaire, par exemple « communiquer un

1. Ce pourcentage varie suivant le sexe, l'âge, etc. Le pourcentage de l'eau dans le cerveau humain est de 90%.

2. Voir *Penser la vie*, *op. cit.*, p. 211-212.

3. Dans *Marges*, *op. cit.*, p. 365-393.

4. *Ibid.*, p. 367.

mouvement». Comme il récuse l'idée qu'il y aurait un sens propre dont les autres sens seraient dérivés par métaphore, il peut rejeter l'idée d'un sens univoque du terme.

Derrida a évidemment raison de remettre en cause l'idée qu'un mot ait un sens univoque : sauf exception, ce n'est pas le cas. Ou encore de rejeter la notion de «sens propre»: c'est une notion métaphysique destinée à surmonter la polysémie irréductible des mots en identifiant son sens «essentiel» à un sens prétendument originel. Mais ce n'est pas en ces termes que la question du sens doit être posée : la philosophie ne doit pas chercher à définir le sens d'un mot mais uniquement celui d'un concept. Remettre en cause la notion de sens d'un mot ne condamne pas le théoricien à un flou irrationnel – d'autant plus que le flou lui-même peut être rationalisé dans une perspective logique – et ne conduit pas à rejeter tout processus définitionnel. Nous ne le suivons pas davantage lorsque, à propos du concept de communication d'un message, Derrida le définit par la «transmission d'un sens», alors que la communication intercellulaire transmet des signaux mais pas de sens. Pas plus que lorsqu'il affirme qu'entre la transmission d'un mouvement et la transmission d'un message, il n'y a qu'un rapport d'analogie. Ce sont deux modes distincts de transmission qui engagent un point commun, et autorisent une unification conceptuelle.

Sans recourir à la notion de «sens propre», on peut définir la communication dans un sens élargi comme une transmission. La transmission d'un mouvement peut être considérée comme une transmission d'information; mais si le mouvement n'a pas valeur de signal, elle est dépourvue de signification. Dans un sens plus particulier, en théorie du signal, la communication est transmission d'une information dotée de signification (mais non encore de sens). Dans un sens encore plus restreint, la communication est transmission d'une information dotée de sens, de désignation et de signification. Dans un sens encore plus restreint, la communication est transmission d'une information dotée de sens conceptuel, de désignation conceptuelle et de signification. Enfin, dans un sens très restreint, la communication est la transmission d'une information dotée de sens conceptuel, de désignation conceptuelle et de signification selon des contraintes de thème, de temps et d'espace dans le cadre institutionnel d'un colloque.

Derrida cherchait un exemple pour illustrer la thèse de l'impossibilité de définir un mot; il considère l'un des rares exemples où tous les concepts associés à un mot (en tout cas, *tous ceux qu'il évoque*) peuvent être inscrits dans un concept unique. L'inadéquation de l'exemple ne remet toutefois pas en cause la validité de sa thèse.

CHAPITRE VII

QUEL EST LE SENS DU MOT *VIN*?

Afin de préciser notre critique d'une compréhension ostensive du langage, qui rejoint celle de Wittgenstein sans lui être identique, considérons le débat suivant entre Jakobson et Russell :

> D'après Bertrand Russell, « personne ne peut comprendre le mot *fromage*, s'il n'a d'abord une expérience non linguistique du fromage » [1]. Si cependant nous suivons le précepte fondamental du même Russell, et mettons « l'accent sur les aspects linguistiques des problèmes philosophiques traditionnels », alors nous sommes obligés de dire que personne ne peut comprendre le mot *fromage* s'il ne connaît pas le sens assigné à ce mot dans le code lexical du français. Tout représentant d'une culture culinaire ignorant le fromage comprendra le mot français *fromage* s'il sait que dans cette langue, ce mot signifie « aliment obtenu par la fermentation du lait caillé » et s'il a au moins une connaissance linguistique de « fermentation » et de « lait caillé ». Nous n'avons jamais bu d'ambroisie ni de nectar et n'avons qu'une expérience linguistique des mots *ambroisie*, *nectar* et *dieux* – nom des êtres mythiques qui en usaient ; néanmoins nous comprenons ces mots et savons dans quels contextes chacun d'eux peut s'employer [2].

La démarche ostensive, qui raccorde le mot à la chose, est pour Jakobson illusoire. Le sens d'un signe ne vient pas de son rapport à la chose mais de sa place différentielle dans le système des signes. Ce qui conduit Jakobson à affirmer, en se référant explicitement à Peirce, que le sens d'un signe c'est un autre signe par lequel il peut être traduit. Ici, Jakobson distingue trois types de traduction. 1) La traduction intralinguale, ou reformulation, consiste en l'interprétation des signes linguistiques au moyen

1. Voir « Logical Positivism », *Revue Internationale de Philosophie*, IV (1950), 18.
2. Jakobson, *Essais de linguistique générale*, *op. cit.*, p. 78.

d'autres signes de la même langue. 2) La traduction interlinguale, ou traduction proprement dite, consiste en l'interprétation des signes linguistiques au moyen d'une autre langue. 3) La traduction intersémiotique, ou transmutation, consiste en l'interprétation des signes linguistiques au moyen de systèmes de signes non linguistiques[1].

Jakobson considère le langage comme un système de signes parmi d'autres. Tout n'est que système de signes. Qu'en est-il de la pertinence de cette analyse, inspirée par Saussure ?

Le débat entre Jakobson et Russell – comme c'est du reste souvent le cas – vient de ce que leur objet diffère. Rappelons tout d'abord que l'on ne peut établir un contact « direct » avec « la chose en soi » ou « la chose même ». La chose dans son identité, nous l'avons vu, n'est qu'un type relatif. Tout individu singulier saisi dans son identité est un type. Il n'y a donc pas à opposer une saisie directe de l'objet à sa description définie, indirecte, car il n'y a pas de saisie directe, et tout objet engage déjà une construction, typale ou conceptuelle. La distinction correcte s'établit entre une description définie typale et une description définie conceptuelle.

Lorsque Russell évoque l'expérience prélinguistique de la rencontre avec un fromage qui serait nécessaire à la compréhension du mot *fromage*, il considère manifestement le *fromage* non comme un concept, mais comme un type déterminé d'aliment possédant une odeur type, une texture type et un goût type. Le sens qu'il a en vu est le sens non conceptuel mais typal du mot *fromage*, compris comme signe typal. Or, de même que pour savoir ce qu'est un rouge vermillon, il faut l'avoir vu, ou pour savoir ce qu'est un ré, il faut l'avoir entendu, pour savoir ce qu'est un fromage en ce sens typal, il faut l'avoir goûté. Une définition conceptuelle ne peut nous donner le sens typal. Russell a ici raison.

En revanche, Jakobson considère manifestement le fromage comme un concept. Cela vient sans doute de ce qu'il connaissait les fromages, et sans doute les appréciait, à la différence – on peut ici le supposer non sans consternation – de Russell[2]. Jakobson cite notamment plusieurs types de fromage : le roquefort et le camembert[3], dont les goûts sont si différents qu'ils interdisent, pour qui sait les distinguer, de conserver au terme

1. Jakobson, *Essais de linguistique générale*, *op. cit.*, p. 78.

2. Le fait que Russell soit anglais est sans doute ici une information capitale pour comprendre son traitement de la question.

3. *Essais de linguistique générale*, *op. cit.*, p. 78.

fromage une dimension typale. Il n'est plus question alors de se le représenter dans sa généralité. Dès lors, on accède au sens conceptuel du mot *fromage* non par la saisie de propriétés typales, dans une expérience sensible type, mais par une définition conceptuelle : « aliment obtenu par la fermentation du lait caillé ». Jakobson a donc également raison.

Le même problème se serait sans doute rencontré pour le vin. Pour un béotien – et l'on peut craindre que Russell ait été dans ce cas [1] – le vin est un type de boisson qu'il faut goûter pour pouvoir lui donner sens. Alors que pour quelqu'un qui sait distinguer le goût d'un Juliénas de celui d'un saint Estèphe, on ne peut se représenter le « goût du vin ». *Le vin* fonctionne alors comme un concept non représentable.

Lorsque donc Jakobson affirme que personne n'a jamais goûté ni humé le sens de *fromage*, la validité de son affirmation vient de ce qu'il considère le concept de fromage. Un sens conceptuel n'est pas représentable. En revanche, un sens typal est bel et bien représentable [2]. De même que l'on peut se représenter visuellement le sens typal du rouge magenta, ou entendre le sens typal d'un do, on peut humer ou goûter le sens typal d'un roquefort ou d'un camembert, ou se le représenter en imagination. Si le sens typal du do est un type sonore général, le sens typal du roquefort est un type gustatif général, qui permet la reconnaissance identifiante de ce fromage, notamment dans une dégustation à l'aveugle.

Jakobson croit s'opposer à Russell parce qu'il méconnaît, comme l'ensemble des linguistes, la différence entre signe typal et signe conceptuel, et qu'il réduit le sens au sens conceptuel. Certes, le sens conceptuel se définit par la place différentielle dans le système des signes. Mais le sens conceptuel n'est pas premier. Il suppose le sens typal, qui met en jeu l'expérience objective. Ce qui ne signifie pas pour autant, encore une fois, que le sens aurait son origine dans un rapport direct à la chose. Car on n'a jamais affaire à *la chose*, dans son absoluité ontologique. Ce terme est, nous l'avons vu, à rejeter. On n'a affaire qu'à des faisceaux types de sensations, unifiés par la visée intentionnelle. De plus, ces sensations ne sont pas à comprendre de façon singulière mais typale, donc universelle.

L'exemple du nectar et de l'ambroisie, choisi par Jakobson, est ici particulièrement frappant. Car ce sont des concepts qui ont la particularité

1. Mais peut-être, en tant que membre de la haute aristocratie anglaise, s'y connaissait-il en vins de Bordeaux ?

2. Ma thèse n'est pas ici qu'un sens typal ne serait que représentable. On peut décrire le parfum type d'un vin. Mais sa description engage des propriétés typales qui ne peuvent être comprises si l'on n'en a pas fait une expérience sensible.

de n'être liés à aucun type représentable. Certes, ils possèdent un sens conceptuel déterminé, celui d'être la nourriture des dieux[1], Jakobson a raison, mais ce sens conceptuel n'est pas lié à un sens typal déterminé. En sorte que penser comme le fait Jakobson le sens de façon purement conceptuelle, indépendamment de tout sens typal déterminé et de toute possibilité représentative, c'est en rester à une compréhension du sens sur le modèle précisément des mots *nectar* et *ambroisie*.

L'exemple du vin nous permet de voir que Jakobson est un peu rapide lorsqu'il prétend s'appuyer sur Peirce[2]. Car lorsque Peirce s'interroge sur le *meaning* du vin, il note :

> Par vin nous n'entendons rien autre chose que ce qui produit sur les sens divers effets directs ou indirects [...][3].

Il semble ainsi que la position de Peirce corresponde plutôt à celle de Russell que de Jakobson, contrairement à ce que croit ce dernier. Tâchons de comprendre ce qui se passe.

Dans son article « Comment rendre nos idées claires » de 1878 – que William James, vingt ans plus tard, identifiera au texte fondateur du pragmatisme – Peirce note que les logiciens, à la suite de Descartes, distinguent deux degrés de clarté dans les idées. Tout d'abord l'usage familier, qui permet de ne pas prendre une idée pour une autre, puis un degré supérieur de clarté, qui se traduit par la capacité de donner une définition abstraite de l'idée[4]. La définition, à laquelle Jakobson identifie le sens, ne correspond donc selon Peirce qu'au deuxième niveau de clarté de l'idée. Or, il en existe un troisième pour Peirce, supérieur au précédent. Pour montrer cela, Peirce

1. Plus précisément, le nectar est décrit comme un liquide de couleur rouge (Homère, *Odyssée*, V, 93), sans que le type en soit précisé, équivalent divin du vin humain, tandis que l'ambroisie est décrite comme un onguent ou un breuvage.

2. *Essais de linguistique générale*, *op. cit.*, p. 79.

3. « Comment rendre nos idées claires », dans *Textes anticartésiens*, Paris, Aubier, 1984, p. 296. Nous allons reprendre cette phrase à la fin du paragraphe, mais sans coupure cette fois.

4. Ce qui correspond plutôt à la *distinction* au sens leibnizien. Pour Descartes, une idée *claire* est une idée présente et manifeste à un esprit attentif. Elle est *distincte* si l'on peut, en plus, mettre au jour le détail de ce qui lui appartient et la distinguer clairement d'une autre (*Principes*, I, 46). Pour Leibniz, est *claire* une représentation que l'on reconnaît et que l'on distingue nettement d'une autre (donc claire et distincte au sens cartésien). Elle est distincte si l'on peut, en plus, la justifier et en donner raison (*Discours de métaphysique*, § 24). La distinction kantienne entre les opérations d'exposition et de déduction repose sur cette distinction leibnizienne : l'exposition (par exemple celle de l'espace dans l'Esthétique transcendantale) a pour but de rendre une représentation claire, et la déduction, de la rendre distincte.

s'appuie sur une nouvelle compréhension de l'idée: « l'idée d'une chose quelconque est l'idée de ses effets sensibles »[1].

Par « effet sensible », Peirce entend les effets pratiques dans la réalité. Ainsi « en disant qu'une chose est dure, [...] nous voulons dire qu'un grand nombre d'autres substances ne la rayeront pas »[2]. Ou encore, « dire qu'un corps est pesant signifie simplement qu'en l'absence de toute force opposante il tombera [...] ce que nous entendons par cette force elle-même consiste entièrement dans la somme de ses effets »[3]. Plus généralement, il est vain de se demander ce qu'est la force en elle-même : « connaissant les effets de la force, on connaît tous les faits impliqués dans l'affirmation de l'existence d'une force, et il n'y a rien de plus à savoir »[4]. Peirce en conclut :

> Il semble donc que la règle pour atteindre le troisième degré de clarté dans la compréhension peut se formuler de la manière suivante: considérer quels sont les effets pratiques que nous pensons pouvoir être produits par l'objet de notre conception. La conception de tous ces effets est la conception complète de l'objet[5].

Prenant l'exemple de l'idée de *réalité*, Peirce distingue les trois degrés de clarté suivants. Tout d'abord, l'usage familier d'un enfant qui s'en sert sans se tromper. Puis une définition abstraite, par exemple: « ce dont les caractères ne dépendent pas de l'idée qu'on peut en avoir ». Enfin, atteindre le troisième degré de clarté, c'est comprendre ses effets pratiques. Or, « le seul effet des choses réelles est de produire la croyance [...] la question se ramène donc à savoir ce qui distingue la croyance vraie ou croyance au réel, de la croyance fausse ou croyance à la fiction »[6]. Comme Peirce définit asymptotiquement le vrai comme « l'opinion prédestinée à réunir finalement tous les chercheurs »[7], la réalité peut être comprise comme « l'objet de cette opinion », ce qui correspond donc à sa clarté maximale.

Nous pouvons dès lors revenir au cas du vin. Peirce l'aborde à partir de la question de la transsubstantiation. Les catholiques soutiennent, contre les protestants, que les éléments du sacrement « sont bien de la chair et du sang en réalité, bien qu'ils aient toutes les propriétés sensibles du pain sans

1. « Comment rendre nos idées claires », *op. cit.*, p. 297.
2. *Ibid.*
3. *Ibid.*, p. 299.
4. *Ibid.*, p. 302.
5. *Ibid.*, p. 297.
6. *Ibid.*, p. 303.
7. *Ibid.*, p. 306. Nous reviendrons ultérieurement sur cette définition du vrai. Voir ci-dessous, Recherche 3, chap. IX, p. 279-280.

levain, et du vin étendu d'eau »[1]. Or, par vin, selon le troisième degré de clarté, « nous n'entendons rien autre chose que ce qui produit sur les sens divers effets directs ou indirects, et parler d'un objet doué de toutes les propriétés matérielles du vin comme étant en réalité du sang est un jargon dépourvu de sens »[2]. Malgré les précautions oratoires que prend ensuite Peirce, sa thèse revient à considérer la position catholique comme absurde. Cette attitude théorique assez cavalière révèle les limites de son analyse, dont la clarté, nous allons le voir, est loin d'être aveuglante.

Encore une fois, le sens est constitutif de la désignation. Il ne se définit donc pas indépendamment de la désignation. Or, la désignation est comprise objectivement comme entrant dans des rapports cause-effet. Il est normal que le sens puisse prendre en compte les effets. La dureté et la pesanteur étant des propriétés dispositionnelles, elles se définissent ainsi par leur effet. Mais ce n'est pas le seul mode de construction du sens. Par exemple, le fromage, qui est un produit, se définit plutôt comme le fait Jakobson, c'est-à-dire par son mode de fabrication, et donc par sa cause, non par ses effets.

Si l'on considère l'effet du fromage sur nos sens, il s'agit d'une détermination typale qui n'entre pas dans la définition conceptuelle, et ne peut être associée à un degré supplémentaire dans la compréhension conceptuelle du fromage. Car on n'a plus affaire au même objet : c'est désormais l'objet typal qui est visé et non plus l'objet conceptuel. Certes, on peut dire que notre compréhension globale est augmentée lorsque l'on peut associer l'objet conceptuel à l'objet typal, ou encore adjoindre une représentation mentale au concept. S'il avait voulu dire cela, Peirce aurait eu raison, à condition toutefois de préciser qu'il ne s'agit pas d'un degré de clarté supplémentaire dans la saisie du concept.

Mais la thèse de Peirce ne revient pas à affirmer que la compréhension est augmentée si l'on associe une représentation typale à l'abstraction du concept. Car dire que ce qui est dur peut être difficilement rayé, ou que ce qui est pesant, c'est ce qui tombe en l'absence de force opposante, ce sont toujours des définitions conceptuelles se situant au second degré de clarté. Peirce prétend le contraire, mais il ne donne pas de définition probante de la dureté ou de la pesanteur se situant au second niveau de clarté et qui serait autre que ces définitions conceptuelles. En revanche, il donne une définition conceptuelle de la réalité comme « ce dont les caractères ne dépendent

1. « Comment rendre nos idées claires », *op. cit.*, p. 296.
2. *Ibid.*, p. 296-297.

pas de l'idée qu'on peut en avoir ». Il la juge insuffisante avec raison, car il s'agit en fait d'une définition conceptuelle de l'objectivité. Si l'objectivité entre dans la définition de la réalité, elle n'en constitue qu'une propriété. Une définition conceptuelle plus complète doit tenir compte de sa fonction de validation, laquelle n'est pas réductible à la vérification, contrairement à ce que semble penser Peirce.

Concernant la réalité, sa compréhension unitaire est très discutable. Opposer notamment la réalité à la fiction pose problème puisqu'il est possible de valider une proposition dans un cadre fictionnel, par exemple en croyant vraie la proposition « Sherlock Holmes est anglais ». Si l'équivalence posée par Peirce entre « croyance vraie » et « croyance au réel » est admissible, du moins dans un cadre cognitif, celle entre « croyance fausse » et « croyance à la fiction » ne l'est pas. Il y a une réalité de la fiction.

Comprendre cela l'aurait conduit à avoir une approche plurielle et plus complexe de la réalité. Ainsi, si l'on suit son analyse, on devrait estimer qu'une culture qui croit que les événements du monde sont dirigés par des forces magiques vit dans un monde moins réel que la culture occidentale contemporaine, car elle est clairement moins proche de l'opinion vers laquelle convergeront les chercheurs. Ce qui ne nous paraît pas satisfaisant : les membres de cette culture vivent bien dans une réalité, qui n'est pas la nôtre, mais qui correspond à leur expérience ordinaire, qui est en accord avec leur savoir, et au sein de laquelle les modes de vérification et d'infirmation des énoncés sont pleinement opérants. On peut estimer cette réalité moins performante pour la compréhension et la maîtrise des phénomènes naturels, en sorte que pour des raisons *cognitives*, nous allons préférer la nôtre, mais elle n'est pas moins *réelle* que la nôtre, car elle est tout aussi objective, et elle remplit tout aussi bien sa fonction de validation.

Ce qui nous amène au cas du vin, aliment culturel par excellence. L'analyse de Peirce témoigne d'une méconnaissance du phénomène de symbolisation, le terme de *symbole* étant utilisé du reste par Peirce dans le sens de *signe conventionnel arbitraire*.

Poser un objet comme un symbole[1], c'est y reconnaître une identité *réelle* : l'identité nationale est *réellement* présente dans un drapeau, sans quoi un patriote ne risquerait pas sa vie pour ce bout de tissu, l'identité personnelle est *réellement* présente dans une photographie, sans quoi nous ne nous sentirions pas blessés si quelqu'un déchire un portrait de nous sous

1. Comme l'analyse du symbolique dans sa différence par rapport au signe, donc dans un sens non peircien, fera l'objet d'un ouvrage ultérieur, nous serons brefs.

nos yeux. La croyance dans une présence symbolique *réelle* a des effets réels et observables : elle détermine notre action réelle. D'un point de vue pragmatique, on peut tout à fait différencier le point de vue d'un catholique de celui d'un protestant, sans voir dans le discours du premier un « jargon privé de sens ». Mais cet usage symbolique n'affecte en rien le concept de vin. Utiliser le feu comme symbole de l'amour ne modifie pas notre concept du feu [1]. Il ne fait donc pas s'appuyer sur un usage symbolique pour se demander ce qu'est le vin, dans sa réalité ordinaire. On peut alors soit le définir conceptuellement, non par ses effets mais par son mode de production, comme le fromage, par exemple : « le vin est une boisson alcoolisée provenant de la fermentation du raisin ». Soit considérer son goût ou sa couleur et essayer de s'en former une représentation typale, afin d'en rendre le concept non plus clair mais plus sensible.

Si Peirce avait considéré l'exemple du nectar et de l'ambroisie, il aurait sans doute rétorqué que ces deux mots n'étant liés à aucun effet sensible sont privés de sens. Ce qui n'est pas le cas. Ils ont un sens parfaitement défini. Ils sont de plus susceptibles d'entrer dans des messages dotés de signification. En revanche, ils ne sont pas représentables dans l'intuition sensible. En matière de sens, les philosophes devraient se plier à une maxime de prudence et ne pas proclamer trop vite, comme ils l'ont fait un peu trop souvent par le passé, que des énoncés ou des mots seraient privés de sens, parce que ce sens ne serait pas rationnel, représentable ou vérifiable dans l'expérience. Même l'absurde est doté de sens, d'un sens absurde, précisément. Sans quoi les effets d'humour reposant sur le recours à l'absurde seraient incompréhensibles. Mais il est vrai que les philosophes manquent parfois d'humour…

L'analyse de Peirce engage un problème plus large. En insistant sur le lien entre le sens d'un mot et la croyance qu'il induit, et donc les actions que l'on peut être amené à produire en fonction de cette croyance, Peirce tend à opérer une confusion entre le sens et la signification. Nous avons vu pourtant qu'il est nécessaire de les distinguer, d'une part parce que les signaux ont une signification mais pas de sens, d'autre part parce que si l'unité minimale de sens est inférieure au mot, l'unité minimale de signification correspond à l'énoncé. On ne peut associer une signification à un mot unique, par exemple « dur » – sauf si naturellement il correspond à la totalité du message. On ne le peut que si on l'inscrit dans un énoncé, par

1. Nous reviendrons sur cette question lorsque nous traiterons des tropes dans le cadre de notre analyse du symbolique.

exemple : « le diamant est dur », car la signification est une propriété du message. De même, on ne peut dire que deux concepts ont le même sens si supposer leur existence conduit aux mêmes réactions. Tout ce que l'on peut dire dans ce cas, c'est que les deux énoncés posant leur existence ont même signification. Mais ces deux énoncés, comme les termes qui les constituent, peuvent avoir des sens différents.

Établir une distinction conceptuelle ne veut pas dire toutefois que les termes distingués ne sont pas liés. Le sens permet de construire la désignation, et la désignation a pour finalité la signification. En sorte que la construction du sens est bien finalisée par la signification [1]. Il faut ici saluer le primat de la signification que la théorie de Peirce conduit à affirmer, dans lequel s'origine effectivement le pragmatisme. Dans la mesure où notre analyse est pragmatique, elle s'inscrit dans la filiation de la pensée de Peirce. Mais elle s'en différencie nettement : la reconnaissance du primat de la signification, et la finalisation du sens pour la signification, ne permettent pas pour autant d'attribuer directement au mot une signification. Le sens doit bien être distingué de la signification. Ne pas le voir conduira les béhavioristes, dont la pensée s'inscrit dans une forme de continuité par rapport au pragmatisme de Peirce et de James, à une compréhension réductionniste du langage.

S'il s'agit de clarté conceptuelle, portant donc sur le sens conceptuel, elle est obtenue par le travail définitionnel, qui n'est nullement remis en cause par une approche pragmatique. Ce qu'il faut en revanche affirmer, et ici Peirce a raison, c'est que l'espoir d'atteindre par le travail définitionnel à une clarté absolue est illusoire, et que ce sens conceptuel n'est qu'un instrument pour la signification.

À bien y réfléchir, la confusion de Wittgenstein entre contexte sémantique et contexte pragmatique est liée à la confusion opérée par Peirce entre sens et signification. Ce lien nous permet de mieux comprendre le texte de Quine que nous avions critiqué précédemment [2]. Quine identifie la signification à l'usage, à la suite, dit-il, de Dewey (donc de Peirce) et de Wittgenstein. Plus loin, il justifie cette identification en notant : « Mais on peut considérer que deux expressions ont la même signification si l'usage de l'une à la place de l'autre n'induit aucune différence pertinente » [3].

1. Ainsi, comme nous le verrons, en cas d'ambiguïté sémantique, il faut recourir au contexte référentiel, et si l'ambiguïté subsiste, au contexte pragmatique pour déterminer le sens d'un mot dans un énoncé. Voir ci-dessous, Recherche 3, chap. X, p. 292-293.

2. Voir ci-dessus, Recherche 1, chap. I, p. 21-23.

3. Quine, *Quiddités*, *op. cit.*, p. 219.

Que veut dire Quine par « aucune différence pertinente » ? Si les deux expressions font intervenir une construction différente, par exemple « Dalle ! » ou « Apporte-moi une dalle ! », il y a clairement des différences sémantiques pertinentes. Mais ce n'est pas ce que Quine a en tête : il pense à des différences pertinentes au niveau pragmatique. Sa remarque est clairement une reprise des analyses de Wittgenstein et de Peirce. Or, nous avons vu que l'absence de différence pertinente porte sur la signification, pas sur le sens; elle concerne l'usage pragmatique, non l'usage sémantique. Si Quine avait voulu seulement tirer de l'absence de « différences pertinentes » l'identité entre la signification (au sens pragmatique) et l'usage (pragmatique), il aurait eu raison – à condition toutefois de distinguer la signification visée par l'énoncé, intentionnelle, et sa signification effective, observée. Mais dans la mesure où il ne distingue pas le sens et la signification pragmatique, pas plus qu'il ne distingue l'usage sémantique et l'usage pragmatique, il prétend *aussi* en tirer l'identité du sens et de l'usage sémantique. Ce qui est illégitime.

Pour conclure cette discussion avec Jakobson, Russell et Peirce, tentons de comprendre le mot « tigre ». Un rationaliste proposerait d'en saisir le sens conceptuel, à l'aide d'une définition. S'il n'est pas métaphysicien, il conviendrait que le même mot peut être associé à plusieurs concepts hétérogènes, notamment : la danseuse du corps de ballet, située hiérarchiquement au-dessus du rat; ou le félin de grande taille au pelage roux rayé de bandes noires transversales. Il admettrait que l'on ne peut définir qu'un concept, et en choisirait un, par exemple, le second, sans essayer de construire une synthèse sémantique entre les différents sens associés au mot *tigre*.

Un empiriste lui rétorquerait toutefois que son approche reste trop abstraite. Si notre empiriste n'est pas nominaliste, c'est-à-dire métaphysicien, il insisterait sur la nécessité de pouvoir se construire une image mentale, selon un mode typal et non plus conceptuel. Or, pour cela, il faut avoir vu sinon un ou plusieurs tigres en réalité, au moins des images de tigre. Mais ici, un chasseur pourrait rétorquer : « non, vous ne savez toujours pas ce qu'est un tigre, et vous ne le saurez jamais tant que vous ne vous serez pas trouvé seul face à un tigre en liberté ». Ce qu'il désigne ici, ce n'est pas le concept de tigre ni même son type, général ou particulier, mais la signification liée à la perception d'un tigre affamé, qui provoque l'affolement chez toutes ses proies potentielles. Tant qu'on n'a pas ressenti cette peur et éprouvé ce besoin panique de s'enfuir, auquel on peut ou non résister, on ne sait pas, non pas quelle est la signification d'un tigre, mais quelle est la signification d'une rencontre – chargée de signes, intentionnels ou non – avec un tigre. Plus généralement, un éthologue dirait que l'on ne sait pas ce qu'est un tigre tant que l'on n'est pas entré dans une forme de communication avec lui, dont la finalité est la signification.

Il s'agit ici d'un troisième mode de compréhension. L'erreur que doit éviter le pragmatiste est de croire que ce mode puisse se substituer aux deux précédents, ou du moins être considéré comme leur étant supérieur en termes de clarté. La clarté relève de l'approche conceptuelle. Mais d'une part, cette clarté reste abstraite sans image mentale. D'autre part, elle a pour finalité la signification. Ces modes sont hétérogènes et complémentaires et toute la difficulté est de parvenir à les accorder. Ce qui suppose de renoncer à toute approche métaphysique qui tend à absolutiser chaque point de vue.

Nous pouvons désormais préciser le sens de l'ostension dans le cadre de notre modèle. Peirce estime[1] que si nous nous interrogeons sur le sens du mot *Soleil* et si, pour toute réponse, on nous montre le Soleil du doigt, ce que l'on montre, c'est le mot *Soleil*, en sorte que la vision du Soleil n'est qu'une expérience permettant de nous familiariser avec ce mot. Car tout est signe, et l'on ne peut sortir des signes. À cela, on peut répondre que le mot *Soleil* est ambigu[2]. En français, il peut correspondre à plusieurs sens : par exemple l'étoile autour de laquelle tourne la Terre, mais aussi, plus généralement, toute étoile au centre d'un système de planètes, ou, dans un tout autre ordre d'idée, une figure acrobatique, ou même un synonyme de *fard*, dans l'expression « piquer un soleil » que l'on trouve notamment chez Proust. Encore une fois, un mot n'a pas de sens déterminé. Il peut en avoir plusieurs ; et selon le contexte référentiel, lorsqu'il est articulé à un désigné, son sens se voit déterminé.

Or, ce sens peut être typal ou conceptuel. Si le sens est conceptuel, sa généralité interdit toute représentation. Le concept est simplement définissable de façon différentielle dans le système de signes conceptuels du langage. Mais si le sens est typal, il est constitué par une série limitée de déterminations types. Si donc le sens visé est typal, la désignation du doigt ne se contente pas de déterminer le sens du mot, elle nous donne tout ou partie (si le type n'est pas simplement visuel) de son contenu typal. Si le sens visé est conceptuel, la désignation du doigt ne se contente pas non plus

1. *Collected Papers*, *op. cit.*, 8.183.

2. Il en va de même, du reste, pour le mot *fromage* en français. Il peut avoir également pour sens une *sinécure*, ou désigner un type de pâté : le *fromage de tête*.

de déterminer le sens du mot, elle nous donne tout ou partie du type correspondant au concept, ce qui facilite la saisie du sens conceptuel.

Ce que nous montrons du doigt, ce n'est donc pas le mot mais le type. L'enjeu de la désignation du doigt n'est pas de nous familiariser avec un mot dont le sens serait déjà défini, mais d'en déterminer le sens et de nous indiquer son type correspondant[1].

Peut-on dire que tout est signe ? Cela dépend. Tout objet est objet *pour* un signe et *par* un signe. Car à partir du moment où il y a une désignation objective, il y a signe. Jamais nous n'avons affaire à une chose *en soi*, laquelle n'est même pas un objet de pensée pour nous.

Mais cela ne veut pas dire que tout objet fonctionne comme un signe. Car les signes ne sont qu'une espèce de signaux : dans notre univers objectif, nous avons aussi affaire à des signaux qui ne sont pas des signes. Tout objet serait-il alors signal ? Non plus, car les informations types que nous donnent les sens ne correspondent pas toujours à des messages dotés de signification. Tout objet n'est pas signe ni même signal, même si tout objet est objet pour et par un signe, et même si nous pouvons être amenés à faire fonctionner tout objet comme un signe, par exemple indiciel.

Comprendre que tout objet est objet pour et par un signe, c'est notamment renoncer à voir dans le signe un rapport indirect ou impropre à l'objet, opposé à un accès direct ou propre, dans lequel l'objet *en lui-même* nous serait donné dans une intuition immédiate. Le signe n'est pas la simple possibilité d'une désignation de l'objet dans son absence. Toute désignation intentionnelle d'un objet *dans sa présence même* suppose un signe, typal ou conceptuel, dont le sens corresponde à cette désignation. En particulier, nos représentations intuitives sont investies par le sens typal et engagent des signes typaux. Cette désignation se fait toujours avec pour finalité une signification, donc dans une visée pragmatique.

1. Du reste, si l'expérience de désignation du doigt n'était là que pour nous familiariser avec un mot, si l'objet était toujours un signe, on ne comprendrait guère la possibilité de saisir dans l'expérience une unité objective à laquelle ne correspondrait encore aucun mot. Ce qui arrive régulièrement en science, où la question de la nomination fait suite à la découverte.

CHAPITRE VIII

PRAGMATIQUE

La théorie des signes suit traditionnellement l'ordre suivant : la syntaxe étudie les relations des signes entre eux ; la sémantique étudie la relation des signes aux objets ; et la pragmatique étudie la relation des signes aux interlocuteurs qui interprètent le message transmis et y réagissent. Cet ordre, établi en 1938 par Charles W. Morris et inspiré par celui de la série Signe-Objet-Interprétant chez Peirce, semble naturel. Il paraît en effet reproduire le procès même de la communication : on part des signes et de leurs rapports, puis on les articule aux objets pour enfin élaborer des messages dotés de signification pragmatique.

On peut toutefois le contester. Les objets ne peuvent en effet être posés dans une quelconque extériorité par rapport aux signes car ils sont construits par les signes, typaux ou conceptuels. Le sens est condition de possibilité de toute désignation, et la syntaxe, loin d'articuler les signes entre eux indépendamment de tout rapport aux objets, a pour fonction de construire le désigné global de l'énoncé. Quant à ce dernier, il joue en retour une fonction sémantique décisive, puisque c'est l'anticipation probabiliste sur ce même désigné qui permet de déterminer le sens de chaque signe au sein de la phrase.

Il paraît donc préférable de faire relever la syntaxe de la sémantique au sens large, qui traite à la fois du sens (sémantique au sens restreint), du désigné et de leurs rapports réciproques [1]. Ce qui ne revient pas pour autant à identifier la syntaxe et la sémantique.

1. Lesquels ne sont pas identiques. Dans un cas, il s'agit de constitution, dans l'autre, de détermination.

De plus, comme il y a deux modes principaux de classification de l'objectivité, selon l'identité et selon la similarité, la sémantique peut être divisée en sémantique typale et sémantique conceptuelle. Dans les langages animaux, la sémantique est typale et ne fonctionne qu'avec un lexique réduit, sans articulation syntaxique. Au contraire, la sémantique conceptuelle, propre au langage humain, fonctionne avec un lexique considérable, qui engage un lexique non seulement conceptuel mais aussi typal (prépositions, articles, pronoms, etc.) et une syntaxe. La syntaxe apparaît ainsi comme une branche particulièrement complexe – et tardivement apparue au cours de l'évolution – de la sémantique.

Cette redéfinition des rapports entre syntaxe et sémantique semble s'accorder avec la position dernière de la pragmatique. Pourtant, là encore, l'ordre initial peut être remis en cause. En effet, la pragmatique commande toute forme de communication. Avant d'avoir un sens, et donc d'user de signes typaux ou conceptuels, un message a une signification. Ainsi, la communication intercellulaire a une pragmatique, mais n'a ni syntaxe, ni sémantique. Quant au langage animal, il possède une pragmatique et une sémantique (typale), mais pas de syntaxe. Le langage humain est le seul mode de communication possédant à la fois une pragmatique, une sémantique et une syntaxe.

Il est donc préférable de considérer les trois termes dans l'ordre suivant. La pragmatique est première et non dernière car elle correspond à la finalité première de toute communication. Elle peut être divisée en deux parties principales.

1) La pragmatique non intentionnelle, qui ne fait usage que de signaux et ne possède donc pas de sémantique.

2) La pragmatique intentionnelle, qui fait usage de signes comme simple instruments de signification. Cette dernière peut à son tour être divisée en quatre :

- 2.1) L'étude de la signification intentionnelle.
- 2.2) L'étude de la signification effective, laquelle, si le récepteur est lui-même doté d'intentionnalité, n'est pas forcément équivalente à la signification intentionnelle.
- 2.3) L'étude de la signifiance [1], portant sur les unités d'informations et leur combinatoire, en tant qu'elles se rapportent à des unités de sens à finalité pragmatique.

1. La relation entre le signifiant et le signifié.

2.4) La sémantique. Cette dernière relève ainsi de la pragmatique intentionnelle. Nous venons de voir qu'elle peut être divisée en sémantique typale et en sémantique conceptuelle. Mais dans la mesure où le langage humain continue à user d'une sémantique typale, la division la plus efficace de la sémantique intentionnelle s'établit entre :

2.4.a) La sémantique typale (propre aux langages animaux en général), qui est seulement lexicale.

2.4.b) La sémantique typale et conceptuelle (propre au langage humain). Elle comporte deux composantes principales :

2.4.b*) La sémantique typale et conceptuelle lexicale, qui porte sur les signes en dehors de toute combinatoire syntaxique. Elle traite plus particulièrement des unités de sens, de leur combinaison morphologique.

2.4.b**) La sémantique typale et conceptuelle syntaxique, qui traite de la constitution du référent global qui permet de déterminer le sens et le désigné d'un signe.

La combinatoire syntaxique apparaît ainsi comme une complexification de la sémantique propre au langage humain dont la finalité reste pragmatique. Dans notre modèle, la syntaxe n'intervient plus en premier mais en dernier, dans une branche très particulière de l'arbre de la communication : celle de la pragmatique intentionnelle dotée d'une sémantique typale *et* conceptuelle.

Ce modèle peut sans aucun doute être précisé et complexifié, mais tel qu'il est, il permet de saisir les rapports de dépendance entre la pragmatique, la sémantique et la syntaxe avec plus de clarté qu'un simple enchaînement syntaxe – sémantique - pragmatique.

L'ordre traditionnel syntaxe – sémantique – pragmatique a notamment pour conséquence fâcheuse de laisser croire que les questions de syntaxe et de sémantique pourraient être comprises avant toute considération pragmatique, laquelle interviendrait en quelque sorte à titre secondaire, sinon annexe. Du coup, la question du sens primerait sur celle de la signification, et le langage pourrait être défini comme un instrument de communication visant avant tout à la production d'un sens.

La question de la signification a été à ce point négligée, que les linguistes ont souvent confondu sens et signification, quand ils n'ont pas tout simplement réduit la signification au sens, tout en mettant entre parenthèses, pour faire bonne mesure, la question de la désignation. Si l'on ajoute à cela qu'ils ont également réduit le sens au seul sens conceptuel, on prend conscience des difficultés théoriques auxquelles la linguistique ne pouvait que se heurter.

Notre analyse de la communication en général nous a permis d'échapper à bon nombre de mirages anthropocentristes et de reconnaître le primat de la signification. C'est pourquoi on peut très bien communiquer avec des étrangers sans que chacun connaisse la langue de l'autre : l'intonation, la gestuelle [1], la mimique et le contexte pragmatique peuvent suffire sans avoir à passer par le sens conceptuel porté par les signes linguistiques. Il en va de même avec un enfant qui ne parle pas encore. Ou avec des animaux, qui n'auront jamais accès au sens conceptuel, mais avec lesquels il est possible de communiquer.

Ce qui prime dans la communication linguistique, c'est de savoir dans quel mode de signification intentionnelle on se situe, ou encore, pour parler comme Wittgenstein, à quel « jeu de langage » notre discours appartient. Est-ce que la signification de l'énoncé, l'efficace pragmatique qu'il vise, est la reconnaissance d'une vérité comme pour un discours à visée cognitive, par exemple un énoncé descriptif ? Est-ce plutôt l'obéissance à un ordre, ou encore le respect d'un rite ? Auquel cas, la signification se situe sur un autre plan que celui de la vérité.

Le sens reste ici second sinon secondaire. Dans le cas de la transmission d'un message codé, le sens, bien que présent et compris, peut ainsi n'intervenir en rien dans la production de la signification. Par exemple, « les sanglots longs des violons de l'automne bercent mon cœur d'une langueur monotone » sont des vers dotés de sens. Mais leur signification change du tout au tout selon qu'ils sont chantés par Charles Trenet [2] ou sont utilisés par la BBC le soir du 5 juin 1944 pour annoncer l'Opération Overlord [3]. Réduits à la fonction de simple signal, les vers de la chanson acquièrent alors une signification complètement indépendante de leur sens.

1. Sans faire usage de la langue des signes, c'est-à-dire sans que les gestes fonctionnent comme des signes dotés de sens conceptuel.

2. Ces deux vers sont tirés de la chanson *Verlaine* (1940) de Charles Trenet, qui reprend sous une forme modifiée le poème *Chanson d'automne* de Paul Verlaine (dans *Poèmes saturniens*, « Paysages tristes », 1866), en substituant un « bercent » un peu mièvre à un « blessent » plus âpre. Les maquisards ne lisaient pas Verlaine en cachette, mais aimaient fredonner les chansons de Trenet.

3. Choisir une chanson du début de l'Occupation pour en signaler la fin n'est peut-être pas du reste le fait du hasard. Si l'on reconnaît une dimension antiphrastique au choix de ces vers (par ailleurs d'une tonalité dépressive, automnale et morbide) pour annoncer une action printanière d'une ampleur exceptionnelle qui va voir renaître la France, leur sens peut être réarticulé à leur signification. Cette dimension antiphrastique peut alors rendre compte de la célébrité exceptionnelle de ce message, qui symbolise parfois à lui seul le débarquement allié.

Le renouveau après guerre des études pragmatiques en philosophie du langage étant lié aux analyses d'Austin dans les années 1950 sur les énoncés performatifs, on pourrait s'attendre à ce que notre analyse les prenne désormais en considération. Or, ce ne sera pas le cas. Non parce que nous sous-estimerions l'importance des énoncés performatifs, bien au contraire. Mais parce que nous ne pensons pas que leur étude ait sa place dans un chapitre consacré à la pragmatique en général[1]. Du reste, en ce qui concerne la théorie d'Austin, sa réception nous semble reposer pour une bonne part sur un malentendu. Nous allons ainsi tenter de montrer, au risque d'énoncer un paradoxe, que la théorie exposée dans *Quand dire, c'est faire* (1962), ne vise pas réellement à produire une théorie des énoncés performatifs, et bien plus, ne correspond même pas réellement à une théorie pragmatique.

Au début de *Quand dire, c'est faire*, Austin distingue les énoncés *constatifs*, qui se contentent d'affirmer ou de décrire, comme « le chat est sur le paillasson » et les énoncés *performatifs* dont la formulation réalise effectivement une action, comme « je te baptise », « je te nomme chevalier », « je déclare la séance ouverte », « je t'ordonne de venir », etc. Les performatifs, précise-t-il, ont les propriétés d'une action : ils sont heureux ou malheureux, au lieu d'être vrais ou faux comme les constatifs.

Cette distinction entre énoncés constatifs et performatifs intervient stratégiquement à titre d'objection contre le modèle vérificationniste. Ce dernier, qui prévaut dans le positivisme logique, pose en effet que les seuls énoncés dotés de sens sont les affirmations vérifiables, ce qu'Austin appelle les *constatifs*. L'introduction des performatifs correspond à un premier moment de son argumentation (conférences 1-4) : les constatifs ne sont pas les seuls énoncés dotés de sens puisqu'il existe toute une catégorie d'énoncés distincts, les performatifs, qui sont également dotés de sens, et qui ne sont ni vrais ni faux. La validité du vérificationnisme n'est pas ici remise en cause, mais réduite à un domaine spécifique, celui des énoncés constatifs.

Or, dans un second moment argumentatif (conférences 5-7), Austin remet en cause sa distinction entre énoncés constatifs et performatifs, en montrant qu'il n'existe pas de critère absolu pour les distinguer. Cette découverte, loin de constituer un échec théorique par rapport à sa découverte des performatifs, comme nombre de lecteurs ont pu le croire, conduit à contaminer le modèle vérificationniste par le performatif, et donc à

1. Voir ci-dessous, Recherche 3, chap. VIII, p. 274.

montrer que le domaine où s'exerce pleinement le vérificationnisme est non seulement restreint mais quasi-inexistant.

La conclusion peut intervenir dans un troisième temps argumentatif (conférences 8-12) : tout énoncé, même constatif, est un acte de langage et sa vérification est toujours relative aux circonstances, au point de vue adopté, à un certain degré de précision, etc. Au vérificationnisme, qui repose sur une compréhension illusoire du langage, de la signification, et de la vérité, il faut substituer une théorie des actes de langage, parmi lesquels les affirmations ne constituent qu'un cas particulier. La distinction entre constatif et performatif peut être abandonnée. Au mieux, il ne s'agit que de deux pôles extrêmes par rapport à une réalité linguistique fondamentalement mixte.

Interpréter *Quand dire, c'est faire* comme une théorie des énoncés performatifs, dans leur distinction nette par rapport aux constatifs, repose donc sur un contresens, qui n'a pu prévaloir que parce qu'il s'agit d'une publication posthume, intervenue deux ans après la mort d'Austin en 1960. Cette distinction n'est en fait avancée par Austin que pour être remise en cause, et cette remise en cause, loin d'être un échec, constitue précisément la victoire théorique sur le vérificationnisme recherchée par Austin, beaucoup plus radicale que les critiques adressées par Popper à ce même modèle vérificationniste.

Le véritable résultat théorique de *Quand dire, c'est faire* est non la distinction des constatifs et des performatifs, mais leur indistinction réelle. Ce qui conduit à une théorie des actes de langage, et notamment à la distinction, définitive celle-là, entre l'*acte locutoire* – le fait de dire ; l'*acte illocutoire* – l'acte produit *dans* (*in*) le fait de dire : promesse, prière, ordre, etc. ; et l'acte *perlocutoire* – l'acte produit *par* (*per*) le fait de dire : l'attente confiante, le don, la soumission, etc.

Ce point étant précisé, peut-on comprendre le modèle théorique d'Austin comme un modèle pragmatiste ? Apparemment oui, puisqu'il comprend toute énonciation comme un acte produit dans le fait de dire : promettre, ordonner, affirmer, etc.

Précisons ici qu'Austin distingue non pas trois mais cinq actes de langage distincts[1]. En effet, le locutoire se décompose lui-même en acte phonétique (produire des sons), acte phatique (produire des mots conformément à syntaxe) et acte rhétique (tenir un énoncé doté de sens et de

1. Voir *Quand dire, c'est faire*, 8e conférence, Paris, Seuil, 2002, p. 109-110. Nous adoptons le vocabulaire d'Austin.

référence). La théorie austinienne des actes de langage revient donc à distinguer les actes phonétiques, les actes phatiques, les actes rhétiques, les actes illocutoires et les actes perlocutoires.

Or, si l'on considère cette division à partir de notre distinction entre information, sens, désignation et signification, il est aisé d'établir une correspondance entre ces termes et les actes de langage d'Austin, au prix toutefois d'une légère correction du modèle austinien, notamment en découplant le sens et la référence. Nous appelons ainsi *actes phonétiques* ceux qui donnent une information (au sens de Shannon); *actes phatiques* ceux qui donnent un sens; *actes rhétiques* ceux qui donnent une désignation.

Restent les actes locutoires et perlocutoires. Ils concernent clairement la donation d'une signification et relèvent de la pragmatique proprement dite. Ils peuvent donc être regroupés sous le nom d'*actes pragmatiques*. La distinction austinienne entre illocutoire et perlocutoire engage en fait la distinction entre *signification intentionnelle* et *signification effective*. Faire une promesse vise un effet positif chez l'interlocuteur (le rassurer, le faire patienter, gagner sa confiance, etc.), qui est la signification visée intentionnellement par le locuteur. Mais l'interlocuteur peut ne pas nous croire et réagir négativement. L'effet obtenu est alors contraire à l'effet visé. Ou encore, la signification effective (l'effet produit chez le récepteur par la compréhension du message) est alors contraire à la signification intentionnelle du message. Il faut donc distinguer dans l'acte pragmatique *la promesse*, qui est la forme que prend le message en fonction de sa signification intentionnelle et *son effet* sur le récepteur. Donc ce qu'Austin appelle l'acte illocutoire et l'acte perlocutoire.

Précisons ici que ce qui est nécessairement intentionnel, c'est la signification de l'acte illocutoire et non l'acte illocutoire lui-même. On peut promettre sans être sincère, sans avoir donc l'intention de respecter sa promesse[1]. En revanche, la signification, c'est-à-dire l'effet recherché chez l'interlocuteur, est bien intentionnel : que l'on soit sincère ou non, on cherche à le rassurer par une promesse.

Précisons également que cette distinction entre signification intentionnelle et signification effective intervient dès que l'on a affaire à une pragmatique intentionnelle, donc dès le monde animal. Elle n'est nullement le propre de l'humain. En revanche, dès que l'on considère le langage humain, l'analyse se complexifie. Car l'intention de signification peut être consciente ou non, ce qui autorise des significations intentionnelles

1. On peut toutefois ici distinguer entre avoir l'intention de faire une promesse et avoir l'intention de la respecter.

multiples, éventuellement conflictuelles. Il en va de même pour la signification effective, dont l'intentionnalité peut être consciente ou non, donc multiple et éventuellement conflictuelle.

Pour en revenir à la théorie austinienne, qui est une théorie des actes illocutoires et perlocutoires, il semble ainsi qu'elle corresponde à une théorie de la signification et donc à une pragmatique.

Or, ce n'est pas le cas. En effet, Austin, dont la conceptualité reste dépendante de Frege, ne pense nullement la notion pragmatique de signification. Loin de définir le terme *meaning* de façon pragmatiste comme l'effet produit par le message, comme ont pu le faire les béhavioristes, Austin le définit comme une combinaison de sens et de référence :

> Entendez *meaning* comme le souhaitent les philosophes, c'est-à-dire sens et référence [1].

C'est ennuyeux, mais est-ce véritablement important ? Certes, Austin ne prend pas en compte explicitement la signification pragmatique, mais l'essentiel est sans doute qu'il la prenne en compte implicitement à travers ses analyses des actes de langage.

Est-ce toutefois le cas ? À quoi correspond précisément la signification pragmatique du message ? À ce qu'Austin appelle l'acte perlocutoire. Construire une pragmatique, c'est reconnaître que toute communication est la transmission d'un message doté de signification et donc produisant un effet déterminé chez le récepteur, lié à la saisie correcte de l'information du message. Donc que le langage humain, en tant qu'il est un mode (extrêmement complexe) de communication, vise avant tout la production d'un effet chez le récepteur.

La conséquence d'une telle reconnaissance, qui doit être la base de toute analyse pragmatique, est que *tout énoncé possède une signification*. Cela vaut pour les ordres, les promesses, mais aussi pour les affirmations. Si donc Austin avait fait une théorie pragmatique, il aurait centré son analyse sur les actes perlocutoires et aurait défendu la thèse selon laquelle toute énonciation vise un acte perlocutoire.

Or, ce n'est pas ce qu'il fait. Premièrement, son analyse est centrée sur les actes illocutoires et non perlocutoires. Deuxièmement, et c'est beaucoup plus grave, il estime que tout énoncé ne vise pas un acte perlocutoire :

> Le maximum que nous puissions démontrer, avec quelque vraisemblance, c'est qu'il n'y a pas d'objectif perlocutoire qui soit proprement associé à

1. *Quand dire, c'est faire*, *op. cit.*, 8e conférence, p. 109.

> l'affirmation, comme c'est le cas dans l'acte d'informer, de prouver, etc.; et cette pureté relative est peut-être l'une des raisons qui nous font accorder une place particulière aux « affirmations »[1].

Une pragmatique bien construite ne peut admettre une telle thèse : tout énoncé vise une signification effective, sans quoi il ne viserait pas une communication. Toute affirmation, même « le chat est sur le paillasson », vise une réaction effective chez l'auditeur, qui est au moins une approbation, et généralement une réaction plus visible, comme le fait d'interrompre son mouvement pour ne pas marcher sur sa queue, ou le fait de changer de direction pour aller lui porter sa soucoupe de lait. L'affirmation, comme acte illocutoire, est bien l'expression d'une *signification intentionnelle*, et donc correspond à *la visée d'un acte perlocutoire*.

On comprend ainsi pourquoi Austin ne définit jamais clairement l'acte illocutoire. L'illocutoire ne prend sens que par rapport au perlocutoire. L'acte illocutoire est la visée d'un acte perlocutoire, et les différents types d'actes illocutoires qu'Austin distingue sont les modes principaux d'une telle visée[2]. À partir du moment où Austin croit à la possibilité d'un acte illocutoire qui ne viserait pas un acte perlocutoire, il brouille définitivement la notion d'illocutoire.

Il apparaît ainsi qu'Austin, qui ne pense la notion de *meaning* à la suite de Frege qu'en termes de sens et de référence, donc de façon non pragmatique, et qui pense la possibilité pour un énoncé de ne pas avoir de signification pragmatique (de ne pas viser un acte perlocutoire), ne peut construire une pragmatique. Son analyse reste conceptuellement dépendante du modèle théorique qu'il entend critiquer : la théorie analytique non pragmatique de la première moitié du XXe siècle. Le contresens opéré sur la théorie d'Austin s'éclaire. La critique du modèle analytique anti-pragmatique opérée par Austin est interne et non externe. Mais il a été lu dans le sens d'une critique externe, comme une ouverture à la pragmatique à partir de la théorie des énoncés performatifs.

Si l'on cherche une théorie pragmatique du langage comme action, on peut la trouver notamment dans l'ethnologie fonctionnaliste de Bronislaw K. Malinowski, plus particulièrement dans ses *Jardins de corail* publiés en 1935, c'est-à-dire bien avant qu'Austin ait écrit les conférences de *Quand dire, c'est faire*.

1. *Quand dire, c'est faire*, *op. cit.*, 8e conférence, p. 144.

2. C'est du moins son objectif. Que les modes principaux effectifs d'une telle visée correspondent à la liste qu'en donne Austin, c'est une autre question.

Malinowski adhère à un béhaviorisme méthodologique qu'il expose dans *Une théorie scientifique de la culture*[1]. Étant donné que l'ethnologue a affaire à des individus appartenant à une autre culture, son recours à l'empathie, en tentant de deviner ce que l'autre pense ou ressent, lui paraît périlleux. La psychologie expérimentale doit donc, selon lui, privilégier l'observation du comportement explicite. Malinowski qualifie lui-même son béhaviorisme de « modéré »[2], et précise qu'il s'inspire de Dewey. Ce béhaviorisme méthodologique, motivé par une prudence interprétative, le conduit à une approche fonctionnaliste et pragmatiste. Il définit ainsi la signification des mots comme leur fonction, le langage correspondant principalement à un « moyen d'agir »[3]. Plus précisément :

> La signification est l'effet produit par les mots sur le corps et sur l'esprit, et à travers eux, sur la réalité du milieu tel que le créent ou le conçoivent les cultures particulières[4].

Malinowski accorde toute son attention à la puissance pragmatique des mots, laquelle atteint selon lui son comble dans deux cas[5] : 1) les mots sacrés (formules magiques, énoncés sacramentels, exorcismes, malédictions, bénédictions, prières, etc.), qui ont un pouvoir créateur, généralement indirect ; 2) les mots qui exercent un effet pragmatique direct (ordre, appel). Il note ainsi qu'« il existe dans toutes les communautés des mots auxquels on reconnaît le pouvoir virtuel d'engendrer des actes », par exemple, prononcer un vœu, tracer une signature, etc., sachant que cette acquisition par les mots d'un pouvoir juridique ou sacré est lié à des conditions contextuelles déterminées. Plus loin, il insiste sur la phraséologie juridique, notamment dans les contrats, qui possèdent la « plus grande intensité pragmatique »[6].

À propos du langage enfantin, Malinowski estime, non sans raison, que la fonction intellectuelle des mots se crée probablement plus tard, « à partir de la fonction pragmatique »[7]. Le langage pour l'enfant est « une force agissante et efficace où il puise inévitablement l'idée que les mots ont un pouvoir mystique sur le réel »[8].

1. *Une théorie scientifique de la culture, et autres essais* (1944), Paris, Maspero, 1968,
2. *Les Jardins de corail*, Paris, La découverte, 2002, p. 299.
3. *Ibid.*, p. 290.
4. *Ibid.*, p. 292.
5. *Ibid.*, p. 291.
6. *Ibid.*, p. 294.
7. *Ibid.*, p. 303.
8. *Ibid.*, p. 304.

La précision du lexique s'explique également par la compréhension pragmatique du langage. Ainsi, « le vocabulaire est systématiquement précis lorsqu'il s'agit d'objets manipulés couramment »[1]. La terminologie botanique dans une culture donnée correspond ainsi à un strict point de vue pratique : le vocabulaire des plantes cultivables est très riche, celui des plantes inutiles, très pauvre.

Si Malinowski tire du béhaviorisme une compréhension pragmatique du langage, il hérite aussi de ses défauts. Malinowski remarque que si un mot est utilisé dans des contextes différents, il ne peut avoir le même effet de sens. Il cesse alors d'être un mot unique pour éclater en plusieurs unités sémantiques distinctes[2]. Ce qui revient à affirmer que le sens est identique à l'usage. Ici, pas plus que Wittgenstein, Malinowski ne distingue entre contexte référentiel (le mot dans la phrase) et contexte pragmatique (le mot dans l'énoncé). Le dictionnaire distingue les sens par des contextes référentiels distincts, ce qui est logique vu que la désignation a pour condition le sens, non par des contextes pragmatiques distincts. La présentation du mot dans des contextes référentiels distincts manifeste les différences de sens. Elle ne permet pas d'identifier le sens à l'usage[3].

La théorie de la signification de Malinowski semble correspondre à notre concept pragmatique de signification, à ceci près toutefois que notre concept de signification engage une distinction à la fois avec le sens, typal et conceptuel, et la désignation. Alors que Malinowski définit, dans la continuité de John B. Watson et Leonard Bloomfield, la signification d'un mot – formulation qui n'est correcte que si le message se réduit à un mot – comme un « stimulus lié à la situation »[4]. Le mot agit donc selon lui comme un stimulus – c'est-à-dire, dans notre modèle, un type perceptif – qui conditionne l'action humaine, à la façon d'un simple signal[5]. L'approche de Malinowski n'échappe pas ainsi au réductionnisme béhavioriste : le signe linguistique est réduit, sinon à un signal, du moins à un signe typal. Ce qui n'est pas le cas dans le langage humain, sur lequel porte pourtant l'analyse de Malinowski.

1. *Les Jardins de corail*, *op. cit.*, p. 307.

2. *Ibid.*, p. 313.

3. Voir ci-dessus, Recherche 3, chap. V.

4. *Les Jardins de corail*, *op. cit.*, p. 295.

5. Malinowski donne ainsi (*ibid.*, p. 298) l'exemple des signaux d'alarmes en temps de guerre.

Revenons sur la question des énoncés performatifs. S'ils ne jouissent d'aucun privilège pour la pragmatique générale, puisque les affirmations ont tout autant une visée de signification pragmatique, et produisent également des réactions chez l'auditeur, il n'en reste pas moins que cette notion de performativité, correspond peut-être à une spécificité remarquable au sein de la pragmatique.

Ici, il est important de voir que la critique de la spécificité performative opérée par Austin est liée à une dérive du sens du performatif au sein de son analyse. Le performatif est défini initialement comme un énoncé qui fait ce qu'il dit[1], puis comme un énoncé qui fait la chose qu'il dit, *ou plus généralement qui fait en disant*[2], et enfin comme un énoncé qui fait une action[3]. Ce qui se perd en route, c'est notamment la dimension auto-référentielle initiale d'une action qui correspond très précisément à ce qui est dit : on fait une promesse en disant : « je promets ». La remise en cause chez Austin de la distinction entre constatif et performatif, qui est son but effectif, s'opère ainsi par un abandon de la spécificité du performatif.

Une étude pragmatique des performatifs doit être menée, mais pas au niveau général de la pragmatique. Elle relève d'une pragmatique spéciale, qui engage l'analyse des notions de « je », de « moi », de « personne », etc., qui sont en jeu dans l'autoréférence performative. Cette analyse relève d'une approche éthique et symbolique, traitant de l'humain en tant que tel, que nous avons choisi de ne pas considérer dans cette partie sur la Sémiotique[4].

1. *Quand dire c'est faire*, *op. cit.*, p. 41.
2. *Ibid.*, p. 47
3. *Ibid.*, p. 84.
4. Voir ci-dessus, Recherche 3, chap. I, p. 194.

CHAPITRE IX

LE CONCEPT PRAGMATIQUE DE VÉRITÉ

Nous avons reconnu plusieurs avantages à renverser l'ordre traditionnel syntaxe, sémantique, pragmatique. On peut en signaler un nouveau : nous avons désormais la possibilité de penser une définition pragmatique de la vérité sans devoir pour autant l'opposer aux autres définitions classiques de la vérité. Cette opposition conduit souvent à formuler deux objections contre la théorie pragmatique de la vérité :

1) Elle conduirait à un relativisme, contrairement aux définitions de la vérité en termes d'adéquation avec la réalité ou de cohérence.
2) Ce relativisme serait subjectif, puisqu'elle assimilerait la vérité à une simple utilité subjective.

À cela, on peut répondre premièrement que la vérité-cohérence et la vérité-adéquation sont tout aussi relatives : la première, au modèle sémantique choisi; la seconde, à la réalité référentielle choisie. Deuxièmement, que l'utilité en jeu dans la vérité pragmatique n'est pas réductible au point de vue individuel. La vérité ne correspond pas au sens global d'un énoncé cognitif, ni même à son désigné comme a pu l'affirmer Frege, mais plutôt à sa signification[1] dans la mesure où tout énoncé cognitif vise chez le locuteur un effet spécifique : l'approbation, c'est-à-dire une fixation de sa croyance, au sens de Peirce, le conduisant à adhérer au contenu de la proposition cognitive. En revanche, les énoncés non cognitifs, comme un ordre ou une promesse, n'ont pas pour signification une approbation : un ordre vise une obéissance, une promesse vise un apaisement, etc.

1. Voir ci-dessus, Recherche 2, chap. X, p. 177-179.

On pourrait ici objecter que la simple fixation d'une croyance n'a pas de réel sens pragmatique. Elle ne correspond pas à une réaction au sens usuel. Ce serait oublier toutefois le sens irréductiblement pragmatique de la croyance, clairement dégagé par Frank Ramsey en opposition à Russell : un degré de croyance peut ainsi être compris comme une « propension à agir sur la base de cette croyance » [1]. Certes, une croyance peut ne pas mener effectivement à l'action, mais elle y mènerait dans des circonstances appropriées, sur le modèle des propriétés dispositionnelles.

Cette approbation d'un énoncé par un tiers ne suffit toutefois pas pour que l'on puisse parler légitimement de vérité, car elle reste individuelle et subjective [2]. Or, la vérité est un concept objectif. Elle engage un consensus, c'est-à-dire une universalité relative, pour un modèle donné, dans une culture donnée, tout comme l'objectivité, dont l'universalité n'est pas absolue, mais relative.

On peut alors définir la vérité pragmatique de la façon suivante : un énoncé est vrai si, et seulement si, il fait l'objet d'une approbation objective, donc consensuelle. C'est-à-dire s'il est repris à un niveau métalinguistique, indépendamment de tout indicateur subjectif d'adhésion [3].

Naturellement, la reprise de la proposition se fait dans le langage des locuteurs qui l'approuvent. Ce qui engage une traduction. Soit, pour reprendre la distinction de Jakobson [4], interlinguale, en traduisant la phrase (par exemple de l'allemand en français); soit intralinguale, en reformulant la proposition initiale, ce qui est nécessaire lorsqu'elle contient par exemple des indicateurs d'identité subjective. Affirmer la vérité de la proposition « je suis malade » énoncée par Pierre ne conduit pas à affirmer que je suis malade, mais que Pierre est malade.

Quel est l'enjeu pragmatique d'une telle approbation consensuelle ? La constitution d'un univers objectif commun, engageant une universalité et une nécessité relatives [5], à la fois du point de vue des objets contenus dans

1. Voir « Vérité et probabilité » (1926), dans *Logique, philosophie et probabilités*, Paris, Vrin, 2003, p. 164.

2. De même, affirmer dans un but cognitif une proposition p, ce n'est pas équivalent à poser objectivement la vérité de cette proposition, mais plutôt à prétendre à sa vérité, c'est-à-dire attendre (exiger, implorer) une approbation objective sur sa vérité.

3. Ce qui revient, en quelque sorte, à inscrire dans une perspective pragmatique le concept sémantique de vérité élaboré par Tarski.

4. Voir ci-dessus, Recherche 3, chap. VII, p. 251-252.

5. Comme l'a vu Kant, université et nécessité sont les deux propriétés constitutives de l'objectivité. Elles sont dites relatives au sens où elles ne sont définies que dans un modèle déterminé.

cet univers et des sujets participant de cette communauté. Or, ce but correspond à l'utilité la plus haute, car il n'y a pas de survie possible des individus, ni de reproduction (physiologique et surtout culturelle) en dehors d'un univers commun. Plus il est large, plus la survie et la reproduction en sont facilitées. C'est pourquoi lorsqu'un accord général se met en place, la communauté résiste, parfois violemment, à toute remise en cause. Si finalement une remise en cause est acceptée, c'est toujours dans l'espoir de pouvoir réaliser un accord encore plus large, ou du moins pour sauver un accord antérieur en train de vaciller.

La vérité pragmatique n'a donc aucune valeur absolue. Elle ne vaut que pour un univers commun. Le maximum qu'elle puisse espérer, c'est que cet univers commun se généralise à l'ensemble du monde humain. Même dans ce dernier cas de figure, elle n'en resterait pas moins relative, ne serait-ce que parce qu'elle resterait historiquement déterminée.

Si certaines formulations de William James peuvent parfois prêter le flan à la critique qui dénonce dans le concept pragmatique de vérité un utile individuel, il n'en va plus de même lorsqu'il affirme :

> Les idées vraies nous mènent à des sphères de discours et de concepts utiles, aussi bien qu'elles nous mènent directement à des termes sensibles utiles. Elles nous mènent à la cohérence, à la stabilité, à des relations harmonieuses avec autrui. Elles nous font fuir l'excentricité, l'isolation, les pensées erronées et stériles [1].

L'objection est toutefois immédiate : les plus grandes découvertes ont souvent été le fait d'individus isolés et tenus pour excentriques. Ce fut notamment le cas de Peirce lui-même, le fondateur du pragmatisme. La vérité pragmatique est-elle réduite à une simple adhésion majoritaire, ou, pour reprendre l'expression de Richard Rorty, à un accord quelconque entre « pairs culturels » ? Ce serait difficilement acceptable. Pour répondre à cette objection, précisons notre définition précédente de la vérité pragmatique. La visée d'un énoncé cognitif ne se réduit pas à l'approbation et à la constitution d'un univers commun. Elle vise aussi, via l'approbation, à stimuler en retour la démarche cognitive chez autrui, en sorte que se mette en place un processus d'enrichissement de l'univers commun à travers des échanges cognitifs rationnellement argumentés.

Du coup, la capacité d'un énoncé à faire consensus opère à l'intérieur de ce cadre argumentatif. Un énoncé peut être minoritaire et le rester, mais posséder une vérité pragmatique supérieure aux énoncés majoritaires

1. *Le pragmatisme*, Paris, Flammarion, 2007, p. 237.

opposés si, dans le cadre d'une argumentation rationnelle, il a la capacité de l'emporter sur les énoncés opposés. La seule façon pour la thèse majoritaire de se maintenir est alors de prendre soin de ne pas affronter l'énoncé minoritaire, en l'interdisant, en le caricaturant, ou plus simplement en choisissant de faire comme s'il n'existait pas.

Notre concept de vérité pragmatique est donc proche du concept sophistique de la vérité, qui est également pragmatique, polémique, et n'est pas identique au consensus majoritaire [1]. Précisons ici que cette conception de la vérité, pas plus que celle des sceptiques, n'engage d'autoréfutation, contrairement à ce que répètent les philosophes depuis Aristote, afin de se débarrasser de la sophistique et du scepticisme à peu de frais. Car si le sophiste rejette la vérité ontologique, c'est au nom d'une vérité relative et non plus absolue, pragmatique et non plus ontologique. Seul un philosophe qui ne croit qu'à un concept ontologique absolu de vérité peut estimer que dire qu'« il n'y a pas de vérité (*au sens ontologique*) » est autoréfutatif.

Proximité ne veut pas dire identité. La vérité pour le sophiste caractérise l'énoncé « le plus fort », dans le cadre d'un combat rhétorique pour lequel l'argumentation rationnelle n'est qu'un instrument parmi d'autres, loin d'être le principal du reste, puisqu'il s'agit de convaincre un auditoire chez qui la raison ne domine pas. Alors que dans notre définition, la vérité caractérise l'énoncé « le plus fort » d'un point de vue rationnel, postulant un auditoire chez qui la raison dominerait (ou plutôt s'efforçant de donner à la raison un rôle dominant) [2]. Tout en sachant qu'une telle suprématie reste relative, qu'un tel auditoire reste idéal, qu'il est difficile pour une argumentation de rester « purement » rationnelle, et que les modèles théoriques étant multiples, deux argumentations rationnelles peuvent s'opposer sans que l'on puisse dégager pour autant une contradiction. Ce qui relativise fortement la différence entre la vérité argumentative du rhéteur et la vérité rationnelle du philosophe, sans pour autant l'annuler. Car si l'argumentation philosophique fait usage de rhétorique, sa visée propre reste rationnelle.

Dans le cadre de cette redéfinition relative de la vérité, il n'y a aucune gêne à penser qu'une vérité puisse devenir une erreur, pas plus qu'à penser qu'un combattant considéré jusque là comme « le plus fort », voire « imbattable » puisse finalement être vaincu. Le modèle cosmologique de Ptolémée a été longtemps tenu pour vrai car il était le plus fort rationnellement. Il y a bien eu des modèles héliocentriques dans l'Antiquité, notamment celui

1. Voir A. Séguy-Duclot, *Dialogue sur le* Théétète *de Platon*, *op. cit.*, p. 104-108.

2. Cela correspond à la démarche dialectique au sens d'Aristote, dans son opposition à la rhétorique.

d'Aristarque de Samos, mais ils n'ont pas été suffisamment développés pour être en mesure de l'emporter sur lui. Depuis Copernic et Galilée, il n'en a plus été de même, et une vérité rationnelle est devenue une erreur rationnelle.

Une fois le consensus établi autour de l'énoncé cognitif possédant une vérité supérieure, ce consensus reste relatif, pour au moins deux raisons.

Premièrement, il reste toujours des adversaires même si la force de leur argumentation ne *paraît* pas suffisante, d'un point de vue rationnel, pour modifier le modèle sur lequel le consensus s'est formé. Cela ne prive pas pour autant la position des adversaires de légitimité rationnelle : ils peuvent mettre en avant des difficultés réelles liées à l'énoncé cognitif, parfois jugées secondaires mais que l'évolution de la connaissance peut rendre décisives. Un modèle peut être tenu comme vrai même s'il se heurte à des difficultés, des objections, voire des contre-exemples, tant du moins qu'il est considéré comme plus performant (plus facile d'usage, plus fécond, etc.) que tout autre modèle opposé, construit à partir de ces difficultés, objections, contre-exemples. C'est un problème de pondération rationnelle.

Deuxièmement, cette pondération est susceptible d'évolution. Certes, le motif principal pour maintenir ou non un modèle ne se situe pas au niveau du sens ou de la désignation, comme le prétendent le vérificationnisme du positivisme logique ou le falsificationnisme inverse de Popper. Car d'une part, la relativité des modèles fait qu'il est impossible de trouver un modèle qui ne soit susceptible de critiques. D'autre part, pour peu que le modèle soit suffisamment performant, un enrichissement sémantique est généralement possible permettant de construire des solutions *ad hoc* permettant de « sauver » le modèle en dépit de contre-exemples problématiques. Toutefois, de telles complications peuvent, comme dans le cas de la théorie des épicycles en cosmologie, générer une complication trop grande, en sorte de rendre préférable *d'un point de vue pragmatique* un changement de modèle, si du moins il s'en présente un plus performant. Le consensus se défait alors, la croyance change de mode de fixation, et ce qui était tenu pour vrai devient faux. L'intérêt pragmatique d'un consensus étant cependant décisif, le consensus existant est toujours préservé en cas de simple équilibre des forces, voire de légère supériorité du modèle adverse. Il y a une force d'inertie du consensus à vaincre avant de pouvoir modifier le modèle standard.

Notre concept de vérité pragmatique peut-il être identifié au concept peircien ? Ce dernier est défini de la façon suivante :

> les résultats convergeront constamment vers un point central prédestiné. Ainsi pour toutes les recherches scientifiques. Des esprits très divers peuvent se lancer dans les recherches avec des vues tout opposées; mais à mesure qu'avance l'investigation, *une force extérieure* à eux-mêmes les entraîne vers une seule et même conclusion. Cette activité de la pensée qui nous emporte, non pas où nous voulons, mais à un but fixé d'avance, semble être le fait d'un arrêt du destin. Modification des points de vue, choix d'autres faits comme sujets d'étude, inclination naturelle de l'esprit même, rien ne permet d'échapper à l'opinion fatale. Cette grande loi est contenue dans la notion de vérité et de réalité. L'opinion prédestinée à réunir finalement tous les chercheurs est ce que nous appelons le vrai, et l'objet de cette opinion est le réel [1].

Cette compréhension asymptotique de la vérité (et de la réalité), dont la formulation semble engager une unité du savoir humain non pas simplement régulatrice, au sens kantien, mais constitutive, pouvait paraître satisfaisante au XIXe siècle[2]. Ce n'est désormais plus le cas. Que les scientifiques cherchent à unifier la science, c'est indéniable. Qu'un tel projet ait une forme de légitimité, au moins heuristique, on veut bien l'admettre. Mais que l'on puisse espérer l'atteindre, ou du moins tendre vers lui ne serait-ce qu'asymptotiquement, c'est plus que douteux. L'hétérogénéité et la pluralité des modèles semblent irréductibles. Les consensus ne peuvent être que relatifs et historiques. Il en va de même à la fois pour les concepts, irréductiblement relatifs et évolutifs, de vérité et de réalité.

Mais si nous parlons de tests, quels sont les critères objectifs permettant de déterminer quelle est la solution la plus performante? Ils sont multiples, hétérogènes, et relatifs. On peut citer notamment: la fidélité informative, la cohérence, la correspondance avec la réalité, auxquels s'ajoutent des qualités pragmatiques propres comme la simplicité de mise en œuvre, l'efficacité, ou la fécondité. L'hétérogénéité de ces critères implique une non-nécessité irréductible de la vérité pragmatique.

Loin de s'opposer aux autres concepts de vérité, la vérité pragmatique les englobe[3]. La vérité au sens pragmatique est la signification d'un énoncé

1. « Comment rendre nos idées claires », *op. cit.*, p. 305-306.

2. Il y a une dimension métaphysique, voire théologique, de la pensée de Peirce.

3. Il n'est donc pas *utile*, pour défendre la vérité pragmatique, de critiquer la vérité correspondance, comme a pu le faire W. James. Penser le vrai comme l'avantageux ou l'utile pour la pensée en le découplant de l'accord avec la réalité, ne peut en effet que brouiller la notion de vérité pragmatique, car l'accord avec la réalité, comprise en dehors de toute dimension ontologique, est *avantageux* pour la pensée.

cognitif. Mais nous avons vu que l'information, le sens et la désignation sont des instruments de la signification. À titre intermédiaire, l'approbation peut donc être obtenue ou non au niveau de l'information totale du message, du sens et de la désignation. On peut ainsi rejeter une proposition parce qu'elle ne correspond pas à ce qui a été dit ou écrit, parce qu'elle n'est pas cohérente ou conforme aux principes sémantiques communément admis, ou encore parce qu'elle n'est pas adéquate à la réalité ou au modèle de réalité auquel on se réfère. On peut ainsi penser trois concepts de vérité en plus de la vérité pragmatique[1] :

1) La vérité informationnelle du message, qui est relative au codage choisi et au degré de redondance du message.
2) La vérité de sens, qui engage une compatibilité avec les principes sémantiques conventionnellement admis et une cohérence logique (laquelle peut correspondre à une démontrabilité à partir d'un système d'axiomes donné).
3) La vérité désignative ou vérité-correspondance, qui engage l'adéquation à la réalité relative ou à son modèle relatif auquel se réfère l'énoncé[2].

Il ne s'agit nullement de concepts concurrents du concept de vérité pragmatique, comme on a pu le croire. S'ils peuvent légitimement recevoir le nom de vérité, c'est précisément en raison de leur fonction d'instruments pour la vérité pragmatique, en tant qu'ils contribuent à construire l'approbation : « cela est vrai ».

De ce qu'ils ne fonctionnent que comme instruments de la vérité pragmatique, ces différents concepts de vérité, dont la définition est déjà relative, sont de plus relativisés par le point de vue pragmatique. Car si la vérité est la signification d'un énoncé cognitif, le point de vue cognitif lui-même peut être articulé à d'autres visées pragmatiques. Or, ces autres visées peuvent conduire à modifier le découpage de la réalité et donc le sens des termes en jeu. Ce qui, par exemple, relativise radicalement la recherche d'une vérité en termes de correspondance. On évite cette relativité en science en postulant une « pureté » du point de vue cognitif, c'est-à-dire en mettant entre parenthèses tout autre point de vue pragmatique. Mais il s'agit d'une idéalisation.

1. Cette division peut être tirée immédiatement de notre distinction des quatre modes de validation d'un énoncé : voir ci-dessus, Recherche 2, chap. IX, p. 161-163.

2. On peut donc penser une vérité correspondance dans le cadre d'une fiction.

Reconnaître le primat du point de vue pragmatique – qui n'est qu'une conséquence du primat de la signification en théorie de la communication – conduit non seulement à penser un primat de la vérité pragmatique sur les autres concepts de vérité, et une relativité du concept de vérité[1], mais à accorder une positivité au faux.

D'une part, le faux d'un certain point de vue peut devenir vrai d'un autre point de vue et *vice-versa*. Tout dépend du découpage opéré sur la réalité, du sens en jeu, du contexte (informationnel, sémantique, référentiel, pragmatique) considéré, des interprétations[2], etc. D'autre part, même dans un point de vue homogène, que la science postule idéalement, le faux peut posséder une positivité pragmatique : il peut être stimulant pour la réflexion en déstabilisant un sentiment d'évidence, en indiquant une direction, en esquissant une solution, etc. Un énoncé peut être correct d'un point de vue informationnel, cohérent d'un point de vue sémantique, adéquat d'un point de vue référentiel et dépourvu de tout intérêt pragmatique. Entre une vérité répétitive et une erreur féconde, le théoricien avisé accorde toute son attention à la seconde[3].

1. Affirmer une telle relativité irréductible de la vérité et en rejeter toute compréhension ontologique, est-ce pour autant dénoncer comme illusoire tout concept de vérité absolu ? Non, car la vérité au sens absolu engage le mode de pensée qui a affaire à l'absolu, c'est-à-dire la pensée symbolique, laquelle est primordiale pour la définition même de l'humain. L'étude de cette *vérité absolue, mais non ontologique*, interviendra plus tard, dans notre analyse du symbolique. L'importance d'une telle étude montre que le pragmatisme bien compris ne peut se réduire à un positivisme ou un empirisme.

2. Qui sont tout aussi multiples, comme nous le verrons au chapitre suivant.

3. Critiquer un théoricien et dénoncer une « erreur » dans ses analyses, ce n'est donc certainement pas refuser toute positivité à son analyse. Bien au contraire.

CHAPITRE X

L'INTERPRÉTATION

Descartes comprenait la communication comme la mise en relation de pensées pures, qui échangeraient du sens par l'intermédiaire du langage, vêtement corporel de la pensée. En fait, le processus est plutôt inverse. La communication met en relation des organismes (ou des machines). Quant à la pensée, la conscience et le sens, ils ne jouent ici que le rôle de simples instruments – élaborés progressivement dans le cadre de l'évolution du vivant suivant la sélection naturelle et hautement perfectionnés.

On peut ici s'interroger sur l'origine de cet étrange renversement qui a conduit les théoriciens à privilégier le sens par rapport à la signification, donc le moyen par rapport à la fin. Nous y avons reconnu la marque d'une perspective anthropocentriste : le sens conceptuel étant le trait distinctif du langage humain, on a pu y voir le propre du langage en général. L'adoption de cette perspective a pu être encouragée par l'invention de l'écriture.

L'écrit est l'objet de reproches dès l'origine de la philosophie grecque, notamment chez Pythagore puis chez Platon, qui valorisaient la parole orale. L'écrit étant pour Platon une image du discours oral, il en est une présentation ontologiquement dégradée. C'est un discours orphelin. Son père ne se tient plus près de lui pour le défendre, et ce, au moment où le discours en aurait le plus besoin, alors qu'il circule entre n'importe quelles mains, même les plus ignorantes, ou les plus malveillantes. Du coup, l'écrit peut prêter à toutes les confusions et à tous les contresens, intentionnels ou non. L'auteur se voit alors reproché d'avoir dit ce qu'il n'a jamais voulu dire. Il convient donc de se méfier de l'écrit. L'enseignement fondamental n'est délivré directement aux disciples que sur un mode oral, et indirectement à tous sur un mode crypté, en sorte que seuls ceux qui possèdent la clé puissent accéder au sens.

Cette critique de l'écrit semble forte. Bien que motivée par le danger de mort que représentait alors la possibilité d'une mauvaise interprétation – on songe évidemment à la condamnation à mort de Socrate, mais aussi à celle d'Anaxagore – elle paraît toutefois injuste. On peut en effet difficilement reprocher à l'écrit l'absence de son auteur, alors que précisément l'écrit a pour fonction de transmettre une parole malgré l'absence de son auteur, et notamment par-delà sa mort. C'est du reste parce que Platon était particulièrement conscient de cette fonction irremplaçable de l'écrit, qu'il a laissé des textes écrits, contrairement à Pythagore ou Socrate.

On peut de plus noter que cette critique ne porte que sur la question du sens. Toutefois, ce n'est pas à ce niveau que se situe la nouveauté radicale de l'écrit par rapport au discours oral. L'écrit est un texte coupé certes de son auteur, mais surtout de son contexte pragmatique[1]. La simple formulation écrite de la phrase tend à l'abstraire de ses multiples significations possibles et à donner une place primordiale au sens. La tentation de ne considérer le langage que du point de vue du sens, indépendamment de la signification, est ainsi caractéristique des Lettrés[2], ceux qui vivent dans les livres et pour les livres, qui ne sont attentifs qu'aux effets de sens et oublient que la lecture a précisément pour mission de réinscrire le texte dans son rapport à la signification. En sorte que la défense de l'oral et la critique de l'écriture opérée par Platon, en tant qu'elle ne prend en compte que la question du sens, est paradoxalement caractéristique d'une pensée dominée par le modèle de l'écriture[3].

Or, l'abstraction que fait subir l'écrit à la parole revient à lui donner une nouvelle dimension typale. La même parole, une fois écrite, est susceptible de multiples occurrences identiques, mais dont la signification peut varier en fonction du contexte réel d'énonciation. Du coup, l'écrit ne se distingue pas de l'oral parce qu'il serait plus concret, plus ancré dans la matière, mais

1. Ce qui n'implique pas, comme on le dit parfois, que l'écriture soit décontextualisée : les contextes sémantiques et référentiels sont préservés. À partir d'eux, il est même parfois possible de reconstituer un contexte pragmatique.

2. Du moins en Occident.

3. De ce point de vue, la critique de Platon par Derrida, qui le conduit à remettre en cause le primat *apparent* de l'oral sur l'écrit chez Platon et dans la philosophie classique, ne nous fait pas quitter le perspective anthropocentriste qui privilégie le sens par rapport à la signification.

au contraire parce qu'il est plus abstrait et plus universel. À ce titre, il engage un travail interprétatif beaucoup plus difficile.

La question de l'interprétation est souvent rendue confuse par l'absence de distinction entre sens, désigné et signification. Il y a en fait non pas un, mais cinq processus interprétatifs distincts à l'œuvre dans la compréhension d'un énoncé :

1) L'interprétation de l'information
2) L'interprétation de son ordre (le contenu d'information)
3) L'interprétation du sens
4) L'interprétation du désigné
5) L'interprétation de la signification.

En posant, en plus du signe et de l'objet, la règle de leur rapport, c'est-à-dire l'interprétant, Peirce a eu le mérite considérable d'inscrire la question de l'interprétation au cœur de la théorie du signe. L'interprétant n'est pas toutefois équivalent à un mode d'interprétation. S'appuyant sur la distinction logique ternaire entre un terme, une proposition et un argument[1], Peirce distingue dans la catégorie de l'interprétant trois composantes : la possibilité pour un signe de représenter son objet par ses caractères, comme dans un échantillon de peinture (rhème); la reconnaissance d'une forme propositionnelle établissant une relation effective entre le sujet et le prédicat (dicisigne); et enfin, la reconnaissance du statut épistémologique d'une telle proposition (argument).

Or, la question de l'échantillon de peinture engage l'interprétation de l'information, éventuellement de son contenu, et celle de son sens typal – que Peirce ne reconnaît pas, à tort, comme nous l'avons vu[2]. La reconnaissance de la forme propositionnelle est une question de syntaxe et porte donc sur la construction du sens global et du désigné global. À ce titre, elle vise plus particulièrement l'interprétation du sens et celle du désigné. La question du statut épistémologique de la proposition modalise la vérité d'une proposition qui relève soit du possible (abduction), de l'effectivité (induction) ou du nécessaire (déduction). Elle vise donc plus particulièrement l'interprétation de la signification cognitive. Le traitement que Peirce fait de l'interprétant regroupe ainsi toutes les sortes d'interprétations que nous avons distinguées. En cela, on peut le juger satisfaisant. Toutefois, si les cinq sortes d'interprétations sont présentes, elles ne sont pas

1. Voir *Collected Papers*, *op. cit.*, 8.337.
2. Voir ci-dessus, Recherche 2, chap. III, p. 85-86.

clairement distinguées par Peirce, et elles n'apparaissent que dans le cas particulier des énoncés cognitifs.

Pour se convaincre de la complexité du travail interprétatif, considérons l'exemple suivant énoncé en 1952 par Jakobson :

> Supposez que je veuille expliquer à un Indien unilingue ce que c'est que des Chesterfield et que je lui montre du doigt un paquet de cigarettes. Qu'est-ce que l'Indien peut en conclure ? Il ne sait pas si je pense à ce paquet en particulier ou à un paquet en général, à une cigarette ou à plusieurs, à une certaine marque ou aux cigarettes en général, ou, plus généralement encore, à quelque chose qui se fume, ou universellement, à quoi que ce soit d'agréable. De plus, il ignore si je lui montre, simplement, ou si je lui donne, ou si lui vends, ou si je lui interdit les cigarettes. Il ne se fera une idée de ce que sont, et de ce que ne sont pas, les Chesterfield, que quand il aura maîtrisé une série d'autres signes linguistiques, qui fonctionneront comme interprétants du signe en question [1].

La première série de questions porte sur le statut du signifié. On se demande notamment s'il s'agit – pour employer une distinction conceptuelle que n'utilise pas Jakobson – d'un type particulier, d'un type général ou d'un concept, et plus précisément, de quel type ou de quel concept il s'agit. La deuxième série de questions porte sur la signification du geste de montrer un paquet de cigarettes : quelle réaction vise-t-il ? Malgré le nombre remarquable de questions posées, Jakobson ne traite ainsi que de l'interprétation du sens et de l'interprétation de la signification – sans du reste les distinguer clairement – et passe sous silence l'interprétation de l'information, celle de son ordre et de celle de la désignation. Or, la communication suppose de s'entendre d'abord sur les informations pertinentes. Quelles sont-elles ? Telle(s) couleur(s) ? Telle(s) forme(s) ? Selon quel ordre, quelle(s) articulation(s) ?

De plus, la classification typale ou conceptuelle a pour fonction de permettre la reconnaissance objective. Or, une réaction n'est pensable que dans la réalité objective. Entre le sens et la signification, on ne peut faire l'économie de la désignation. Si Jakobson avait pris en compte l'interprétation de la désignation, il aurait pu découvrir encore une nouvelle série de questions. Par exemple, en montrant du doigt le paquet, a-t-il voulu désigner sa réalité mathématique (sa forme géométrique) ? sa réalité économique (sa valeur d'échange) ? sa réalité esthétique (son *design*) ou sa réalité ordinaire de paquet de cigarettes ?

1. *Essais de linguistique générale*, *op. cit.*, p. 41-42.

Lorsque Quine travaille en 1960 sur l'indétermination de la traduction, dans l'exemple d'un indigène qui dirait « Gavagai » chaque fois que passe un lapin[1], il insiste à la fois sur l'ambiguïté de l'interprétation de l'information et de son contenu (quelles sont les stimulations pertinentes, quelle est leur structure?), du sens (s'agit-il d'un universel ou non, et correspondant à quel mode de constitution?) et de la référence (ce qui est désigné, est-ce un lapin, une partie non détachée de lapin, un segment temporel de lapin?).

En revanche, il ne travaille pas sur l'ambiguïté de sa signification pragmatique, qu'il semble réduire au fait d'acquiescer ou de protester, donc en ne considérant que le point de vue d'un énoncé cognitif[2]. Quine entrevoit toutefois cette ambiguïté, notamment lorsque, suite à une remarque de l'ethnologue Raymond Firth, il note :

> Il y a aussi des interférences de nature moins graves. Les indigènes peuvent refuser « Gavagai » alors que les oreilles du lapin sont bien visibles, parce que le lapin n'est pas en position d'être tiré. L'indigène a mal compris le motif qui porte le linguiste à poser la question « Gavagai »[3].

Dans cet exemple, qui n'est nullement secondaire mais tout aussi important que les autres, sinon plus, l'ambiguïté porte cette fois sur la signification de l'énoncé. Si l'expression « Gavagai » a pour signification de tirer sur le lapin (si elle est donc équivalente à « Feu sur le lapin ! »), cette expression ne convient pas pour une signification cognitive (si elle était équivalente à « Voici un lapin »).

Il convient ici d'être plus systématique dans l'approche, ce que ne peut faire Quine qui ne distingue pas clairement information, contenu d'information, sens, désignation et signification[4]. Dans toute communication, il

1. Quine, *Le mot et la chose*, Paris, Champs Flammarion, 1977, p. 56-126. L'analyse de Quine est une variante d'un exemple bien connu des linguistes depuis Otto Jespersen : un explorateur avait traduit par « aiguille » un mot groenlandais qui signifiait « à ma fille ». On peut supposer qu'il avait indiqué à un indigène une aiguille et que ce dernier, se méprenant sur le sens de sa question, lui avait répondu « c'est à ma fille ».

2. Certes, comme la visée du linguiste est cognitive, la signification de ses propres énoncés interprétant les énoncés de l'indigène est une approbation ou une protestation de la part de l'indigène. Mais les énoncés de l'indigène, qu'il interprète, n'ont pas tous pour signification une approbation ou une protestation.

3. *Le mot et la chose*, *op. cit.*, p. 74.

4. Cette absence de distinction le conduit à traiter « Gavagai » tantôt comme un mot dont on cherche le sens et la désignation, tantôt comme une phrase. Ce qui n'est pas illégitime, car une phrase peut se réduire à un mot. Mais il faut être alors très attentif à ce qui distingue ces deux approches : si « Gavagai » fonctionne comme une phrase, il a une signification ; s'il ne fonctionne que comme un mot au sein d'un phrase, il n'en a pas. Quine, au contraire précise :

y a relativité non seulement du sens et de la référence, mais aussi de l'information, de son contenu (ou ordre), et de la signification. En sorte que même au sein d'un modèle particulier déterminant un univers d'objets, il n'y a même pas un point de vue univoque sur la référence. Ainsi, en ethnographie, l'analyse d'un terme doit le considérer à la fois selon sa phonétique, sa phonologie, son sens (typal ou conceptuel)[1], sa désignation, son fonctionnement syntaxique et son rôle dans la production de la signification, sachant qu'un même terme est susceptible de plusieurs sens, de plusieurs désignations, d'un fonctionnement syntaxique complexe et peut servir à produire des significations très différentes.

L'occultation de cette complexité interprétative a pu conduire certains théoriciens, par ailleurs éminents, à des affirmations trop rapides. Ainsi en 1949, Warren Weaver a cru pouvoir affirmer que la traduction automatique d'une langue naturelle vers une autre était à portée des théoriciens. Cette estimation s'appuyait sur les progrès considérables obtenus pendant la Seconde Guerre mondiale dans les techniques statistiques de décodage. Sous l'impulsion d'Alan Turing, le Colossus anglais, premier ordinateur de l'histoire, permit à partir de fin 1943 le décryptage des messages codés par les machines Enigma utilisées par l'armée allemande pour ses communications[2], ce qui contribua de façon décisive à la défaite de l'Allemagne nazie. Or, Weaver définit une langue comme un système formel de codage de l'information, et la traduction comme un travail de décodage et d'endocage. La conséquence semblait aller de soi.

C'était compter toutefois sans la pluralité hétérogène des codes et la complexité de leurs liens dans le système d'une langue. Un article en russe n'est pas, contrairement à ce que semble croire Weaver, « un texte en anglais codé avec d'étranges symboles », que l'on pourrait donc décoder

« je ne fais pas un usage essentiel de la distinction entre *mot* et *phrase* » (*ibid.*, p. 104). Ce en quoi il nous semble avoir tort. Reste que si un mot n'a pas de signification, la formation de son concept n'est pas indépendante de tout lien à la signification, ce qui prête sans doute à confusion. Ainsi la définition d'un concept pour un objet artificiel prend généralement en compte la visée pragmatique qui préside à sa construction et qui permet de définir sa fonction.

1. Et surtout, comme nous le verrons dans un ouvrage ultérieur, sa dimension symbolique, au sein d'une culture déterminée.

2. Grâce à l'exemplaire d'une réplique d'Enigma mise au point par les Polonais, et notamment par Marian Rejewski, et transmise secrètement à Londres le 19 août 1939 (deux semaines avant l'invasion de la Pologne) dans les bagages de Sacha Guitry et de sa femme Yvonne Printemps. Comme remerciement sans doute de son rôle dans la victoire alliée, Sacha Guitry passa 60 jours en prison à la Libération. Ce qui n'est rien en comparaison du traitement réservé par le Royaume-Uni reconnaissant à Turing…

comme un texte chiffré. Ce qui supposerait une langue universelle, à partir de laquelle on obtiendrait chaque langue particulière grâce à un simple code de transcription. Certes, les premiers dispositifs de traduction automatique prirent en compte non seulement l'aspect informationnel, mais aussi l'aspect sémantique du problème. Mais ils le firent de façon trop simple. Il s'agissait d'une simple traduction mot à mot associant à chaque unité lexicale du texte à traduire un équivalent dans une nouvelle langue, par consultation d'un dictionnaire bilingue. La syntaxe n'intervenait que comme mode de disposition usuel des mots dans une langue déterminée.

Or, l'indétermination sémantique des mots dans un dictionnaire exige de faire appel au contexte référentiel, lequel est construit précisément par la syntaxe. Celle-ci a donc un rôle tout autre qu'une simple mise en ordre de mots dont le sens serait déjà déterminé. De plus, l'indétermination du contexte référentiel, notamment dans le cas de termes indexicaux, exige de recourir au contexte sémantique. La traduction d'une langue dans une autre engage en fait une pluralité hétérogène de décodages: informationnel (portant sur l'information et son contenu), certes, comme dans les codes de transcription, mais aussi sémantique, référentiel et pragmatique.

Il en résulte une indétermination de la traduction plus large que celle théorisée – à juste titre – par Quine. Effectivement, du point de vue du sens et de la désignation, il est possible d'élaborer, à propos d'un même texte, des traductions incompatibles et capables chacune de se justifier grammaticalement[1]. Mais les questions du sens et de la désignation ne priment pas nécessairement dans les questions de traduction. Le problème initial d'une traduction est de déterminer ce qu'elle doit privilégier: l'information, le contenu d'information, le sens, la désignation ou la signification. Or, la réponse ici varie en fonction de la visée pragmatique du traducteur et de son interprétation de la signification première du message.

Dans le cas d'un texte poétique, un mot peut être choisi moins pour son sens que pour sa sonorité permettant de construire une allitération ou une rime en fin de vers, ou encore pour sa taille, la place de son accent tonique,

1. Le débat autour de la traduction du *Parménide* de Platon en fournit un bon exemple : chaque traduction (notamment celles d'Auguste Diès – qui fut l'élève de Victor Brochard, Hermann Diels et Wilamowitz –, de Francis Cornford et de Luc Brisson) est possible grammaticalement et ouvre sur un texte différent dans son contenu dialectique et sa structure, voire très différent (dans le cas de Brisson). En fait, chacune engage déjà une interprétation du texte. Ce qui ne signifie pas que l'on ne puisse les évaluer. Il convient au contraire de tester l'efficace interprétative de chacune. Voir A. Séguy-Duclot, *Le* Parménide *de Platon ou le jeu des hypothèses*, Paris, Belin, 1998.

permettant de donner au texte un rythme particulier. Auquel cas, le traducteur pourra légitimement construire sa traduction en sorte de rendre un effet analogue, en privilégiant donc l'information et le contenu d'information par rapport au sens et à la désignation. Le sens peut également être sacrifié à la désignation. C'est le cas dans l'exemple classique donné par Dumarsais : lorsque les Romains criaient « *aquas* », la meilleure traduction n'est pas « de l'eau ! » comme pourrait le laisser croire le sens, mais « au feu ! ». Car « *aquas* » était l'expression utilisée par le Romains pour avertir, par métonymie, d'un incendie. Remarquons que le changement de sens au profit de la désignation correspond à un changement de signification : car si « au feu ! » vise d'abord la fuite devant l'incendie, « *aquas* » invite au contraire au combat.

Enfin, l'information, le contenu d'information, le sens et la désignation peuvent être sacrifiés à la seule signification. Un officier d'une force internationale recevant un ordre d'un supérieur étranger le traduira à ses hommes sans respect scrupuleux du sens ou de la désignation, mais en sorte d'en rendre plus efficace la signification.

Comme généralement un texte n'impose pas une seule visée pragmatique mais en autorise plusieurs – on peut ainsi lire un poème dans une visée cognitive, d'un point de vue historique par exemple – il n'est pas possible de déterminer ce qui devrait être absolument privilégié. Certains traducteurs s'efforceront de trouver le meilleur équilibre possible entre les différentes composantes du message, mais de par leur hétérogénéité, ils n'obtiendront jamais qu'un résultat partiel. D'autres en choisiront une aux dépens des autres, privilégiant tantôt l'information et son contenu, tantôt le sens, tantôt le désigné et tantôt la signification. Mais le résultat obtenu sera à nouveau partiel. En sorte qu'un même texte autorise un nombre indéfini de traductions à la fois légitimes et différentes. Mais toutes pourront être évaluées – relativement certes – en fonction de leur visée pragmatique, selon leur plus ou moins grande capacité à atteindre leur objectif.

Qu'en est-il de la validité du vieil adage : « *traduttore, traditore* » ? Il n'y a pas de trahison, à savoir une infidélité intentionnelle par rapport à une vérité du texte, car il n'y a pas de vérité unitaire du texte à laquelle le traducteur devrait être fidèle. Au contraire, il y a plusieurs vérités hétérogènes engageant une pluralité de fidélités hétérogènes qui ne pourront rester compatibles en passant dans un nouveau système linguistique, et qui sont chacune destinées à échouer, car tout ce qu'elles pourront produire, c'est une approximation par analogie.

En revanche, cette expression constitue un excellent exemple du genre de problème auquel se heurte le traducteur. « Traduction, trahison » serait peut-être la meilleure façon de traduire en français cette expression, plutôt que « traducteur, traître » ou pire, « le traducteur est un traître », qui ne s'efforcent en rien de rendre le jeu de mot reposant sur l'équivalence phonétique et rythmique des deux termes mis en relation. Le jeu sur l'information et le contenu d'information est en effet décisif ici pour motiver l'équivalence sémantique établie par l'expression, au même titre que le slogan de 1952 en faveur d'Eisenhower : *I like Ike*, cité par Jakobson[1].

Mais en traduisant « *traduttore, traditore* » par « Traduction, trahison », on accorde un primat à l'information et au contenu d'information sur le sens. Car du point de vue strict du sens, les traductions : « traducteur, traître » ou « le traducteur est un traître » sont plus fidèles. La fidélité – approximative, car le jeu de mot est meilleur en italien qu'en français – à l'information et à son contenu, sur laquelle repose la motivation sémantique du message, entre donc en conflit avec la fidélité au sens, au contenu sémantique. Ce qui prouve bien que le traducteur n'est pas un traître. Ou plutôt que s'il trahit, c'est par fidélité.

Si la traduction d'un texte engage déjà son interprétation, la difficulté première réside dans le travail interprétatif. Prenons un nouvel exemple. Quelqu'un nous dit : « le portail est ouvert ». Selon l'information sonore et de sa mise en ordre, le message est ambigu. Il pourrait tout aussi bien être entendu comme la remarque d'un peintre : « le portail est tout vert », l'observation inquiète d'un vétérinaire : « Le porc thaï est tout vert » ou encore le constat d'un boucher : « Le porc thaï est ouvert ». Quant au sens de la proposition « le portail est ouvert », il change selon que le désigné global de la phrase est, par exemple, l'entrée d'un château ou celle d'un service Internet, ce qui conduit à déterminer différemment le sens du mot *portail*.

Si l'on tente d'interpréter la signification de l'énoncé, tout devient plus complexe. Car la signification peut changer du tout au tout en fonction du contexte pragmatique. « Le portail est ouvert » peut notamment être : 1) un constat objectif ; 2) la découverte d'un indice ; 3) une demande implicite (de le fermer) ; 4) une invitation (à entrer ou à sortir) 5) une menace de renvoi ; 6) une antiphrase ; 7) un exemple grammatical ; 8) un signal dans un code, etc. Dans les derniers exemples, la signification peut entrer en conflit avec le désigné propre de l'énoncé (l'antiphrase), lui être indifférente (l'exemple grammatical), ou même être indépendante à la fois par rapport au sens et à

1. *Essais de linguistique générale*, *op. cit.*, p. 219.

la désignation de l'énoncé (le signal dans un code). L'interprétation de la signification est donc nettement distincte de l'interprétation de l'information, du sens et de la désignation. D'autant que l'on peut discerner une prière ou une menace dans l'énoncé d'un locuteur dont on ignore la langue. Si le contexte d'énonciation est clair, on peut deviner de quelle prière ou de quelle menace il s'agit. On a alors accès à la signification complète du message sans être passé par l'intermédiaire du sens et du désigné. Inversement, on peut dégager l'information, le sens et la désignation de la phrase « le portail est ouvert » (en fonction du contexte sémantique et référentiel) avant de se poser la question de sa signification : est-ce un constat, une demande, une menace, etc. ?

Il n'y a pas pour autant toujours indépendance entre ces différents modes d'interprétation. Le sens est un instrument efficace pour la communication, car il permet de construire une signification plurielle et nuancée, dans des situations d'énonciation ambiguës. À un certain degré de complexité, l'interprétation de la signification ne peut faire l'économie de l'information, du sens et de la désignation. Lorsque le sens devient trop complexe, il devient avantageux de passer de l'oral à l'écrit. La mise en place d'un primat de l'écriture sur l'oral nous paraît moins la conséquence de l'exploitation de l'humain par l'humain, comme l'affirme Lévi-Strauss[1], que la conséquence d'une complexification du sens dans le cadre d'une complexification sociale, même si, et ici Lévi-Strauss n'a pas tort, cette complexification est liée à la mise en place de rapports de hiérarchie et donc de domination.

De même, l'anticipation sur la signification du message peut, en cas d'ambiguïté que ne lèverait pas le recours au contexte référentiel, aider à déterminer le sens d'un terme. C'est notamment le cas pour les phrases comprenant des termes indexicaux. Normalement le sens d'un mot est déterminé par le contexte référentiel. Mais les termes indexicaux comme *ici*, *maintenant*, *je*, etc., sont des termes non seulement indéterminés du point de vue du sens mais aussi de la désignation, et dont la référence, pour être déterminée, doit avoir recours au contexte pragmatique d'énonciation[2]. Le contexte pragmatique détermine ainsi la référence qui détermine enfin le sens.

1. Voir G. Charbonnier, *Entretiens avec Lévi-Strauss*, Paris, UGE, 1961, p. 32-33.

2. Notons toutefois que le contexte référentiel, s'il prend en compte le contexte d'énonciation, peut suffire, par exemple en précisant qui parle, à quelle heure et en quel lieu.

Le travail d'interprétation engage donc non un mais plusieurs cercles. On peut en distinguer au moins quatre[1] pour la détermination du sens d'un mot :

1) La détermination du sens d'un mot dépend de la détermination de son signifiant, dont la reconnaissance, en cas d'ambiguïté phonologique, est guidée par une anticipation du sens du mot.
2) La détermination du sens d'un mot est guidée par une anticipation du sens global de la phrase, produit par l'articulation des sens de chaque mot.
3) Comme la détermination du sens global de la phrase a pour contrainte première la construction d'un désigné global compatible avec son contexte référentiel – ce qui engage de se référer à la totalité du message s'il est composé de plusieurs phrases – la détermination du sens d'un mot est guidée par une anticipation du désigné global de la phrase, corrélat de son sens global (si le contexte référentiel permet de déterminer quel sens est en jeu, le désigné est construit par le sens), lequel est produit par l'articulation des sens de chaque mot.
4) En cas d'indétermination du contexte référentiel, la détermination du sens d'un mot est guidée par une anticipation de la signification de la phrase, laquelle suppose la saisie du désigné global (même indéterminé) de la phrase, corrélat de son sens global, lequel est produit par l'articulation du sens de chaque mot.

Cette multiple circularité interprétative représente à la fois un problème et une solution. C'est un problème, car le travail interprétatif dans son ensemble se révèle d'une extrême complexité. Aussi ne permet-il jamais d'atteindre une certitude absolue sur le sens et la signification visées par le discours : une interprétation n'est jamais que probable. Mais c'est une solution par rapport aux théories usuelles de l'interprétation qui se contentent de dégager un seul cercle. Si le cercle interprétatif était unique, on comprendrait mal comment l'interprétation pourrait avoir lieu. C'est parce que les cercles sont multiples et hétérogènes que le travail interprétatif est possible. Plus précisément, il consiste à repérer des interférences positives entre des anticipations probables distinctes.

Jakobson insiste[2] à juste titre sur la dimension probabiliste du discours. Elle permet notamment de comprendre que l'on puisse « négliger un

1. Là encore, je mets entre parenthèses, pour simplifier, la distinction entre information et contenu d'information.

2. Voir *Essais de linguistique générale*, *op. cit.*, p. 94.

pourcentage élevé des traits, phonèmes et séquences du message reçu sans en compromettre le sens »[1]. On comprend ainsi pourquoi un style parlé relâché, avec une diction mauvaise et une correction grammaticale réduite, et même des fautes logiques (notamment au niveau de l'usage de la double négation), ne soit pas forcément un obstacle à la compréhension. La redondance en jeu ne repose pas sur la simple répétition[2], qui ne fait que renforcer le message, mais sur une convergence probabiliste.

L'impossibilité d'accéder à une certitude interprétative absolue ne doit pas être vécue comme un échec, au sens ou elle serait en droit possible, mais où l'on ne parviendrait jamais à l'atteindre. C'est déjà le cas pour l'interprétation du sens. Les raisons en sont multiples : notamment, les locuteurs utilisent généralement des concepts obscurs, mal définis, ou dont la clarté, même une fois définis, reste irréductiblement relative. Quant aux autres concepts du même mot, ils conservent une forme de présence sous-jacente, parfois non consciente, ce qui autorise ambiguïtés sémantiques et jeux de mots.

La confusion classique entre intentionnalité et conscience laisse croire qu'une pragmatique intentionnelle serait forcément consciente, et que donc l'effet visé par le message serait forcément pensé en toute clarté dans l'esprit de l'émetteur. C'est oublier que l'intentionnalité est présente chez les animaux dotés d'un système nerveux central mais non réflexif, et donc dépourvus de conscience. Lorsqu'un chien court vers son maître avec sa balle dans la gueule, la visée intentionnelle de son action est complexe et sa signification multiple : manifester sa soumission au dominant, lui montrer sa rapidité, l'amener à renvoyer la balle au plus vite afin de continuer le jeu, etc. Or, le chien n'est conscient, au sens de la conscience de soi, d'aucune de ces visées intentionnelles ni de ces significations[3].

Or, qu'en est-il pour l'humain? La possession d'un système nerveux central réflexif l'amène-t-il à être conscient de toutes les significations de ses actions? Cela semble difficile. Si une action aussi simple et aussi dépourvue d'ambiguïté que le fait pour un chien de ramener une balle à son maître est susceptible de plusieurs significations, on conçoit aisément que l'analyse du comportement humain puisse très rapidement engager une grande complexité. Or l'immédiateté de l'action ne permet pas à l'humain d'engager une analyse poussée de toutes ses *intentions* – au sens de

1. *Essais de linguistique générale*, *op. cit.*, p. 106.

2. Voir ci-dessus, Recherche 3, chap. IV, p. 218.

3. La question de la conscience de soi peut porter éventuellement sur le chimpanzé, qui se reconnaît dans un miroir, mais pas sur le chien.

signification intentionnelle de l'action qu'il projette : « l'intention » n'est pas à confondre avec l'intentionnalité, car elle est un objet de visée – avant d'agir. Généralement, il se contente d'être conscient d'une signification, qui attire plus particulièrement son attention pour des raisons contingentes et n'est pas forcément la signification principale, et il reste non conscient de toutes les significations parallèles.

Or, admettre que la très grande majorité de nos intentions reste non consciente est lourd de conséquences pour la pragmatique. Car le travail d'interprétation pragmatique, qui s'efforce de dégager la signification intentionnelle d'un message, ne peut en rester à ce que l'auteur du message peut par ailleurs en dire explicitement et consciemment[1]. Cette parole de l'auteur commentant l'intention présente dans son message n'est certes pas sans intérêt. Mais l'auteur n'a pas eu conscience de toutes ses intentions, ni forcément des plus importantes. Par ailleurs, sa parole de commentaire est elle-même chargée de multiples intentions hétérogènes par rapport aux intentions de son message initial, pour la plupart non conscientes, qui peuvent à son insu altérer considérablement son analyse.

Il est donc difficile de dire qu'un message réussit ou échoue en fonction de l'adéquation ou non de l'effet effectivement produit chez le récepteur avec l'intention visée par l'émetteur. Il est possible qu'en émettant un message ayant une signification consciente apparemment claire, l'émetteur ait voulu en fait, à son propre insu, provoquer le récepteur et induire chez lui une réaction de rejet. Auquel cas, l'échec peut-être réinterprété en termes de réussite.

Il ne s'agit pas ici de remettre en cause la légitimité de l'analyse en termes d'intention, mais d'en montrer toute la complexité et la relativité. Ainsi, alors que la pragmatique non intentionnelle n'utilise qu'un seul concept de signification d'un message, laquelle est équivalente à la réaction que le message provoque chez le récepteur, distinguer en pragmatique intentionnelle entre la signification intentionnelle de l'émetteur (son intention) et la signification effective, c'est-à-dire la réaction du récepteur, n'est même pas suffisant. Il importe en effet de distinguer :

1) La signification intentionnelle consciente de l'émetteur.
2) La(es) signification(s) intentionnelle(s) non consciente(s) de l'émetteur.

1. Derrida reproche ainsi légitimement à Austin de présupposer une transparence consciente des intentions. Voir *Marges*, *op. cit.*, p. 384. Cette critique vaut aussi pour Searle.

3) La signification de l'émetteur, telle que l'interprète le récepteur, ce qui engage des grilles de lecture individuelles mais aussi sociales.
4) La signification effective du message, c'est-à-dire la réponse effective du récepteur à la suite de son interprétation de la signification du message.

Or, même ce schéma à quatre termes est insuffisant. Car la distinction entre conscient et non-conscient vaut aussi pour le récepteur. Il conviendrait donc de distinguer l'interprétation consciente de la signification et ses interprétations non conscientes. Il faudrait également distinguer, en ce qui concerne la signification effective, la signification effective intentionnelle consciente, que le récepteur croit produire en réponse au message, et ses significations effectives intentionnelles non conscientes.

Or, il n'existe pas de point de vue interprétatif absolu neutre, ce qui complique encore la question de l'interprétation de la signification. L'interprétation des significations conscientes et non conscientes chez l'émetteur et le récepteur engage toujours une intention interprétative riche elle-même d'une dimension non consciente, conformément à des grilles de lecture individuelles ou sociales…

Mais cela ne suffit toujours pas. Car à cette complexité s'ajoute la distinction entre le contenu implicite, non développé, et le contenu développé, que ce soit au niveau du sens, de la désignation et de la signification, lequel n'est pas forcément saisi clairement par le locuteur. Sans même faire intervenir la notion de pensée non consciente, si quelqu'un me fait remarquer qu'« il pleut » alors que je conduis, son énoncé a vraisemblablement pour sens explicite que « la luminosité est faible », « l'air est humide », et « la chaussée est glissante ». Une réaction pleinement conforme à cet énoncé suppose d'en saisir tous les sens, et d'en développer la signification multiple : en allumant les phares, en mettant en marche les essuie-glasses et en ralentissant. À supposer toutefois que sa remarque soit liée à la conduite et non à son propre état psychologique : de mélancolie, ou de tristesse par exemple. Sans compter que l'émetteur peut ignorer certaines données qui changent du tout au tout le sens, la désignation et la signification du message : ainsi Œdipe ne maîtrise nullement la signification sociale de son action lorsqu'il tue un étranger qui est en fait son père biologique qu'il ne connaît pas. Sans compter également qu'une intention peut se modifier, évoluer, se diviser, etc. au cours de la réalisation d'une action.

Même sans chercher à explorer exhaustivement la complexité de la question de la signification, l'interprète se trouve très vite confronté à un authentique labyrinthe. Aussi, dans la vie de tous les jours, l'exigence d'une réponse rapide repose sur une réduction drastique de la signification à une signification intentionnelle consciente jugée dominante (« l'intention »), en s'appuyant notamment sur une approche typale du comportement régie par des conventions sociales. Donc à une distinction binaire simple entre signification intentionnelle de l'émetteur et signification effective correspondant à la réponse intentionnelle du récepteur, analogue à la distinction binaire qui prévaut dans la communication animale. C'est par conséquent une exigence pragmatique qui conduit à négliger la complexité profonde de l'analyse pragmatique de la communication humaine. Cette exigence laisse toutefois la porte ouverte à de nombreux malentendus.

Que l'on considère l'interprétation de l'information (et de son contenu), du sens, du désigné ou de la signification, l'interprète est condamné à une position strictement relative. Il ne peut être question d'atteindre à un absolu de l'information (et de son contenu), du sens, de la désignation ou de la signification, d'autant plus illusoire que la prise en compte de la pensée non consciente pluralise ces termes de façon irréductible[1].

Pourtant, il existe des textes qui non seulement engagent, mais exigent une interprétation absolue. Notamment parce que leur signification même est la transmission d'une parole dotée d'un sens et d'une désignation pensés comme étant absolus. Leur signification elle-même est donc posée comme absolue. C'est le cas des textes sacrés qui engagent un concept absolu de Vérité-Révélation. C'est aussi le cas des œuvres d'art, qui construisent leur propre monde et lui confèrent une totalité absolue. Qu'en est-il de l'interprétation de telles œuvres visant des absolus de sens, de désignation et de signification ? Faut-il y dénoncer une illusion radicale de la pensée ?

Nullement, car nous n'avons écarté de l'analyse philosophique que l'absolu ontologique, mais non toute forme d'absolu. La visée de l'absolu est une visée spécifique : elle correspond à la pensée symbolique. Or, la compréhension éthique de l'humain repose sur la pensée symbolique[2]. Si

1. Ces remarques valent naturellement pour l'interprétation des textes philosophiques et relativisent du même coup les critiques que nous avons pu énoncer sur les auteurs cités. Il est du reste parfois possible de construire une interprétation d'un auteur qui échappe à une critique qui lui est faite. Toutefois, si une pluralité d'interprétations sont possibles, toutes ne se valent pas. Il ne suffit pas d'énoncer la possibilité d'une interprétation différente, voire contraire. Il faut encore montrer que cette interprétation est plus performante pour donner sens et signification à l'ensemble des textes d'un auteur. Et même si l'on y parvient, on ne peut prétendre énoncer qu'un point de vue relatif sur un objet relatif.

2. Voir A. Séguy-Duclot, *Culture et civilisation*, *op. cit.*, p. 133-143.

nous avons jusqu'à présent, à titre méthodologique, repoussé son étude, elle n'en reste pas moins un objet primordial d'analyse.

Une théorie de l'interprétation symbolique, ou *herméneutique*, doit être engagée. Elle interviendra dans un ouvrage ultérieur, plusieurs fois annoncé au cours de ce texte, qui traitera également de la théorie des noms propres, de la pragmatique symbolique et développera une théorie du « je », du moi et de la personne. Cet ouvrage, qui correspondra à la Quatrième Recherche sur le langage, aura donc également le sens d'une Éthique.

INDEX DES NOTIONS

INDEX DES NOMS

TABLE DES MATIÈRES

Imprimerie de la manutention à Mayenne (France) - Mai 2011 - N° 671601N
Dépôt légal : 2e trimestre 2011